中国法学会立法学研究会学术丛书
中央在京高校重大成果转化项目“京津冀协同一体化发展研究”成果

区域协同立法理论与实践

Theory and Practice of
Regional Cooperative Legislation

冯玉军 主编

法律出版社
LAW PRESS · CHINA

序　言

在全面推进依法治国、加快建设法治中国的战略进程中，区域协同立法既是地方立法实践发展到一定阶段的必然产物，又是当前我国立法工作最具创新活力和潜在价值的实践领域，值得高度重视和深入研究。

改革开放40年来，随着全球化的不断深化和区域经济一体化的持续发展，我国经济社会文化生态建设的区域协调与整合也由点及面，高歌猛进，上演了一场波澜壮阔的时代话剧：长三角一体化先声夺人、西部大开发全面铺开、振兴东北地区效果显著、促进中部地区崛起成果斐然、京津冀协同发展蹄疾步稳、粤港澳大湾区协同向纵深开展，从北到南、从东到西，在祖国广袤的土地上，区域协调发展的蓝图，蔚为壮观，呈现出新时代的新气象。在社会物质生活条件的巨变推动之下，在社会主要矛盾已转化为“人民日益增长的美好生活需要和不平衡不充分的发展之间的矛盾”这一巨大需求面前，通过加快促进区域一体化和协调发展，切实化解城乡和区域之间存在的不平衡不充分问题，极大降低不同区域之间越来越严重的“行政壁垒”和越来越高的交易成本，优化区域产业协作和经济发展格局，促进区域协调发展，已成为全面深化改革开放、实现创新协调绿色开放共享发展的重要一环。

与此相应，在建设现代化经济体系、实现国家和社会治理现代化的重要时期，不断探索和促进区域协同立法，深化地方立法体制机制改革,积极调动地方立法资源,为解决跨区域性问题提供符合中央意图、地方特点的制度方案,势在必行,也必须大力推行。随着2015年新修订的《立法法》赋予设区的市以地方立法权,设区的市人大及常委会具有了在城乡建设与管理、环境保护、历史文化保护方面制定地方性法规的权力。与此同时,省市两级地方人大与政府在治理环境污染、整合交通电信网络、提升资源利用效率而需要立法时,会发现仅仅依靠本行政区域的努力无法取得既定目标,因此走向区域间的联合立法成为题中应有之义。实施区域协调发展战略是国家步入新时代的重大战略之一。随着习近平总书记在2018年首届中国国际进口博览会上明确表示支持长江三角洲区域一体化发展并将其上升为国家战略,加上之前已经实施的京津冀协同发展战略、长江经济带发展战略、粤港澳大湾区发展战略,我国四大协调发展战略布局已经完成。协同立法的实践在这些区域中已经开始取得丰硕的成果,今后也必然为我国区域经济的发展保驾护航。

从理论上说,在维护国家法治的统一和权威这一基本前提和现有中央立法、行政立法和地方立法三重格局之下,按照中央相关战略部署,积极推进长三角、京津冀、粤港澳大湾区等区域内立法主体之间的协同立法,求同存异、相辅相成,通经活络、拾遗补缺,弥补现有法律供给不足,促进不同法系/域的法治交流融合,发挥区域立法的整体效能。通过协同立法,给参与各方主体提供意见协商和制度对接的平台机会,使理性的立法参与主体能充分表达己方意愿,最终通过民主平等、合作共赢的方式达成制度和政策一致,即"协商民主以理性为基础、以真理为目标、以法规规章相融相通为途径"。通过协同立法,使区域经济变得更有质量和效率,使人民群众的获得感和幸福感显著增强,使区域公共服务和社会保障体系更加全面和均等化。

党的十九大报告强调,"以良法促进发展、保障善治"。这不仅表明了良法对于治国理政的重要性,而且反映出良法建设任务的繁重;这既是对提高立法质量的要求,又是对良法、法治作用的全面、精准阐释。法有良劣之分,法治是良法之治,良法可以引领、推动发展,劣法则会制约、窒息发展。区域协同立法的成败得失,关键在于得良法、行善治。一般来说,良法是具备公开、明确、稳定、可预期、无内在矛盾、可遵循、具有同一性、不溯及既往等品质之法。只有公开、明确、稳定、内在统一无矛盾、不溯及既往之法,方具有刚性,才能有效约束和规范权力,保障权利,为市场主体提供稳定可靠的预期,奠定市场信用基础。可遵循的基本要求是法律要求人们做的必须是其能够做的，只有可遵循，才能降低守法成本，增强守法意愿。同一性要求行政指令必须在公开、明确、稳定的法律规定之下作出，这是避免行政指令“脱离”法律轨道“另起炉灶”的基本要求。单就一个省、自治区、直辖市或者设区的市的立法机构来说，立法能否做到民主科学、法律规范明确具体，具有针对性和可执行性，就实属不易。如果再有多个立法主体（如京津冀协同立法有3个平行的省级立法机关及其常设机构，粤港澳则包含一个省和两个特别行政区总共9个城市的立法机关）相互间反复协商共议，争取制定区域共同立法，其在法系传统、立法议题、立法形式、立法结构、立法形式和立法程序等多方面博弈之复杂性，都极大地增加了协同立法的困难与法律施行风险。协同立法难免受制于法律制定过程透明度、公众参与度、立法技术水平和立法部门本位等因素的影响；实践中也难免存在“各依各法”或“依法打架”的现象；法律法规之间，甚至同一法律的不同规定之间，都会程度不同地存在规定不统一的问题；同时，容易出现为了协同而在规范上迁就、为了协同而法令失之宽松粗疏的现象，影响了法律的可遵循性。总之，加强协同立法，就要破除立法地方保护主义和争权诿责等问题，在坚决维护社会主义法制统一和宪法最高权威的前提下，民主科学依法立法，突出强调在法律制定环节的合宪性、合法性、合作性，保证法律体系的和谐统一与区域协同。

中国法学会立法学研究会作为专门从事立法学研究的全国性学术团体，近几年尤其重视区域协同立法的理论与实践研究。2019年1月，我主编的《京津冀协同发展立法研究》由法律出版社正式出版。在“理论篇”中，众位专家学者从区域经济一体化、区域协调发展法制化的角度入手，探讨了立法、区域合作、地方立法、区域环境治理等理论问题；在“实践篇”中，京津冀三地立法实务部门的立法工作者围绕地方立法实践作了深入研究，就加强协同立法进行了可贵的探索，积累了不少工作经验。

2018年10月27~28日，由中国法学会立法学研究会主办“新时代的中国立法研讨会暨2018年学术年会”在海口市召开。地方立法的理论与实践、设区的市立法研究、海南国际自贸区自贸港立法与区域立法创新是这次年会的重要议题，发言和讨论十分热烈，收到相关学术论文近20篇。2019年4月20日，立法学研究会和广东外语外贸大学地方立法研究中心联合举办“粤港澳大湾区和区域协同立法高层论坛”，共收到相关学术论文40余篇，论坛充分发挥法学专家的智慧优长，为推进粤港澳大湾区多层次、全方位的立法协同，构建完善的法律规范体系与实施保障机制，特别是为充分发挥粤港澳综合优势、深化内地与港澳合作提供了多方面的法律学术支撑。

本书从中精选了18篇文章。“理论篇”深入剖析了区域协同立法的实践价值与法理意义、区域协同立法的宪法法律问题，围绕区域治理的基本法律规制、区域法治是否可能，以及区域协同立法的合法性问题展开研究。“实践编”则采用了大量鲜活的立法实例，从各个角度对于实践中的区域协同立法——如京津冀协同发展立法、粤港澳大湾区立法的立法模式、协调机制及其理论建构进行研究，尤其可贵的是在这种研究中，已经不限于泛泛的意义论述或宏观制度设计，而是对区域内劳动人事争议预防机制的构建、生态环境保护协同机制的优化、司法文书协助送达制度完善等具体问题、现实问题加以探讨，体现了“问题导向”和“注重实践”的优良学风。此外，还有围绕海南自由贸易港建设的两篇文章，一篇分析海南自由贸易港建设离岸金融的创新路径与立法保障，另一篇探究海南经济特区立法权运行机制的不足与完善，对海南地方立法权的运行状况及未来发展进行了“实证＋规范”的系统研究，以“解剖麻雀”的方式梳理了海南立法的光荣任务及其面临的困难、地方立法特色的实现路径、地方立法能力的提升等一系列现实问题，应该说代表了当前海南自贸区立法的前沿水平。

著作行将出版，聊补以上数语以作导引。

是为序。

冯玉军

2019年10月8日

目　录

理　论　编

区域协同立法的实践价值与法理意义 …………………… 冯玉军　周泽夏　3

区域协同立法的宪法法律问题 …………………………… 刘松山　16

区域协调发展立法研究 ………………………… 南开大学法学院课题组　40

区域合作法:区域治理的基本法律规制 ………………… 杨治坤　62

“区域法治”是否可能?

——以“区域立法合作”为中心的考察 ………………… 丁　轶　74

区域协同立法的合法性问题 ……………………………… 余　俊　87

欧盟开放协调机制于我国区域法治协调之借鉴

——以区域软法治理为视角 …………………………… 陈可翔　100

实　践　编

论京津冀区域协同发展中的法治促进 …………………… 王春业　121

京津冀区域环境协同立法模式之探究 …………………… 周智博　133

京津冀协同发展下互联网金融监管制度研究 …………… 朱振洁　143

区域法治背景下的京津冀劳动人事争议预防机制构建 …… 薛长礼　153

新时代粤港澳大湾区协同立法机制建设刍议 …………… 叶一舟　167

试论粤港澳大湾区区域立法的理论建构 …………………………… 朱最新 178
粤港澳大湾区立法协调研究 …………………………………… 柳建启 190
区域生态环境保护协同机制的优化构建
——以粤港澳大湾区为例 ………………………………… 古小东 205
试论粤港澳大湾区司法文书协助送达制度的完善 ……… 康钦春 李文珊 224
海南自由贸易港离岸金融的创新路径与立法保障 ……… 曹晓路 王崇敏 237
海南经济特区立法权运行机制的不足与完善 ……………………… 王强强 254

理　论　编

区域协同立法的实践价值与法理意义

冯玉军[*] 周泽夏[**]

当代中国正经历着一次伟大而又深刻的变革，它对整个国家的各个领域均产生了重大而又深远的影响。党的十八大以来，党和国家对促进区域协调发展展开了一系列部署，尤其是将"长三角区域一体化发展"上升为国家战略。加上之前提出的"京津冀协同发展"战略、"长江经济带发展"战略、"粤港澳大湾区发展"战略，这四大战略将成为今后国家经济发展的主要内容。新的经济发展趋势就需要法律制度的创新。而当代法学研究应当关注社会变革所提出的新要求，通过对重大社会问题的回应，法治精神才能取得时代价值。在经济交流日趋紧密的大背景下，各行政区域的立法主体也尝试协同立法来保障协同发展战略的实施，希冀能够激发各区域的积极性，释放更多的经济潜能。

从法律实践的角度来看，区域之间之所以开展协同立法工作，关键在于它能够在经济发展与社会治理的关键领域解决地方所面临的重大问题。诚然，区域间协同立法方式的有用性决定了它的存在具有重大意义，地方

* 中国人民大学法学院教授，中国法学会立法学研究会副会长兼秘书长。

** 中国人民大学法学院博士研究生。

各级立法机关只需采用“实用主义”的态度，即关心如何在实际领域中运用好这一工具即可，正如波斯纳在《超越法律》中提到，实用主义“感兴趣的是，什么东西有效和有用，而不是这‘究竟’是什么东西”。[①] 但是作为立法学学者，却不能止步于上述“实用主义”的态度，仅对现实情况进行总结。立法学学者既要明晰区域协同立法这一最新立法实践的应用价值，同时也需要研究它在立法学理论方面的意义，才能从实践与理论结合的角度准确把握它的实质，为它的健康发展提出准确的建议。

一、区域协同立法的实践价值

一方面，法律可被一国政府用来治理本国事务，因而本身就带有很深的国家属性；另一方面，随着经济交流不断加深，世界各国之间的依赖程度也逐渐加强，这是社会发展的必然规律，不随任何人的意志而转移。随着世界经济逐渐形成联系紧密的经济体系，法律全球化成为经济全球化的结果，但同时也保障着经济全球化的健康发展。介于国别化与全球化之间，法治的发展还存在区域化的倾向，其中一个表现是若干区域之间在立法时采取协同的方式。区域协同立法的实践可以划分为两个层次：一个是超国家化的区域协同立法，即在多个主权国家之间的协同立法，这一实践以欧盟为代表；另一个是亚国家化的区域协同立法，即在一个国家内部，若干行政区域之间的协同立法，这一实践以美国的州际协定为代表。

在我国，随着 2015 年新修订的《立法法》赋予设区的市以地方立法权，设区的市人大及其常委会具有了在城乡建设与管理、环境保护、历史文化保护方面制定地方性法规的权力。与此同时，地方人大与政府在治理区域环境污染、提升资源利用效率等问题需要立法时，会发现仅仅依靠本行政区域的努力无法取得既定目标，因此走向区域间的联合立法成为应有之义，区域协同立法是地方立法实践发展到一定阶段的必然产物。在建设现代化经济体系的重要时期，区域协同立法能够积极调动地方立法资源，促进区域协调发展，优化区域发展格局，为解决跨区域性问题提供符合地方特点的答案。未来世界各国的竞争是城市群之间的竞争，区域协同立法能够帮助我国区域间经济健康发展，抢夺更多话语权。未

① 参见[美]波斯纳：《超越法律》，苏力译，中国政法大学出版社 2001 年版，第 4 页。

来随着城市群建设等举措进一步实施,区域之间协同还将走向纵深,释放更多中国经济的潜力。

(一)能够促进资源的有效利用

根据我国《立法法》的规定,我国各级地方人大与政府可以根据本行政区域的具体情况和实际需要,制定地方性法规与地方政府规章。但是由于对于地区政绩考核的要求,各地区之间的竞争非常激烈,因而导致只关注自己区域经济情况的地方保护主义、“行政区经济”较为普遍。各地方为保障自己辖区内经济的稳步发展,纷纷采用制定地方立法的形式对本地相关主体进行保护。“据了解,全国31个省区市和15个计划单列市中,除个别地方外,都分别以各种形式规定了著名商标制度。其中,地方性法规11部,省级地方政府规章18件,设区的市级地方政府规章7件,地方政府规范性文件3件,还有6个地方政府的工商行政管理部门制定了相关规范性文件。”①在地方间相互竞争观念的指引下,各地方不仅对自己辖区内的相关主体采取特殊的保护措施,还可能为引入新的经济增长而产生相互恶性竞争的情形,这就使得资源并不能被充分地利用。综观世界其他发达经济体,经济发展的动力源不再是单个的城市,而是城市的集群,例如,以纽约为中心的美国东北部大西洋沿岸城市群、以芝加哥为中心的北美五大湖城市群、以东京为中心的日本太平洋沿岸城市群、以伦敦为中心的英国城市群和以巴黎为中心的欧洲西北部城市群。因此,应当打破我国行政区域间经济发展各自为政的格局,相互合作,充分利用已有资源,共同打造享誉世界的城市群。

根据新制度经济学,在促进经济发展的诸要素中,法律制度的重要性程度不言而喻。② 在完全竞争市场中,资源会根据经济发展的需求自由流动,自动聚集到能最高效率利用它们的地方。但是,具有地方保护主义色彩的法律制度在资源自由流动的过程中设立了许多无形的障碍,使经济发展无法达到最佳状态。现阶段经济发展的趋势将各地区紧密地联系起来,经济竞争也逐渐从城市与城市之间转为区域与区域之间。在协同立法各方的努力下,所制定出的法律将不

---

① 陈菲、杨维汉:《地方著名商标立法“不合时宜”将被全面清理》,载《人民法院报》2017年11月14日,第4版。转引自陈俊:《区域经济一体化背景下地方立法协调的模式探讨》,载冯玉军主编:《京津冀协同发展立法研究》,法律出版社2019年版,第19页。

② 参见[美]道格拉斯·诺斯、罗伯特·托马斯:《西方世界的兴起》,厉以平、蔡磊译,华夏出版社1989年版,第1页。

再以某一地区独自的利益为首要考虑,因保护地方利益的条款将不再出现,资源在区域内将自由流动并被有效利用,最大限度地发挥出“分工—合作”的优势,帮助将区域总体的经济总量做大做强。当“蛋糕”总体变大时,各区域才能实质上获益。

(二)能够保障协同战略的实施

经济发展需要各类资源的跨行政区域流动,因此各地之间被越来越紧密的协作连接在一起。现代科学管理之父泰勒在论述工厂中的工人和经理的任务时认为,“工人和经理人员双方最重要的目的应该是培训和发掘企业中每一个工人的才干,使每个人尽他天赋之所能,干出最高档的工作——以最快的速度达到最高的效率”。[①] 我国的经济若想获得进一步提高、环境要想变得更好,区域之间应当“尽他天赋之所能”,发挥地区自身的优势,将自己擅长做的内容发挥到极致。在分工的前提下,合作就成为应有之义。但是区域合作往往意味着有的地区需要做出牺牲。如果没有切实可行的法律规则确保做出牺牲的地区能够得到足够的补偿,则该地区就没有继续执行区域协同目标的内在动力,无法保障区域协同目标的真正实现。

例如,在环境污染治理方面,区域内各地方的地理位置不同,在生态保护方面所起的作用也有所侧重。环境的保护势必会对经济发展产生影响,此时就需要有明确的规则使侧重经济发展的地区对侧重环境保护的地区给予补偿,使区域内所有成员共享经济发展与环境保护的成果。以钱江的保护为例,自2000年起,处于钱江源头的开化县在浙江省政府的强烈要求下开始了治理钱江水的工程,其间关停了大量企业,治理效果非常好。但是下游在享受清澈的钱江水时,并未及时支付相应的生态补偿金,导致开化县面临诸如税收大量减少、本地劳动力出走等种种社会问题。直至系列新闻报道真实展现了开化县的巨大付出后,开化县才终于得到了相应的补偿。[②]

在协同发展的过程中,各地方协同所立之法能够规定合作各方的权利义务,明晰它们的履行方式,同时也明确了激励机制与惩罚机制。无论是地方性法规

---

① [美]F. W. 泰勒:《科学管理原理》,胡隆昶、冼子恩、曹丽顺译,中国社会科学出版社1984年版,第159页。

② 参见石佑启:《论区域府际合作的激励约束机制》,载冯玉军主编:《京津冀协同发展立法研究》,法律出版社2019年版,第62页。

还是地方政府规章，均具有较高的效力，但在协同制定时必然需要经过较长的时间。在与其他较为灵活的协作形式，如联席会议等的配合下，区域内部的分工与合作能够顺利展开，保障了区域目标的实现。

（三）能够提供区域间协商的途径

党的十九大报告对立法工作提出新的要求，即“以良法促进发展、保障善治”。良法是我们追求的目标，而良法不仅需要在形式方面满足于由立法机关通过合法程序所立，还需要其实质内容经过立法参与主体的集体理性反思，符合公平正义原则，真正符合各方利益。各区域协同所立之法涉及安排各方利益，其内容的决定更须慎重。而如需制定出“良法”，交换各方意见的立法协商过程必不可少。

区域协同立法所解决的问题都是跨区域的问题。例如，《粤港澳大湾区发展规划纲要》中提到要“在符合法律法规及监管要求的前提下，支持粤港澳保险机构合作开发创新型跨境机动车保险和跨境医疗保险产品，为跨境保险客户提供便利化承保、查勘、理赔等服务”。在解决类似问题时，参与协同立法的主体均有各自的客观条件与利益诉求。在协商过程中，参与各方能够充分表达出自己的意见，让其他参与方了解到自己的实际情况与对区域目标的设想，之后各方可就所关心的问题予以商讨，这个过程是一个相互妥协的过程，也是一个去伪存真的过程。公共选择理论认为，“有效率的政策结果并不是某一政治家的品德或者头脑所带来的，而是产生于集团之间或者组成集团的个体之间的相互讨价还价，相互妥协和调整的政治过程”。[①] 当经过激烈的争论之后，如果能够达成一致意见，其结果必然能被各方所实际接受，同时可以建立起彼此的信任。

在现在我国区域协同立法的实践中，还不存在一个立法权限高于各地方的区域立法机构，因而协同制定法律的过程均由各方协商合作完成。协作的方式有许多，例如，建立联席会议制度、设立区域立法协调机构等。特别需要注意的是，在协商的过程中要尽量保持各方的地位平等。例如，有学者指出，在京津冀协同立法中，由于中央对北京市、天津市与河北省的定位不同，各区域的领导人级别不同，这种政治设计与制度安排往往不利于平等的协商氛围的形成，在协同

---

① 冯玉军主编：《新编法经济学：原理·图解·案例》，法律出版社2018年版，第162页。

发展过程中,天津市与河北省往往处于从属地位。[①] 此时,就需要强势方多听从弱势方的诉求,注重对它利益的保护,保证最终的立法文件是真正协商而形成而不是政治强压的结果。只有做到真正的协商平等,才能使立法参与各方对立法文件采取"内在观点"的态度,而不是摄于外在强制力而采取的"外在观点"的态度。[②]

二、当代我国区域协同立法的实践

实施区域协调发展战略是国家步入新时代的重大战略之一。随着习近平总书记在2018年首届中国国际进口博览会上明确表示支持长江三角洲区域一体化发展并上升为国家战略,加上之前已经实施的京津冀协同发展战略、长江经济带发展战略、粤港澳大湾区发展战略,我国四大协调发展战略布局已经完成。协同立法的实践在这些区域中已经开始取得丰硕的成果,今后也必然为我国区域经济的发展保驾护航。

(一)京津冀区域协同立法的实践

自中共中央政治局于2015年通过《京津冀协同发展规划纲要》后,京津冀三地人大在该文件的指导下继续积极开展协同立法的工作。2015年经三地共同研究,出台了《关于加强京津冀人大协同立法的若干意见》,其中提到要加强三地人大的立法规划和年度计划,三地在制定立法规划和年度计划时,要充分考虑京津冀协同发展的要求,做到既能满足自身要求,同时也能照顾到其他两地的关切。对于年度立法计划中相同主题的立法项目,要照顾到一致性与协同性。协同立法应当着眼于三地之间在产业转移、区域治理等方面利益的协调。2017年《京津冀人大立法项目协同办法》分别经京津冀三地人大常委会主任会议通过。它规定京津冀三地将围绕疏解北京非首都功能的问题,在交通一体化与生态环保等领域,选择重要立法项目进行协同;另外,京津冀三地在拟定5年立法规划或者年度立法计划时,应当将涉及京津冀协同发展重点领域的立法项目予以优先安

① 参见焦洪昌、席志文:《京津冀人大协同立法的路径》,载《法学》2016年第3期。

② 关于"内在观点"与"外在观点"的叙述,参见[英]哈特:《法律的概念》,许家馨、李冠宜译,法律出版社2011年版,第81~83页。

排。[①] 为了加强京津冀三地人大法制工作机构联系的机制,2017 年 9 月原则通过了《京津冀人大法制工作机构联系办法》,明确了京津冀人大法制委员会和常委会法制工作机构是推进京津冀立法工作协同的综合部门。每年第四季度召开京津冀人大法制工作机构联席会议,由三方轮流负责召集和组织。[②]

与此同时,当其中一方制定涉及协同事项时,它会主动向其他两地人大征求意见,而其余两地均会积极响应。《天津市水污染防治条例》与《天津市人民代表大会关于农作物秸秆综合利用和露天禁烧的决定》等 4 部法规、《河北省大气污染防治条例》《河北省志愿服务条例》2 部法规,均是在上述机制的运行下制定出的。[③] 京津冀三地将继续加强关键领域的协同立法,圆满完成疏解北京的非首都功能和建设雄安新区的核心任务。

(二)长三角区域协同立法的实践

虽然在 2018 年长三角区域一体化发展才上升为国家战略,但是本区域内的协同立法工作很早已经开始。早在 2007 年,江苏省、浙江省与上海市立法部门等机构共同签署《苏浙沪法制协作座谈会会议纪要》,意图通过协同立法的方式促进区域内部的协调发展。2008 年国务院印发《关于进一步推进长江三角洲地区改革开放和经济社会发展的指导意见》,提到"加强区域立法工作的合作与协调,形成区域相对统一的法制环境",在这一思想的指导下,长三角协同立法的进程加快。在 2014 年,上海就大气污染协同防治发起倡议,长三角四地人大常委会积极推动大气污染防治协调机制制度化,实现了我国区域立法协同的突破。[④] 2018 年 6 月通过审议的《长三角地区一体化发展三年行动计划(2018 ~ 2020 年)》发布,该行动计划聚焦交通、能源、环境治理等多个领域,进一步明确长三角一体化发展路线。2018 年 7 月三省一市人大常委会共同签署了《关于深化长三

---

① 参见国家发展和改革委员会地区经济司:《〈京津冀人大立法项目协同办法〉通过施行》,载国家发展和改革委员会网:http://www.ndrc.gov.cn/fzgggz/dqjj/qygh/201707/t20170731_856755.html,最后访问日期:2019 年 4 月 2 日。

② 参见天津人大:《〈京津冀人大法制工作机构联系办法〉原则通过》,载天津人大网:http://www.tjrd.gov.cn/lfjj/system/2017/09/18/030009159.shtml,最后访问日期:2019 年 4 月 2 日。

③ 参见天津市人大法制委员会、天津市人大常委会法制工作委员会:《京津冀协同发展立法引领与保障的研究与实践》,载中国人大网:http://www.npc.gov.cn/npc/lfzt/rlyw/2017-09/13/content_2028885.htm,最后访问日期:2019 年 4 月 2 日。

④ 参见郭敬丹、仇逸:《长三角携手完善地方立法》,载百家号:http://baijiahao.baidu.com/s?id=1603348422049841108&wfr=spider&for=pc,最后访问日期:2019 年 4 月 6 日。

角地区人大工作协作机制的协议》和《关于深化长三角地区人大常委会地方立法工作协同的协议》。根据协议,三省一市人大常委会将进一步建立健全主任座谈会机制和秘书长沟通协商机制,加强地方立法工作协同等。① 2018 年年底,江苏省、浙江省、上海市、安徽省的人大常委会分别通过了各自省份的《关于支持和保障长三角地区更高质量一体化发展的决定》。以江苏省通过的《关于支持和保障长三角地区更高质量一体化发展的决定》为例,它要求江苏省及设区的市的人民政府在制定经济规划时,应主动与其他两省一市的相关部门对接;在交通方面,建设综合的交通运输体系;在制定地方性法规等文件时,与其他两省一市逐步做到标准协同。

长三角地区连同长江经济带在区域协同经济发展方面有先天的优势与深厚的基础,随着国家区域协调发展战略的实施,长三角地区必能引领经济的高速发展。

(三)粤港澳区域协同立法的实践

粤港澳地区是我国南方重要的经济增长区域,是我国改革开放的前沿,对外开放程度很高,经济活力也很强。它同时也肩负着推动"一国两制"新实践的重任,粤港澳大湾区在国家建设中具有重要战略地位。

在 2008 年国务院就发布了《珠江三角洲地区改革发展规划纲要(2008—2020 年)》,其中提到要统筹跨行政区的产业发展规划,促进产业之间的协同发展,同时各方协同建立区域环境监测体系。在此基础上,2010 年《粤港合作框架协议》与《粤澳合作框架协议》分别由广东省人民政府和香港特别行政区政府、澳门特别行政区政府签署,承诺在农产品、检验检疫等领域确立统一的程序、方法和标准等;共同编制区域合作规划,就重点关心的领域展开合作研究,促进区域融合发展。2017 年,国家发展和改革委员会、广东省人民政府、香港特别行政区政府与澳门特别行政区政府四方签署《深化粤港澳合作　推进大湾区建设框架协议》,在政策和规划方面加强协调对接,编制《粤港澳大湾区城市群发展规划》,并商定四方每年定期召开磋商会议,对大湾区发展中的重大问题予以解决。

粤港澳地区的经济活跃,但是大湾区内部经济运行仍然存在产能过剩、生产

---

① 参见江苏省人民代表大会常务委员会秘书处:《长三角地区人大常委会举行主任座谈会　签署工作协作机制 1+1 协议》,载江苏省人民代表大会常务委员会网:http://www.jsrd.gov.cn/tszs/csjxz/201807/t20180706_500681.shtml,最后访问日期:2019 年 4 月 6 日。

要素和人员往来还不便利的问题；而且参与各方并非处于同一法系，同京津冀与长三角相比，法律制度之间的差异巨大，因此在区域协同立法方面需要协调更多方面。2019 年中共中央、国务院印发《粤港澳大湾区发展规划纲要》，提到要加强法律事务合作，加快构建适应开放型经济发展的法律体系。在它的指导下，粤港澳大湾区内的协同立法实践必然能为区域经济的发展提供适宜的制度保障。

（四）其他区域协同立法的实践

除京津冀、长三角与粤港澳之外，我国其他区域也开展了协同立法的实践。以长江经济带为例，在上游地区，四川省与重庆市已经联合签署多项协议展开合作；在中游地区，江西省、湖南省与湖北省政府将在生态保护方面开展合作。① 东北地区是我国较早开始区域协调立法的地区，早在 2006 年，吉林省、黑龙江省和辽宁省就合作签署了《东北三省政府立法协作框架协议》；在协作方式上，采取了"紧密型""半紧密型""松散型"三种。②

以上区域协同立法的实践均是在省级行政区域之间展开，而设区市、自治州之间也开始尝试实施协同立法。例如，《酉水河保护条例》是湖北省恩施州与湖南省湘西州的跨行政区域立法合作项目，也是民族区域立法合作的有益尝试与成功探索。在该条例出台的过程中，合作的两方将"联席会议"作为正式的合作方式，对于细节也在会后通过两州相关部门予以沟通。会议中形成了会议纪要，在会后双方将其内容落实到法案的条款中，双方分别出台的《酉水河保护条例》是立法合作的最终成果。③ 相比较于设区的市，省级人大与政府的立法权更加全面。但是设区的市数量众多，且我国"十三五"规划中提到要"加快城市群建设发展"，例如，中原地区城市群与关中平原城市群，均涉及大量设区的市，区域协同立法是城市群发展过程中的必要内容，今后的相关协同立法实践会更加多样。

---

① 参见李婕：《区域协调发展释放更多经济潜力》，载中央人民政府网：http://www.gov.cn/xinwen/2018-07/31/content_5310605.htm，最后访问日期：2019 年 3 月 31 日。

② 参见陈俊：《区域经济一体化背景下地方立法协调的模式探讨》，载冯玉军主编：《京津冀协同发展立法研究》，法律出版社 2019 年版，第 26 页。

③ 参见戴小明、冉艳辉：《区域立法合作的有益探索与思考——基于〈酉水河保护条例〉的实证研究》，载《中共中央党校学报》2017 年第 2 期。

三、区域协同立法的法理意义

庞德认为,法律既是由理性所发展的实践,也是由经验所证明了的理性。① 区域协同立法在实施过程中已经被证明是一种成功的立法实践活动,因而我们也需要考察它对传统立法学的影响,探求实践的法理意义。

(一)弥补现有法律供给的不足

我国地方立法主体所立之法的效力以各自所在的行政区域为边界。凯尔森认为,不同地区所立之法具有不同的空间效力,两个对不同地区有效力但关系统一事项的规范,可以对各自地区就相同的事项作出不同的规定,这种差异之所以可行,在于地理的、民族的或宗教的考虑。如果一个国家所控制的领土范围越大,各个地区之间的社会条件越不相同,则通过领土划分的分权是有必要的。② 我国地域广阔,各地所处的地理位置、资源禀赋相差悬殊,各地应当拥有对自己地方性事务的立法权。当社会变革比较平稳时,跨区域的法律可以由中央制定,且可能适用多年之后才会被修改。但是随着经济的发展,各地所面临的问题日益复杂化,生产资料需要跨区域流动,环境污染需要区域联合防治,本地居民的需求多样化,使中央对各跨地域的法律需求应接不暇,难免会顾此失彼;且社会变革加快,中央为地方量身定做的法律规则体系可能很快就面临修改,法律的边际效用下降,因而区域之间协同立法势在必行。

中央提供中央立法,效力及于全国;地方提供地方立法,效力及于本行政区域。③ 当中央立法无法提供所需的法律时,应当由地方立法来提供以弥补可能出现的法律体系中的空白。区域协同立法可以减轻中央的立法负担并提供适合于本地区的法律产品,能够在不改变我国现有立法权限划分的基础上完善现有立法体系,还能激发地方主动解决问题的积极性,是一种有效率的做法。在我国未来的经济发展中,区域之间及区域内部城市之间的协调发展还有很大提升空间,区域协同立法能够为发展中出现的新情况提供适应于地方自身的法律供给,保障区域协调发展顺利进行。

---

① 参见沈宗灵:《现代西方法理学》,北京大学出版社1992年版,第220页。

② 参见[奥]凯尔森:《法与国家的一般理论》,沈宗灵译,商务印书馆2013年版,第430~431页。

③ 参见冯玉军:《法经济学范式》,清华大学出版社2009年版,第266~270页。

（二）改善中央与地方之间的立法博弈

中央制定规则的效力及于全国，因而会以全国整体利益最大化为制定基础。地方性法规是地方性事务的管理规则，除需要符合国家整体利益、维护全国法制统一外，还需将发展与维护本地方的利益作为追求的目标之一。因而，中央与地方之间的立法博弈是客观存在的。

根据我国《立法法》的规定，在效力级别方面，各级地方立法机关制定的地方性法规与地方政府规章的效力均低于法律与行政法规；在权限方面，省、自治区、直辖市的人民代表大会可就执行法律与行政法规的规定、属于地方性事务与尚未制定法律或者行政法规的事项，在需要根据本行政区域的实际情况作具体规定时制定地方性法规，而各级地方人民政府制定地方政府规章的权限比设区的市的人民代表大会及其常务委员会制定地方性法规的权限范围更小。从发生冲突时的裁决机关来看，地方性法规与部门规章之间、部门规章与地方政府规章之间，以及根据授权制定的法规与法律规定不一致时，最终的裁决机关均是全国人大常委会或国务院，因此中央的立法处于完全优势的地位。“在立法权上，地方享有的有限的立法权来自中央立法的规定，甚至可以说是直接来自中央立法权的‘让渡’或‘授予’。”①除特别授权外，地方立法机关间协同立法的权限范围以自身所具有的立法权限为基础。因而当中央就区域协同问题出台相应的规定时，地方各机构基本上只能遵从，中央在与地方之间的立法博弈中占据优势。

但是在有关区域协同规定会深入介入地方事务的处理，对于规则是否真正适合于具体实践最有发言权。如果中央制定的规范区域间协同的立法文件不能真正解决地方间协同的问题，地方就有设法绕过的可能性。一旦这样的情况发生，既是对中央立法权威的减损，也会让地方制定的规则有违反上位法而被废止的危险。此时，中央与地方之间立法博弈的结果并非最佳。有学者认为，通过考察中国经济改革的历程，理顺各级政府间的责、权、利非常重要。为了最大限度地发挥政府在促进经济增长方面的作用，需要建立健全激励约束机制，促进各级政府职能方面的优化。“毫无疑问，一个科学合理的政府间关系是规范各级政府行为、构建良好的政府与市场关系的前提与基础。”②而若中央允许各地方在解决

---

① 封丽霞：《中央与地方立法关系法治化研究》，北京大学出版社2008年版，第389页。

② 贾俊雪：《中国财政分权、地方政府行为与经济增长》，中国人民大学出版社2015年版，前言第1页。

区域问题时协同立法，使各地方立法机关充分表达自己的意愿并在制定过程中予以监督与指导，则会改变以往的博弈模式，使所立之法既能保持法治的统一性，也能真正解决跨区域的难题。

（三）弥合地方间法治发展的差异

我国幅员辽阔，各地的自然禀赋、经济发展状况各不相同，导致各地法治发展所需解决的问题有很大差异。但是各地的法治发展均统一于完善中国特色社会主义法律体系的伟大实践，区域协同立法的过程正是弥合这些差异的重要一环。具体而言，区域协同立法能够弥合以下两个地方间法治发展的差异。

从发展阶段来看，区域协同立法能够尽可能弥合法治时间发展的差异。党的十九大报告指出，在新时代中，我国社会主要矛盾已经转化为人民日益增长的美好生活需要和不平衡不充分的发展之间的矛盾。这一“不平衡不充分”就包含地区间发展的不平衡。以京津冀为例，北京市已经属于发达地区，地方立法机关在保持经济发展的同时，更加关注于地区经济结构与环保问题；而河北省经济还需加强，对环境保护的要求不如北京市强烈，地方立法机关更加关注于经济实力如何做大做强。地方立法机关的关注点不同并非是决策能力的差异，而是北京市（developedregion）与河北省（developingregion）经济发展阶段不同所导致的法治发展阶段不同。当河北地区的经济发展水平与北京相同时，河北的地方立法机关也必然会制定与现阶段北京相类似的规则。在中央的大力支持与参与各方的共同努力下，京津冀区域间的协同立法能够弥合由法治发展阶段不同所带来的立法方面的差异，不仅能够“先富带后富”，使河北获得跨越式发展，而且尝试弥合的实践能够为今后类似的实践提供宝贵经验。我国东部沿海地区发展良好，但是西部还有许多地区有待开发，这一弥合不同法治发展阶段的尝试具有深远的意义。

（四）为不同法系/域的法治交流融合提供实验模本

从法律制度来看，区域协同立法能够尽可能弥合法治空间发展的差异。中国法治是“一国两制三法系四法域”的开放型法治。[①] 以粤港澳大湾区为例，这一区域存在“三个法系”：中国内地属于社会主义法系，施行中国特色社会主义法

① 参见冯玉军：《中国法治的发展阶段和模式特征》，载《浙江大学学报》（人文社会科学版）2016年第3期。

律制度；香港特别行政区原有的法制是从英国留传下来的普通法法制，在殖民时期又有独特的法律发展；澳门特别行政区受原殖民宗主国葡萄牙的影响，属于大陆法系的拉丁一支。[①] 法系的不同导致各地区立法时的法治理念、体制模式等并不相同，这一现实是客观存在的。在区域协同立法的过程中，参与各方能够将"一国"的原则与"两制"的差异有效结合，三个法域制度相互博弈与协调融合的过程，能够为三大法系及其法律制度的融合、趋同提供了珍贵的实验模本。[②]

四、结语

区域法治发展必须以推动国家法治发展、建设法治中国的总体战略为依据和准绳，必须以维护国家法治的统一和权威为基本前提。[③] 区域协同立法能够给参与各方提供相互协商的机会，使理性的立法参与主体能够充分表达自己的意愿，最终通过民主的方式达成一致，即"协商民主以理性为基础，以真理为目标"。[④] 通过立法协同，区域经济能够变得更有质量、更有效率，人民的获得感、幸福感也会增强；各区域能够更加深入地参与国际分工，在更大范围内参与国际竞争，从而提升我国在国际规则制定时的话语权。

① "四法域"中还包含我国台湾地区，它施行的法律传统上受到德国、日本法的影响，第二次世界大战后则受美国法影响甚深。因为粤港澳大湾区并不包括我国台湾地区，所以此处不予讨论。

② 参见冯玉军：《中国法治的发展阶段和模式特征》，载《浙江大学学报》（人文社会科学版）2016 年第 3 期。

③ 参见周佑勇主编：《区域政府间合作的法治原理与机制》，法律出版社 2016 年版，总序第 2 页。

④ 参见朱立宇、叶传星主编：《立法学》，中国人民大学出版社 2015 年版，第 65 页。

区域协同立法的宪法法律问题

刘松山*

自2006年十届全国人大四次会议通过的“十一五”规划纲要提出促进区域协调发展后，“十二五”“十三五”规划纲要和党的十八大、十九大报告，对不同历史时期的区域协调发展，都做了战略性安排。在国民经济和社会发展的总体格局中，区域协调发展正在十分深广的领域不断推进。但长时间以来，各方面对区域协调发展的认识和实践，主要侧重于经济和社会层面，而对正在宪法法律层面进行的区域协同立法可能遇到的问题，没有给予足够重视。现在，这个问题已经日益凸显出来，认真加以研究和回答，对于保证区域协调立法及区域协调发展的整体部署在法治的轨道上进行，具有重要意义。

一、宪法中区域协调发展与行政区划的内在冲突

讨论区域协同立法，先要讨论区域协调发展，因为区域协同立法要么是区域协调发展的应有之义，要么是推进区域协调发展的措施之一。

区域协调发展内涵丰富，而且在不同的时期，其目标、任务和措施都会有很大的不同，但从根本上看，它要解决的是区域之间经济社会发展的关系问题，而这首先

* 华东政法大学法律学院教授。

是宪法问题。具体到宪法的结构、具体表述和条文规定,区域协调发展首先涉及序言中的国家指导思想和根本任务。其次涉及的是总纲中有关行政区划的规定,以及“国家机构”一章中地方人大和政府的有关规定。如果单纯以行政区划为单位,讨论经济社会的协调发展,在宪法上不存在问题,因为地方人大和政府是以行政区划为依托设立的,在一个行政区划内协调发展经济社会事业,这个发展就不会突破宪法设置的政权体制框架。但是,如果打破行政区划的规定,讨论和试图推进区域之间的协调发展,宪法上的冲突就凸显出来了。它的主要表现就是,区域协调发展是宪法序言中的内容,而宪法序言中的相关表述与行政区划并不衔接,甚至是存在明显冲突的。这个问题迄今没有引起注意和重视。

(一)1982年《宪法》序言中没有区域协调发展的内容

1982年《宪法》的一个很大特点,就是写了篇幅不短的序言,并且在序言中明确表述了国家的指导思想和根本任务。但是,在指导思想方面,它只表述了马克思列宁主义和毛泽东思想,并没有涉及国家发展的具体理念。而在国家根本任务的内容中,也只表述说,今后国家的根本任务是集中力量进行社会主义现代化建设,把我国建设成为高度文明、高度民主的社会主义国家,并没有关于区域协调发展的具体内容。

如果以1982年《宪法》制定时的历史背景为参照,现在我们所强调的区域协调发展,从当时的理解和认识上看,主要内容就是,允许一部分地区先富裕起来,然后先富带动后富,最后达到共同富裕,分步骤地解决地区发展的不平衡问题。

关于这个问题,邓小平在其1978年所作的《解放思想,实事求是,团结一致向前看》这篇著名讲话中就有明确的阐述。对于一部分地区先富裕起来,他说,“在经济政策上,我认为要允许一部分地区、一部分企业、一部分工人农民,由于辛勤努力成绩大而收入先多一些,生活先好起来”。[①] 而一部分地区先富起来之后怎么办?邓小平在以上这篇讲话中的设想也是明确的,即“一部分人生活先好起来,就必然产生极大的示范力量,影响左邻右舍,带动其他地区、其他单位的人向他们学习。这样,就会使整个国民经济不断地波浪式地向前发展,使全国各族人民都能够比较快地富裕起来”。[②] 这里,邓小平提出了一个在地区之间先富带

① 中共中央文献编辑委员会编辑:《邓小平文选》(第2卷),人民出版社1994年版,第152页。
② 同上。

动后富,然后达到共同富裕的问题。应当说,这是一个十分重要的发展理念。但是,4 年之后我国制定的 1982 年《宪法》,在序言中表述国家指导思想和根本任务时,并没有明确反映这一理念。

《宪法》序言中没有明确反映邓小平的上述发展理念,可能有多种原因。但其中根本性的一条可能就是,这个理念当时还没有达成党内的共识。检索党中央的重要文献资料可以发现,邓小平的上述发展理念直到 1984 年 10 月 20 日,才被党的十二届三中全会通过的《中共中央关于经济体制改革的决定》,以类似邓小平上述表述的语言肯定下来。① 所以,邓小平在半个月后的 11 月 9 日会见意大利客人时,才自信地说:"我们党已经决定国家和先进地区共同帮助落后地区。在社会主义制度下,可以让一部分地区先富裕起来,然后带动其他地区共同富裕。"②邓小平这里所说的先进地区帮助落后地区,就是今天我们所说的区域协调发展的一项重要内容。遗憾的是,邓小平的这个发展理念,以及在这一理念指导下的国家根本性任务,没有来得及写到 1982 年《宪法》的序言中。

(二)2018 年《宪法》修改的重大变化

1982 年《宪法》制定后,先后经过了 5 次修改。其中,涉及序言的修改有 4 次。第一次修改是 1993 年。这次修改将序言第七自然段第二句修改为"我国正处于社会主义初级阶段。国家的根本任务是,根据建设有中国特色社会主义的理论,集中力量进行社会主义现代化建设"。这里的社会主义初级阶段,以及有中国特色社会主义理论和现代化建设的表述,当然可以理解为包含了上述邓小平有关先富带动后富、共同富裕的理念,但由于修改后的这一表述内容十分丰富,如果不对这一表述做宪法解释,则很难让人理解为就包含了地区协调发展的内容。第二次修改是 1999 年。这次修改将邓小平理论明确写进了序言,但由于邓小平理论也极为丰富,因此如果不加以解释,也很难明确推导出地区协调发展的理念。第三次修改是 2004 年。这次修改将"三个代表"重要思想写进了宪法,也由于"三个代表"重要思想的内容十分丰富,很难直接得出地区协调发展的理念。这次修改还增加了"推动物质文明、政治文明和精神文明协调发展"的内容,

---

① 参见中共中央文献研究室编:《十二大以来重要文献选编》(中),中央文献出版社 2001 年版,第 64 页。

② 中共中央文献研究室编:《邓小平年谱(1975—1979)》(下),中央文献出版社 2004 年版,第 1014 页。

但这里的协调发展，主要是三个文明之间的协调发展，而不是强调地区之间的协调发展。所以，可以说，如果不对宪法序言加以解释，从这三次修改的内容中，要直接得出“区域协调发展”这一理念和国家根本任务的结论，是比较勉强的。

发生重大变化的是我国2018年《宪法》修改。这次修改在《宪法》序言中增加了三个重要内容：一是科学发展观；二是习近平新时代中国特色社会主义思想；三是贯彻新发展理念。这里面，由于习近平新时代中国特色社会主义思想所包含的内容丰富博大，如前面邓小平理论和“三个代表”重要思想一样，如果不加以解释，要直接得出地区协调发展的理念，也比较勉强。

但值得注意的是，另外两个修改的内容，已经明确地包含了地区协调发展的理念。一个是科学发展观。科学发展观是党的十七大报告提出的。按照党的十七大报告的阐述，科学发展观的基本要求是“全面协调可持续发展”，即全面发展、协调发展、可持续发展。而协调发展的重要内容之一，就是区域协调发展。为了落实科学发展观，党的十七大报告明确提出要“突破行政区划界限”，“推动区域协调发展”。[①] 所以，《宪法》序言增加的科学发展观的内容，是明显地包含“区域协调发展”这一要素的。另一个是贯彻新发展理念。党的十九大报告在科学发展观的基础上提出了新发展理念，这个理念包括创新、协调、绿色、开放、共享，协调是其中的重要一条。而针对“协调”，党的十九大报告则明确提出要“实施区域协调发展战略”，“建立更加有效的区域协调发展机制”。[②] 结合党的十八大以来党中央及习近平总书记亲自推动的一系列区域协调发展的重大战略部署，再加上2018年《宪法》修改在序言中新增加的推进五个文明协调发展，实现中华民族伟大复兴的国家根本任务，可以得出的结论是，2018年《宪法》序言中所新增加的国家指导思想和根本任务的表述，明确地包含了地区协调发展的内容。在这个意义上，2018年的《宪法》修改是对1982年《宪法》及2004年之前几次修改的重大、明确的变化和升华。

（三）《宪法》修改引发的与行政区划的冲突

现在需要关注的是，《宪法》序言关于区域协调发展这一内容的修改，所引起的与《宪法》总纲中行政区划关系的变化。我国宪法的一个重要特点是有序言，

---

① 参见胡锦涛：《高举中国特色社会主义伟大旗帜 为夺取全面建设小康社会新胜利而奋斗》，载《人民日报》2007年10月25日，第1版。

② 参见《中国共产党第十九次全国代表大会文件汇编》，人民出版社2017年版，第26页。

而理论实践中，大家讨论和关注的也主要是序言本身的效力问题，对序言与后面其他章节有关规定的关系，似乎极少关注讨论。现在，科学发展观、新发展理念中的区域协调发展与行政区划的关系就凸显出来了。

我国《宪法》总纲第30条对特别行政区之外的普通行政区划作了明确规定。但是，确定行政区划的基本原则，以及所参考的具体因素究竟是什么？这个问题长期以来并没有得到清楚的回答，有关权威的立宪文件也没有给予清晰的说明。学术中比较笼统的说法认为，我国行政区划的基本原则是，便于人民群众参加国家管理，有利于社会主义经济建设，照顾民族特点和历史延续性。① 这样说当然没有问题，但似乎还没有触及问题的根本。

准确理解宪法有关行政区划的规定，恐怕应当抓住我国实行的单一制国家结构形式这条主线。在单一制国家结构形式下，行政区划首先要解决的是中央和地方的关系问题，而针对这一关系，宪法确立的组织原则是民主集中制，即遵循在中央的统一领导下，充分发挥地方的主动性和积极性。这样，设置行政区域，必须以有利于实现中央的统一领导为前提。在这个前提下，以充分发挥地方的主动性、积极性为原则，考虑人口、民族、历史、经济社会发展等因素，设置不同的行政区域，实现国家和社会治理。

保证中央统一领导的实现，要从两个方面着手：一是保证中央对省一级行政区划的有效领导；二是保证在省一级行政区划以下，上级对下级的有效领导，因为没有地方的上级对下级行政区域的有效领导，中央统一领导的基础就不牢固。所以，可以说，宪法关于行政区划的设置，首先考虑的是纵向的领导关系，在这个前提下，其次再综合考虑横向的各方面因素，确定一个行政区域的管辖范围。应当说，宪法的这个基本精神是清楚的。

现在回过头来看《宪法》序言中的区域协调发展与总纲中行政区划的关系，就可以发现，1982年《宪法》虽然在序言中规定了国家指导思想和根本任务，但限于那时的历史背景和认识程度，并没有考虑或者至少没有充分考虑到这个指导思想和根本任务与横向的行政区域之间的关系。《宪法》总纲和国家机构中关于行政区域的划分及国家机构的有关规定，其立足点是，有利于处理中央与地方、上级行政区域与下级行政区域之间的关系，也没有考虑横向的行政区域之间

---

① 参见蔡定剑：《宪法精解》，法律出版社2006年版，第230页。

的关系。甚至可以说,现在尚没有足够的资料来表明,当时已经预见到横向的行政区划之间将来会出现什么样的问题,因而也没有为如何处理横向的行政区域之间的关系而确立一些基本原则。这样,同一行政区划内的人大与政府的设置、组织及其行使的职权,也就仅仅限于本行政区域内,而不能扩大到行政区域之外。这个问题下文还将涉及。

但是,2018 年修改《宪法》,使序言中具有了区域协调发展的内容。如果要实现这一发展理念和任务,就不可避免地引起与既定行政区划之间的紧张与冲突。因为区域协调发展必然需要相应的国家机关跨行政区域行使职权,如前文提到党的十七大报告所提出的,要"突破行政区划界限"。这可是一个大问题。1982 年《宪法》制定后,在几次修改中,序言和其他的内容都有不少变化,但关于行政区划的划分和以行政区划为依托设置国家机关的规定却从没有修改。党的十八届四中全会提出要探索设置跨行政区划法院,但也因为超越行政区划设置政权机关,所涉问题过于复杂,2018 年修改《人民法院组织法》时,并没有确立这个内容。而现在,宪法以行政区划为基础发展经济社会事业的指导思想和根本任务变化了,但行政区划本身却一直未变,如果要实行区域协调发展,行政区划就成了横亘在前的难以逾越的障碍。党的十九大报告提出要"建立更加有效的区域协调发展新机制",虽然没有像党的十七大报告那样明确说要"突破行政区划界限",但要建立区域协调发展新机制,仍然难以逾越既有行政区划这个宪法所设置的屏障。所以,如何从宪法体制上解决行政区划的障碍,是推进区域协调发展包括开展区域协同立法,保证区域协调发展的整体部署在宪法法律轨道内运行的重要前提。

二、对区域协同立法的基础理论缺乏研究

适应区域协调发展的需要,从中央到地方,从党委到人大常委会和政府以至于社会力量,都在出台政策意见,采取具体措施办法,全方位地推进这一具有强烈时代特点的重大战略部署。其中,区域协同立法就是一项重要内容。现在,区域协同立法已经成为立法实际工作特别是地方立法实践和理论研究中一个非常大的热点问题,引起广泛关注和讨论。

但是,类似区域协同立法的含义究竟应当冠以什么样的名称?现在,各方面对这个术语的称谓很不相同。有的叫"区域协同立法",有的叫"地方立法协

调”,有的叫“地方立法协作”,有的叫“区域地方立法协调”,有的叫“区域地方立法合作”,有的叫“地区立法协调”。仅在京津冀这个区域,就有“京津冀区域立法一体化”“京津冀协同发展立法”“京津冀协同立法”“京津冀协同治理立法”“京津冀人大协同立法”“京津冀人大立法工作协同”等叫法。这些叫法如果不加深究,含义似乎都差不多。但细究一下,就会发现叫法不同,含义差异实际上是很大的。为什么会出现大家理解的意思大体相同,称谓却五花八门呢?主要的原因恐怕还是对区域协同立法的确切含义及相关的理论,缺乏深入的研究,没有达成一些基础性的共识。这里有一些问题值得注意。

1. 区域协同立法中的“区域”,是由谁确定的区域?

现在,区域协调发展中的区域十分广泛,提法也很不相同。有跨省市的范围明确的区域,如京津冀协同发展中的京津冀,东三省协调发展中的东三省,都是明确的省一级区域;也有跨省市的范围不甚明确的区域,如长三角一体化中的区域,以及中部崛起、西部大开发中的中部区域、西部区域,范围似乎都不甚明确。有省级区划范围内的区域,如珠江三角洲地区包括广州、深圳、佛山、东莞、中山、珠海、江门、惠州、肇庆 9 个城市在内的范围是一个区域,辽宁沿海经济带和沈阳经济区、长吉图经济区、哈大齐和牡绥地区也是不同的区域,湖南省株潭城市群也是特殊的区域。甚至还出现了粤港澳大湾区这一内地省级行政区域与特别行政区一体化的特殊区域。这些区域有的是党中央文件确立的,有的是全国人大通过的国民经济和社会发展规划确立的,还有的则是其他形式确立的。

现在的问题是,如果实行区域协同立法,那么,谁才能确定协调发展的超越行政区划之外的特殊区域?是不是只有类似党的全国代表大会文件中确定的协调发展的区域,或者全国人大及其常委会通过的有关法律文件中确定的区域,或者中央政治局确定的区域,或者总书记在重要讲话中提出的区域(如习近平总书记 2018 年 11 月 5 日在上海进博会上提出支持长三角一体化发展中的“长三角一体化”的区域),或者国务院出台文件中的区域,或者是一个省级行政区域内的党政机关确立的设区的市以下的区域,就能成为有权协同立法的区域?或者甚至是不需要上级主体确定,任何有立法权的横向的行政区域都可以协同立法?

这可是个很大的问题。一个特定的主体有权打破原来的行政区划,提出并推进跨行政区域的协调发展。在这个背景下,如果跨区划的行政区域可以协同立法,而协同的方式又没有明确边界,就基本意味着该提出协调发展的主体,在很大程度上设置了新的立法主体和立法权限,确立了新的立法体制,进而出现跨行政区划的立法主体和立法体制。更有甚者,在没有一个主体要求打破原有行政区划进行协调发展的情况下,任何行政区划的有关立法主体都可以根据自己的意志跨行政区划进行协同立法,协同的边界也不清楚,那么,宪法法律确立的立法体制就可能陷于混乱。建议有关方面对这个问题予以高度重视和深入研究。

2. 区域协同立法的主体究竟有哪些?

对于谁才能行使立法权,我们的认识和立法的实践,都经过了一个不断发展变化的过程。按照1954年《宪法》的规定,全国人大是我国唯一行使立法权的机关,但现在,我国的立法主体在地方已经扩大到设区的市一级。按照宪法和立法法的规定,地方有立法权的国家机关在本行政区域内可以制定相应的法规规章,但这个制定法规规章的职权是受到很多限制的。不同层级的行政区划,其立法权限和立法程序就有明确的界限。其中,省一级人大常委会在法律和行政法规的权限之外,可以制定法规。在省级行政区域内,这个立法权可以说是完整的地方立法权,但是一旦跨了行政区划,它能够与其他区划内的人大常委会协同立法吗?如果能,道理又是什么?而设区的市一级人大及其常委会制定的法规需要报省一级人大常委会批准,因此它自己只有所谓"半个立法权"。如果要跨行政区域进行协同立法,那么,设区的市一级人大及其常委会自己都不具有相对完整的立法权,又如何进行协同立法?

除人大及其常委会能否协同立法之外,还有一个跨行政区划的政府如何协同立法的问题。早在2006年,东北三省的政府就签订了一个《东北三省政府立法协作框架协议》。而在人大及其常委会和同级政府之下,还有一个人大常委会的内部组织,以及政府的组成部门和内设机构能否横向协同立法的问题。2015年京津冀三个省市的人大常委会主任会议就分别通过了《关于加强京津冀人大立法工作协同的若干意见》,而在具体工作中,从京津冀到长三角的省一级人大常委会的法制工作机构,已经举行了不少联席会议,对立法的具体工作开展协调沟通,并取得了一些立法成果。但是,不同行政区域的人大常委会主任会议、法制工作机构及政府的司法行政部门(以前的法制办事机构)能否互相协同立法?

此外,笔者提出以下一些问题:

(1)以区域立法合作协议为例,并推而广之,在我国,一级行政区域能否独立地与另一个横向行政区域签订协议？如果能，它与联邦制下的地方行政区域或者单一制下的地方自治区域（我国的地方行政区域是不实行国外的所谓地方自治的）彼此之间的关系有什么区别？由此进一步引出的问题是，近年来，横向的地区之间党政代表团互相参访学习、交流经验的情况很普遍，但对这种地区之间的党政代表团参访交流活动的性质，没有人做研究。现在，在参访交流的基础上，进一步地签订协议，开展立法合作，那么，这种协议和合作的法律性质是什么？

（2）在开展立法合作时，每个行政区域的身份性质是什么？它们能否类似于独立的法人或者自然人，与其他行政区域签订协议和进行立法合作？

（3）在不同的行政区域之间进行协同立法时，谁才能代表一个行政区域与其他行政区域的对应主体沟通协商并签订合作协议？一个行政区域的政府首长可否代表该行政区域与其他行政区域的政府首长协同立法并签订协议？如果能够代表，那么，这个政府及其首长与我国对外交往中代表国家的中央人民政府及其首长在性质上又有什么区别？

（4）一个行政区域的人大及其常委会甚至它的主任会议和法制工作机构，能否代表本行政区域，与其他行政区域对应的人大及其常委会或者它的主任会议和法制工作机构以举行联席会议等方式协同立法并签订协议？如果能够这样做，那么，它又如何启动这个程序，与实行联邦制国家的州议会之间的关系又有什么区别？

（5）如果两个行政区域之间可以签订立法合作协议，包括其他的合作协议，那么，这个协议与普通的行政协议有什区别与联系？能否把这种协议与普通的行政协议简单等同起来？普通的行政区域是行政机关与相对人签订的，但两个或者多个行政区域能否这样？如果可以，那么，是两个政府还是两个人大或者是都可以签订？如果都可以签订，那么，这个行政区域是不是要出一个类似于法定代表人一样的主体？如果出了这个主体，究竟是人大还是政府？如果是两者，那么，党委又往哪里放？

以上这些都是涉及国家体制的十分重大的问题，但在理论实践中并没有引起重视和讨论。

应当说，在区域协同立法方面，不少地方把具体的工作做在了前面，但对于开展这些具体协同工作的主体进行协同的法理基础，以及宪法法律上的空间，却缺乏必要的论证。很多情况下,进行协同的各类立法参与主体,似乎是在回避对协同主体资格的相关问题的讨论。为什么会出现这一现象?是不是有一个原因:对跨行政区划的平行主体能否进行立法协同,以及哪一类主体可以进行立法协同,是否具有合宪合法的空间存在很大的不自信和疑虑?这个问题应当引起注意,因为只要协同的具体工作真正开展起来,并意图起到实际的法律效果,由协同主体引起的一系列问题就无法回避。

3. 区域协同立法的事项是什么?

协同立法必然要涉及就哪些事项进行协同。按照宪法、地方组织法、立法法等法律的设计,地方立法权限的划分是以行政区域为单位的,即不同行政区域的立法主体所能规范的事项仅限于本行政区域的事项。但是,区域之间要进行协同立法,所要解决的是区域之间的带有共同性或者牵连性的问题,目的是对区域之间的共同事项或者牵连性事项进行协商沟通直到达成一致。这个问题宪法法律并没有涉及。

按照宪法法律的规定,一个事项在本行政区域内属于地方性事务,地方有权立法,或者有些事项即使不属于地方性事务,基于执行法律行政法规的需要,地方也有权立法。但实践中,一个事项如果超越了本行政区域,与其他行政区域发生牵连,可能就不能一概地视为地方性事务,或者即使属于执行法律行政法规的事项,但地方也不能立法了。就拿京津冀协同发展这一战略部署来说,在没有确定三地协同发展之前,一个事项在原行政区域内就属于单独的地方性事务,或者属于执行法律行政法规的事项,该行政区域也可以立法予以规范,但是,在党中央确定三个行政区域协同发展并明确了宗旨任务后,由于宪法规定北京是首都,党中央又把雄安新区的建设确定为千年大计,那么,京津冀协同发展中的很多事项恐怕就不仅仅是一个地方立法中的地方性事务或者执行法律行政法规的事项了,有些事项可能都有上升到全国人大及其常委会专属立法权限的必要了。实际上,类似现象在长三角区域和珠三角区域的协同发展中也可能出现。在这种情况下,这几个协同发展的地方能否对有关事项进行协同立法?如果能,道理又是什么?

按照宪法法律的规定,地方国家政权机关因为在一个行政区域内管理该行政区域的经济社会文化等事务,才有相应的立法权限。但是,经济社会文化等事务的范围是极其宽泛的,在一个行政区域内它属于地方立法权限的范围,一旦超过了这个范围，所牵涉的问题可能就会十分复杂，如果要开展协同立法，就会面临很多没有论述清楚的理论和实际问题。从现在一些方面的做法看，京津冀、长三角等地方所进行的协同立法的事项，主要是限于环境保护方面的，在范围上尚没有非常大的突破，但对于这些问题我们需要未雨绸缪，先做研究和预案。

4. 区域协同立法的方式是什么？有什么样的法律效力？

由于区域协同立法中，对谁能确定一个区域可以协同，以及哪些主体、哪些事项才可以协同，尚缺乏一个清晰的认识边界和法律边界，因此区域之间采取什么方式才能进行立法协同，也必然难以回答。实践中，一些行政区域的相关主体开展协同的主要方式如下：签订有关立法协作的协议；在私下达成有关协作意向后，由各行政区域的立法主体及其内部组织在立法中作出协调一致的规定或者分别出台相关文件；对立法规划、立法计划和立法中的具体内容进行沟通协商；定期或者不定期召开区域协同立法的联席会议；对一些区域性的立法项目共同研究；为协同立法提供必要的保障；等等。

而仔细梳理和分析一些区域开展立法协同的具体做法，就会发现各行政区域在采取多种方式开展协同的时候，都尽量避免直接发生抵触宪法法律具体规定的情况，所以采取的协同方式基本都是不具有刚性的特点，对协同各方也没有明确的带有法律效力的约束力，因而这种协同有没有法律效果及有什么样的法律效果，实际上也具有很大的不确定性。出现这种情况的主要原因，恐怕还是对各种协同的方式缺乏必要的法理论证，而这背后是否还有一个原因：要在宪法法律上找到区域协同立法的具体依据是很困难的？而协作方式及其法律效力不确定，在没有出现分歧和冲突时，不会引发问题，但一旦引发立法问题，以及由立法牵连引发其他问题，恐怕就比较麻烦了。

5. 在单一制国家结构形式下，区域能否协同立法？

这恐怕是个根本性的问题。区域协同立法表面上看是发生在平行的行政区域之间的一些立法行为，但背后涉及的问题却是中央与地方的关系，即在单一制的国家结构形式下，横向的行政区域之间能否彼此表达意志，以沟通协商、签订协议等方式来达成立法意向，再单独立法甚至在区域之间进行共同立法？这是个十分重大的宪法问题，但在理论界尚没有引起足够重视，本文将在后面继续述及。

三、区域协同立法面临的合宪合法性困境

区域协同立法的合宪合法性是一个无法回避的问题。现在,总体的意见趋势是,看好和推进促成这项工作及相关理论。虽然也有一些意见或明或暗地对协同立法的合宪合法性提出了疑虑,但消极的意见似乎没有引起足够的重视研究,或者被有意无意地回避了。

而一些区域在实践中采取的协同措施,也存在几个值得注意的现象:一是没有一个协同的机关组织明确提出它们的协同措施的宪法法律依据;二是一些地方出台的协同措施办法似乎都没有或者不愿意在媒体上公开;三是已有的协同措施办法从法律性质上看,似乎都具有很大的模糊性,既不能一概地指称它违宪违法,又不能明确地说它不违宪违法;四是不少区域都积极地沟通协商甚至签订合作协议,或者各自出台协同合作的文件,但如前所述,这些协议文件规定的内容除自我约束能产生效力外,似乎都不具备任何外在的法律约束力。

为什么会出现这些令人费解的情况?从根本上看,恐怕还是因为协同立法在合宪合法性上存在难以回避的内在困境。而这些困境,有的已经被注意到,有的还没有引起注意。

(一)序言和总纲及国家机构有关规定上的冲突

这个问题本文在第一部分已经提出了。

区域协同立法是促进区域协调发展的重要措施,也可被视为区域协调发展本身的一项内容。在这个意义上,如果把协同立法放到《宪法》的序言中衡量,那么可以得出的结论是,它符合宪法序言中新增加的国家指导思想,即“科学发展观”“习近平新时代中国特色社会主义思想”“贯彻新发展理念”。因为科学发展观、习近平新时代中国特色社会主义思想和党的十九大报告提出的新发展理念都是明确包括区域协调发展的内容的,所以区域协同立法符合《宪法》序言关于国家指导思想的这些表述,是没有疑问的。

区域协同立法也符合《宪法》序言中新增加的国家根本任务。2018 年修改后的《宪法》序言要求,把我国建设成为富强民主文明和谐美丽的社会主义现代化强国。而这个内容在党的十九大报告中的表述是,到 21 世纪中叶,要把我国建设成为“五位一体”的社会主义现代化强国,到那时,要“实现国家治理体系和治理能力现代化”,“全体人民共同富裕基本实现”。而区域协调发展正是实现国

家治理体系和治理能力现代化，以及全体人民共同富裕的必由之路，所以作为区域协调发展内容之一的区域协同立法，当然也是这一国家根本任务的应有之义。从这个角度看，协同立法对区域协调发展的作用越大，其在《宪法》序言之国家根本任务中的地位就越重要，价值就越大，因而合宪性也是没有疑问的。

结合本文第一部分对《宪法》序言和总纲及国家机构的相关分析，可以看出，如果把《宪法》序言与总纲中的行政区划及国家机构中的地方国家机关分割开来理解，则区域协同立法完全符合《宪法》序言的相关表述。但问题是，《宪法》总纲中规定了行政区划，“国家机构”一章中又规定了以行政区划为基础的国家机关体系，而平行的行政区划及其国家机关体系本身并不包含横向合作的元素，序言有关区域协调发展的内容与行政区划的规定，显然是相冲突的，所以区域协同立法在精神宗旨方面符合《宪法》序言，但在具体措施办法上又与《宪法》总纲和国家机构的有关规定发生了冲突。这个问题似乎没有引起各方面的注意。

（二）在单一制国家结构形式上面临的困境

我国宪法对国家结构形式的设计，是单一制的中央集权模式，即实行单一制国家结构形式。而在单一制国家结构形式中，最难处理的就是中央与地方的关系。中央与地方的紧张关系，在几千年的封建历史中，就经常以不同的形式表现出来。新中国成立以来，中央与地方的关系问题也一直存在。而科学划分行政区域是妥善处理中央与地方关系，维护中央权威，保证国家社会稳定和兴旺发达的重要钥匙。

在这方面，历史的经验教训离我们并不远。2009 年人民网曾经专门登载了一篇回顾新中国成立之初六大行政区设立与撤销的文章。文中说，新中国成立之初，全国被划分为东北、华北、华东、中南、西北、西南六大行政区，实行党政军一体化管理。为什么要设这六大行政区呢？文章解释的原因是，“中共中央不能不在一定程度上迁就于各根据地和各大野战军，亦即各大山头客观存在的现实状况”。①

但是，“大行政区的制度容易造成中央与地方权利切割，便利于各大区之间在利益上相互依托，进而向中央闹独立性”，这个问题在 1953 年的“高饶事情”中

① 参见《建国初六大行政区设立与撤销之内情》，载人民网：http://news.cri.cn/gb/27824/2009/12/28/541s2716998.htm，最后访问日期：2019 年 9 月 10 日。

充分暴露出来。因此,毛泽东从1952年起,通过各种办法,把各大区的书记调到北京来,让他们担任中央一级的领导工作。1954年4月27日中共中央通过政治局扩大会议的决议撤销大区一级的党政机关,至10月,各大行政区及其相关党政机关均被撤销。①

笔者认为,在研究区域协调发展和协同立法相关问题的时候,人民网所登载的新中国成立之初设立和撤销各大行政区的这段历史,恐怕是值得我们深加关注和回味的。

我国现行《宪法》对地方行政区域的划分显然是摒弃了设置大行政区的做法,而在全国设立较多的省区市,由中央直接管辖,运用的是中央"分而治之"的谋略。这个立宪的原意,显然是不愿意看到地方出现"各大山头",特别是不允许出现地方之间"在利益上相互依托,进而向中央闹独立性"的问题。当然,任何事物都有一体两面,单纯以行政区划为基础实行对地方的治理,又不可避免地出现了画地为牢、地区隔绝、地方封锁、破坏市场统一乃至法制统一的负面情况。但是,追踪历史的脉络可以发现,不允许行政区域之间因为利益相互依托而向中央闹独立性,这个立宪的精神是十分清晰且不容置疑的。

现在的问题是,宪法以30多个省级行政区划为基础,实行中央对地方的管辖,没有规定行政区域之间可以相互协调发展,但是否一概排斥区域之间的协调发展呢?应当说,以不损害中央统一领导为前提,推动区域协调发展,最终达到共同富裕,实现"五位一体"的国家根本任务,宪法就没有理由排斥这样的区域协调发展,包括协同立法,但又有什么办法能够预先判断和防微杜渐,保证区域的协调发展包括协同立法,应当引起足够重视。

所以,如果把现在的协同立法放到国家结构形式的安定性上来进行深层考量,就会发现,它存在并完全可能引起两方面的困境:一方面,基于不允许出现"山头"倾向和向中央闹独立性的基本精神,宪法关于行政区划的规定,是不包括或者不允许行政区域之间的横向协调发展包括协同立法的。所以,协同立法与现行的单一制国家结构形式有不相容的一面。另一方面,在区域协调发展不对中央统一领导构成威胁的情况下,宪法关于行政区划的规定,在发展方向上应当

① 参见《建国初六大行政区设立与撤销之内情》,载人民网:http://news.cri.cn/gb/27824/2009/12/28/541s2716998.htm,最后访问日期:2019年9月10日。

允许甚至鼓励区域协调发展包括区域协同立法。但是,如何保证这种协调发展和协同立法最终不会出现“山头”倾向和向中央闹独立性,又是一个难题。所以,在这个意义上,协同立法与行政区划的规定也有不相容的一面。

(三)引起了人民代表大会制度的内在紧张关系

单一制的国家结构形式决定了我们要实行人民代表大会制度,因为只有实行这个制度,才能保证国家有一个最高权力机关即全国人民代表大会,在国家机构的体系中实行中央的统一领导。而在地方,人民代表大会制度的基本设计,是以行政区划为基础的,与单一制国家结构形式相适应,实行纵向的领导体制。在这个体制下,各级人民代表大会及由它产生的政府,行使职权的边界只能限于本行政区域内,即《宪法》和《地方各级人民代表大会和地方各级人民政府组织法》的规定:地方各级人大及其常委会在本行政区域内保证宪法法律的实施,各级人民政府在本行政区域内行使其行政管理的职权,并向人大负责,受人大监督。这样,同一级人大和政府只与它的上下级行政区域内的人大和政府发生纵向的关系,而不与横向行政区域内的人大和政府发生宪法法律上的关系。在这个体制下,一个行政区域内的人大和政府代表本行政区域人民的意志,可以在纵向的范围内对下级人大和政府进行领导监督。但是,它们行使的职权不能介入横向的其他行政区域,不能代表本行政区域与横向的没有管辖关系的其他行政区域发生宪法法律上的职权关系。这个宪法体制的精神是清晰的,没有疑问的。

但是,现在开展协同立法,就使地方人大和政府在发生纵向关系的同时,又与横向行政区域内的人大与政府发生了关系,而且这个横向的关系在很大程度上已经介入了宪法法律的领域,这就与人民代表大会制度的基本内容不相符合。这里有一些案例是值得注意的,比如,国务院《关于进一步推进长江三角洲地区改革开放和经济社会发展的指导意见》提出:“着力构建规范透明的法制环境”,“加强区域立法工作的合作与协调,形成区域相对统一的法制环境”。国务院的这个指导意见既不是法律也不是行政法规,在法律效力上是存疑的,但它却要求加强长三角区域立法工作的合作与协调,这实际上是在人民代表大会制度的体制之外,对长三角地区不同行政区域人大和政府的职权提出了调整的意见。这个意见是否属于国务院的职权范围,恐怕是可以讨论的。

还有一些地方的立法也值得注意。为防治长三角地区大气污染,几年前,苏、皖、浙、沪三省一市成立了长三角区域大气污染防治协作小组,并由人大的专门委员会和常委会工作机构组成联席会议，经过横向的沟通、交流、协商后，上海市、江苏省、安徽省在大气污染防治方面开展了共同立法活动。[①] 具体成果是，2014 年上海市人大常委会修改后的《上海市大气污染防治条例》，第六章的章名就叫“长三角区域大气污染防治协作”，并用 9 个条文规定了协作的主要措施内容。2015 年江苏省人大常委会通过的《江苏省大气污染防治条例》，也设计了“区域大气污染联合防治”一章，并规定：“省人民政府应当根据国家有关规定，与长三角区域省、市以及其他相邻省建立大气污染防治协调机制，定期协商解决大气染污防治重大事项，采取统一的防治措施，推进大气污染防治区域协作”。江苏省的这个条例还规定：“省有关部门应当与长三角区域省、市以及其他相邻省相关部门建立协商机制，共享大气环境质量信息，优化产业结构和布局……协调跨界大气污染防治纠纷，促进省际之间的大气污染防治联防联控。”同样是在 2015 年，安徽省人大常委会通过的《安徽省大气污染防治条例》也规定，省人民政府根据实际需要，与长三角区域以及其他相邻省建立大气污染联合防治协调机制，开展区域合作。这两省一市开展的大气污染防治方面的立法协作，以及 3 个相关条例对跨省大气污染防治协作的规定，从初衷和内容上看，毫无疑问是好的。

但问题是，根据这 3 个地方性法规的规定，3 个地方的政府及其部门在大气污染方面的跨区域协商协调、联防联控的职权，已经介入其他行政区域，并且其他行政区域的国家机关也可以进入本行政区域行使职权，这就涉及跨省进行国家机关职权的整合了。这样的立法权是否属于两省一市的人大常委会？这恐怕是很值得讨论的。即使江苏省在条例中出于严谨，规定省政府应当“根据国家有关规定”，跨省在大气污染防治方面行使职权，但是，这个“国家有关规定”，是谁的“有关规定”，谁又有权做这样的规定呢？在《宪法》和《地方各级人民代表大会和地方各级人民政府组织法》等法律的相关规定没有修改的情况下，这恐怕也是很值得讨论的问题。

对于行政职权的整合，其在行政处罚和行政许可中是有先例的，即相对集中处罚权和许可权。但需要注意的是，这两项职权的相对集中行使，是由《行政处

① 参见丁伟：《与改革发展同频共振：上海地方立法走过三十八年》，上海人民出版社 2018 年版，第 290 页以下。

罚法》和《行政许可法》两部法律予以规定的，而且法律明确规定只有在这两个领域，国务院和经国务院授权的省一级政府才可以决定一个机关行使有关行政机关的处罚和许可权。更重要的是，有权决定相对集中处罚权和许可权的省一级政府，它的决定权以及所决定的行政机关的相对集中的职权，只限于本省的行政区域，而绝不能触及其他横向的行政区域。这样看来，现在两省一市有关跨行政区域进行大气污染防治协作的立法，其问题可能就比较明显了。即使把这个权力放到国务院，恐怕也是有问题的，因为省一级行政区划的划分和设置，属于全国人大的职权，国务院是否有权以指导意见包括立法的方式，调整、整合跨省国家机关的职权，也是大可怀疑的。

而值得注意的是，上述两省一市的这一立法结果，是由省市人大常委会的工作机构通过联席会议、协商交流等方式，事先进行立法合作的成果。应当说，这一协同立法工作在很大程度上打乱了人民代表大会制度下的纵向地方国家机关体系，与《宪法》和《地方各级人民代表大会和地方各级人民政府组织法》等法律关于地方国家机关行使职权范围的规定是明显不符的。

另外，近几年京津冀三地的人大常委会主任会议，分别通过了名称叫“关于加强京津冀人大立法工作协同的若干意见”的文件。有意思的是，目前三个地方都没有公开这个“若干意见”的具体内容。但从名称即可看出，文件内容必然涉及三地人大常委会立法协同工作中的相互关系，而这个相互关系的实现必须由三地人大常委会的有关工作机构或者其他组织去承担，这就不可避免地要介入其他行政区域人大常委会的立法活动，涉及横向行政区域人大常委会职权的行使，与《宪法》《地方各级人民代表大会和地方各级人民政府组织法》等法律关于人大及其常委会行使职权的界限的规定，难免要发生冲突。所以，人大常委会主任会议是否适宜通过这样的文件，也是可以讨论的。

以上的分析是想说明，区域之间开展协同立法，无论是协同立法的具体工作本身，还是协同立法带来的立法结果，都不可避免地要对横向行政区域的国家机关职权进行调整改变，与人民代表大会制度纵向行使职权的政治体制发生冲突，这是需要十分警惕和重视的。

（四）在立法体制上出现法无明文规定能否协同立法的困境

区域协同立法涉及对现有立法体制的改变和调整。根据我国《宪法》《地方各级人民代表大会和地方各级人民政府组织法》《立法法》等法律的规定，我国的立法体制是以行政区划为基础和单元的，地方的立法主体只有在本行政区划内才能行使相关的立法职权，对横向的平行的行政区划的立法主体能否跨区域协同立法，《宪法》及2015年修改的《立法法》，在制定和修改时似乎都没有考虑到这个问题，更没有规定相应的因应措施。可以说，区域协同立法实际上遇到了宪法法律的盲点。宪法法律既没有规定区域不能协同立法，也没有规定区域可以协同立法，更没有规定区域如何协同立法，以及协同立法的职权边界。但形势逼人强，为了适应区域协调发展的大形势，一些地方的思考和实践就走到了宪法法律的前面，闯入了宪法法律的模糊地带。

现在的问题是，面对宪法法律的空缺，平行的行政区域能否协同立法？从具体的条文看，宪法法律只明确规定了哪一层级的立法主体在该行政区域行使立法职权的内容，但没有禁止某一行政区域的立法主体与另一行政区域的立法主体协同立法。而没有禁止，就可以作两种理解：一是没有禁止，即意味着可以跨行政区域协同立法，所谓法无禁止即可为，而通常所说的法无禁止即可为，主要适用于公民或者其他被公权力监管的组织；二是宪法法律没有禁止，但也没有授权，而没有授权即意味着不可以跨行政区域协同立法，所谓法无授权不可为。如何准确理解公权力行使中的所谓法无授权不可为，是一个大问题。在处理公权力行使主体与被监管对象的关系上，法理的基本要求是，为了保护被监管者（主要是行政相对人）的合法权益，公权力行使主体应当遵循法无授权不可为的原则。当然，这里的“不可为”是指不可为不利于被监管者的事，而不是说对被监管者有利的事，公权力行使者也不可为。但是，在公权力行使主体彼此之间，如何认识和处理法无明文规定时的可为与不可以，是长期以来没有引起重视和研究的问题。现在的区域协同立法就是一个典型。

这也有两个认识方向：一是区域之间不可以协同立法；二是区域之间可以协同立法。而这两个方向是背道而驰的。但迄今为止，理论和实践中对这两个方向的道理没有展开充分讨论。而不少区域在没有经过充分论证的情况下，又选择了协同立法的方向，并开展了不少探索性的实践。既然选择了协同立法的方向，就不可避免地会引起反对协同立法的观点质疑。即使现在没有明确提出来，随着实践的推进，问题也会暴露出来。这个矛盾应当引起注意。

四、一些意见和建议

从上述问题及相关分析可以发现，区域协同立法对于推动区域协调发展具有积极意义,各方面开展协同立法的初衷是好的,也取得了一些成效。但需要注意的是,对于区域协同立法的相关理论,我们尚缺乏必要研究,而这项工作又显然涉及国家结构形式、政治制度和立法体制中的重大问题。因此,在积极推进的同时,我们也需十分慎重,特别是要着眼宏观、全局和长远,以立体思维对这项工作进行综合研判,权衡利弊,在维护宪法权威、维护法制统一的前提下推进和做好区域协同立法工作。为此,本文提出以下意见和建议:

1. 对区域协同立法的必要性进行深入研究。

区域协调发展中,究竟哪些事项需要协同立法?有的观点已经提出,立法协调在实践中运转的动力不足,真正开展实质性立法协调的区域并不多,即使已经取得的相关协调成果,也都是在上级政府或有关部门的主导下进行的,同级协调积极性并不高,成果有限,以区域公共政策和区域合作协议为代表的两类替代性规范大量存在,不仅淡化了协调功能,也反映了协调动力有限。① 这个问题应当引起重视。

从现在已经公开的一些有积极意义的协调立法案例来看,似乎主要在大气污染防治等环保领域,长三角区域、京津冀区域披露出来的经验都集中在这个方面。但区域协调发展涉及经济和社会事业的方方面面,而在这些方面,真正阻碍跨区域协调发展的因素在哪里,是不是只有通过协同立法才能解决,就需要认真研究。举一个例子:长期以来,阻碍区域协调发展的一个重要因素是,不少地方以立法方式设置名目繁多的许可,阻碍甚至破坏了市场统一。从这个角度来看,为建立统一的大市场,许可方面立法的内容恐怕应当越少越好,本行政区域的审批性立法都应当大幅减少直至砍掉,又哪里需要多少跨区域的协同立法呢?其他的处罚、强制之类的立法大概也有这个问题。笔者建议有关方面对区域协调发展中必须进行协同立法的事项做一个综合性的梳理,考虑协同立法的成本,以及可能引发的一系列问题,建议如果不是十分必须,就尽量不要开协同立法这个口子。

2. 对现行行政区划产生的利与弊做综合评估。

区域协同立法及区域协调发展的整体性部署,最终都不可避免地要对现行

---

① 参见陈光:《论"大立法"思维下的区域地方立法协调》,载冯玉军主编:《京津冀协同发展立法研究》,法律出版社 2019 年版,第 47 ~ 48 页。

的行政区划构成冲击。但是,行政区划是宪法和地方组织法等基本法律确立的,关系国家统一和人民代表大会制度这一政治体制的健康运转,如果不是十分必须,行政区划和以行政区划为基础设立的国家政权机关体系及它们的运行体制,应当以长久的稳定不变为宜。当然,任何行政区划的设计都有利有弊,现在需要总结的是,我国1982年《宪法》确立的行政区划在几十年的实践中,究竟有哪些利、哪些弊,特别是给经济社会发展带来了哪些负面影响,是利大于弊,还是弊大于利? 在区域协调发展的大背景下,如何妥善处理行政区划与协同立法,以及整个区域协调发展的冲突,保持两者之间必要的衔接和科学的适应度? 这是一个十分重大的问题,行政区划着眼的恐怕更多是政治,应当相对静止,保持安定,而协同立法及区域协调发展着眼的恐怕主要还是经济与社会,具有比较活跃和多变的特点,它们之间的冲突实际上是政治的设计与经济社会发展的不确定性的冲突,在两者的冲突与平衡中,设计和把握一个科学的尺度,十分重要。

3. 对如何处理《宪法》序言的相关表述,与总纲及国家机构中涉及行政区划有关规定的关系,作出综合评估。

如前所述,区域协同立法符合序言的相关表述,但与行政区划及国家机构中的相关规定是存在紧张关系的,这就需要回答:序言中有关内容是否有法律效力,以及有什么样的法律效力,当总纲和国家机构中有关行政区划的规定与序言中区域协调发展的表述发生冲突时,究竟以总纲为准还是以序言为准,谁服从谁? 这也是个大问题。把这个问题回答清楚了,对于科学认识和妥善处理宪法的内在关系具有十分重要的意义。

4. 注意执行相关党内法规,落实区域协同立法中重大事项的请示报告制度。

从以往的实践来看,区域之间协同立法的具体操作主要是由人大常委会的工作机构和政府及其法制办事机构来承担和推进的。但是,在特别强调党中央集中统一领导的大背景下,区域协同立法与党的领导又具有紧密联系,而且首先必须坚持党的领导,特别是党中央的集中统一领导。2019年,中共中央印发了《中国共产党重大事项请示报告条例》。这个条例明确规定,重大改革措施、重大立法事项、跨区域工作中的重大事项、本地区工作中具有在更大范围推广价值的经验做法和意见建议,以及出台重大创新举措,特别是遇到新情况新问题且无明文规定、需要先行先试,或者创新举措可能与现行规定相冲突、需经授权才能实施的情况,领导干部超出自身职权范围,应当由所在党组织或者上级党组织作出决定的重大事项,都应当向有关党组织直至党中央请示报告。区域协同立法中的不少工作似乎正属于上述请示报告的范围,而又缺乏相关的法律规定,所以落实请示报告制度,对于坚持党对区域协同立法的领导,具有重要意义。

5. 加强对区域协同立法相关理论的研究。

区域协同立法是立法活动中的一个新生事物,涉及一系列重大复杂的理论问题,但现在的情况是,实践先行,理论相对滞后。建议有关方面对区域协同立法中的区域范围、协同主体、协同事项、协同方式,以及合作协议的法律性质和法律效力等问题展开深入研究,特别是要对单一制国家结构形式下横向区域开展立法协调协作的法律空间展开研究。

这里面的问题可能相当复杂,甚至不排除可能发生的敏感因素。比如,在协同主体方面,如果涉及多个省级行政区域(如京津冀区域、长三角区域、珠三角区域),那么,是不是要有一个牵头的区域及该区域的有关党政组织?如果没有这个牵头的主体,那么,协同立法的重心、方向和目标可能就会出问题;但如果有一个牵头的主体,那么,协同主体之间可能就很难存在平等的地位。① 更需要注意的是,如果在几个省一级的行政区域之间,产生一个牵头协同立法的主体,那么,长此以往,这个牵头区域及该区域的党政负责人一旦不能在政治和法律上科学地处理地方与中央的关系,进而出现类似新中国成立之初就令人担忧的所谓"山头老大",又怎么办?类似问题涉及的因素相当复杂深刻,恐怕需要深入研究应对。

6. 对区域协同立法及包括区域协调发展的整体性部署可能产生的一系列影响和结果,作深入研究和评估。

我们是单一制的国家,需要维护中央的绝对权威。但是,中央权威是在处理与地方的关系中体现出来的,并且有可能呈现出此消彼长的特点。而历史的经验教训也表明,在与地方的关系中,中央并不是在任何时候、任何情况下都具有绝对权威。现在,中央的目的是促进区域协调发展,最终实现共同富裕和"五位一体"的国家根本任务,但在区域协调发展、地方经济社会事业打破行政区划、以成片的区域整体推进的过程中,中央既可能始终保持权威,也可能出现权威不高

① 关于协同主体政治地位不平等的问题,已有学者提出。参见焦洪昌、席志文:《京津冀人大协同立法的路径》,载《法学》2016年第3期。

的情况。

马克思主义辩证法的基本原理认为,在经济基础与上层建筑的关系中,上层建筑虽然对经济基础具有重要作用,但最终是由经济基础决定的。而区域协同立法及它所反映的区域协调发展的各类社会关系,是以不同行政区域的经济社会发展等综合因素为基础的,是一种政治性很强的上层建筑行为。一旦这种政治性很强的上层建筑行为有了强大的经济社会基础,成为由经济社会基础决定的上层政治力量,如果与中央发生了冲突,怎么办?宪法和法律体制是否有足够的空间予以回应?建议有关方面应着眼长远,对这个重大问题予以慎重研究。

7. 有无可能对区域协同立法在分类的基础上予以区别对待?

现在的地方行政区划可以分为省一级行政区域和省以下行政区域两类,相应地,具有立法权的行政区域也就是省一级行政区域和设区的市一级行政区域,另外包括经济特区的立法权。其中,与中央直接发生关系的是省一级行政区域,而省一级行政区域的协同立法,再加上其他方面的力量协调聚合,在特定背景下,不能排除出现对中央权威构成威胁的情形。为保证中央权威在任何情况下都不会因地方发展中的不确定因素而出现危机,可否设计这样的模式:在设区的市一级的行政区域,允许以适当方式协同协作立法,但具体的立法管理由省一级党委和人大及其常委会负责;在省一级的行政区域,凡涉及跨区域的立法事项,均由全国人大常委会制定法律性质的规范,或者由国务院在职权范围内制定行政法规,除非特别必需,省一级行政区域一般不开展协同立法,即使要协同立法,其协同的方式也应当有严格的限制和明确的规定;凡涉及经济特区与其他行政区域的协同立法,也由全国人大常委会或者国务院来解决为宜。

8. 可否由全国人大常委会以立法方式对区域协同立法事项作出专门规定?

区域协同立法面临的最大问题是,缺乏明确的宪法法律依据,在立法法设计的立法体制下,也没有明确的空间,而在实践中处理不好,又可能出现这样那样的问题。所以,如果区域协同立法确属区域协调发展之必需,可以由全国人大常委会针对性地以立法的方式来解决,这样既可以解决前述宪法层面存在的冲突,也可以使区域协同立法有法律依据,真正做到依法立法。全国人大常委会解决问题可以有两种方式:一是修改立法法,在其中增加有关区域协同立法的内容;二是全国人大常委会以类似授权立法的方式,专门作出一个关于区域协同立法的决定。

9. 可否充分倚重政策,尽量避免和减少协同立法?

强调依法治国,但也不能忽视政策在社会治理中的重要作用。在行政区划稳定、社会关系也比较清晰稳定的背景下,充分运用法律法规进行社会治理是必要的。但在区域协调发展中,行政区划实际上处于不稳定状态,跨行政区划协调发展中的各类经济社会关系,也存在诸多不清晰、不稳定的因素。在这种情况下,跨行政区划的法律法规规章在社会治理中究竟应当居于什么样的地位,特别是与政策相比,它们的重要性究竟占有多大的分量?这个问题值得慎重研究。

有的观点认为,区域协调发展中的很多内容都属于跨区域的重大改革,而党的十八届四中全会提出重大改革要于法有据,所以区域协调发展中协同立法十分重要。笔者认为,对重大改革于法有据也应当一分为二地看待。由于改革与立法存在天然的矛盾冲突,对于重大改革的事项,不宜不加分析地强调于法有据。有些重大改革于法有据是必要的,但有些重大改革在立法方面会面临复杂的问题,可能就还是由政策来调整更好一些。而区域协调发展中的不少改革事项,由于超越了宪法确立的行政区划模块,用跨区域的立法来解决可能会引发难以预料的复杂问题。这种情况下,由跨区划的共同上一级党政机关用政策来指导,可能是更适宜的办法。政策可以制定得细一些,发现问题也可以灵活修改。例如,针对京津冀、长三角、粤港澳大湾区这些跨行政区划的区域协调发展,遇到具体问题,就不仅党中央、国务院可以制定政策,出台较细化的措施,再让这些区域以多种方式贯彻落实(实际上,政策的制定权不仅限于党中央、国务院),全国人大常委会也可以出台具有政策特点和法律效力的相关决议,让这些协调发展的区域贯彻实施。充分倚重政策就可以避免和减少协同立法。

10. 可否对横向的区域之间的关系做一个系统的研究?

1982 年《宪法》确立了行政区划以后,以行政区划为单位的纵向治理体制一直沿用至今。在这一治理体制下,所有党政机关之间法律关系的研究,基本都是围绕上下级关系、中央与地方关系而进行的。但显然,在国家治理的错综复杂的社会关系中,各级党政机关和其他行使公共管理职能的组织之间的关系,不仅有纵向的关系,还有平行的横向的关系,以及不平行的横向的关系。而长期以来,对于行政区域的横向关系,法学理论的研究相当缺乏。在这方面,实践又走在了前面。现在,区域协同立法就是一个横向关系的典型。建议有关方面以区域协同立法为案例,并由此拓展开去,总结这些年来对横向的行政区域之间发生的各种关系,对这些关系的法律性质及处理各种关系应当遵循的原则界限做深入研究。

区域协调发展立法研究[①]

南开大学法学院课题组

一、区域协调发展是新时代经济社会发展的新特点

当前,我国不同地区之间仍存在发展不平衡、经济发展水平差异较大的现实问题。区域协调是未来区域经济发展的主要方向,是决胜全面建成小康社会、不断创造美好生活、逐步实现全体人民共同富裕的先决条件。可以说,区域协调发展是一个关系到改革、发展和稳定大局等多重政治、经济因素的重大问题。党的十九大明确提出实施区域协调发展战略。这是贯彻新发展理念、建设现代化经济体系的重要组成部分。

(一)我国区域协调发展的历程

党中央历来高度重视区域协调发展问题。20 世纪 50 年代提出处理好沿海工业和内地工业关系,20 世纪 80 年代提出"两个大局"战略构想。改革开放之初,我国在生产力薄弱的情况下选择了"非均衡发展"的战略,优先发展东部沿海地区,在一定程度上加速了我国的经济发展,但也导致了区域差距的急速拉大。世纪之交作出实

---

① 执笔人:高绍林、张宜云。高绍林,男,南开大学法学院客座教授,原天津市人大法制委员会主任委员、常委会法工委主任;张宜云,女,法学博士,天津市人大立法研究所助理研究员。

施西部大开发战略重大决策，党的十六大以来作出振兴东北地区等老工业基地、促进中部地区崛起和支持东部地区率先发展等重要部署。

党的十八大特别是党的十九大以来，区域协调发展不仅由经济布局和区域经济工作的指导原则上升为系统的国家战略，而且内涵趋向全面更新。除创新老、少、边、穷和资源型地区政策外，这种更新主要反映在5个方面：一是深入实施京津冀协同发展、粤港澳大湾区、长三角区域一体化发展战略，形成了新时代鼓励和支持东部地区率先发展的新格局；同时，研究出台新时代推进西部大开发、东北全面振兴、中部崛起形成新格局的指导意见。二是推动长江经济带等横贯东西的大江大河流域经济高质量发展，开创促进"板块"之间的协调、一体发展新棋局。三是全面深化空间一体化发展体制机制改革，建立更加有效的区域协调发展新机制。四是建立主体功能区制度，深化国土空间治理改革，推进国土集聚开发、分类保护、综合整治。五是贯彻落实习近平总书记关于培育发展现代化都市圈的要求，推动城乡一体、区域同城的都市圈，基于大都市圈链推动城市群新发展，初步显现出中国特色新区域主义。①

（二）区域协调发展的国际经验和启示

区域协调发展是现代国家经济社会发展中不可回避的任务。"他山之石，可以攻玉"。我们可以借鉴国外成功经验，促进我国区域协调发展。从世界范围内大城市群等区域经济社会发展的实践经验和基本规律来看，建立区域内共同遵守的法律、制度、规则是促进和保障区域协调发展的必要条件。法治具有固根本、稳预期、利长远的保障作用。尽管各国自然条件和社会、历史文化背景存在差异，推动区域协调发展的措施也不尽相同，但通过立法促进和保障区域协调发展是比较普遍的做法。例如，英国大伦敦地区以国家制定《大伦敦议会法》《大伦敦地方当局法》为基础，整合大伦敦区域发展。在大伦敦城市规划过程中，政府运用法律手段予以支持起到了重要作用，将大城市的问题通过与周边地区的配合来解决，以实现原有大城市的振兴和大城市效应对周边地区的带动发展。又如，法国大巴黎都市区以国家制定《大都市区法》《舍维内芒法》为基础，推动巴黎周边市镇联合，统筹区域发展。通过立法加快市镇重组，由单中心结构的巴黎

① 参见杨开忠：《加大力度实施区域协调发展战略》，载中国发展网：http://www.chinadevelopment.com.cn/news/zj/2019/03/1483882.shtml，最后访问日期：2019年4月5日。

密集区发展到多中心结构的大巴黎地区,经历了从分散发展到整体规划发展的转变。日本通过国家制定《首都圈整备法》及与其配套的整备规划计划,有效防止城市过度膨胀发展,避免城市业务功能过度集中在中心区域,促进城市公共资源区域均等化,从而缓解东京中心区域的压力,将产业、机构和人口逐步疏导到周边地区。

域外区域协调发展的经验具有以下启示:一是注重加强区域发展政策与立法的良性互动。在不断完善区域协调发展的政策工具和政策实施机制的同时,还应当有坚实的法治保障,建立健全区域协调发展专项法律制度,完善区域协调发展方面的法律制定程序,并完善相关领域的法律制度。二是注重加强区域规划的导向作用。注重区域长远发展规划的制定,合理界定区域的发展定位、功能和发展方向。以市场配置资源为基础,以提高实效为目标,打破地区封锁,统筹城乡经济社会发展,促进地区间优势互补和合作交流,形成若干各具特色的经济区和经济带。三是注重协调区域外生发展与区域内生发展关系,强调区域内生发展,培育区域内生发展能力,加快区域内生发展的相关立法。

(三)新时代区域协调发展的新特点

笔者认为,新时代区域协调发展呈现出以下新的特点:

一是区域发展内涵更加丰富。党的十九大报告提出,中国特色社会主义进入新时代,我国社会主要矛盾已经转化为人民日益增长的美好生活需要和不平衡不充分的发展之间的矛盾。坚持创新、协调、绿色、开放、共享的新发展理念,是我们党对区域协调发展规律认识一步又一步的深化。共享的发展理念贯穿新时期区域协调发展的布局和实施过程。强调要以“一带一路”建设、京津冀协同发展、长江经济带发展、粤港澳大湾区建设等重大战略为引领,促进区域间相互融通补充推动这四大区域战略融合发展。通过区域协调发展,优化经济空间布局,使中国经济发展更均衡、可持续。

二是更加注重完善区域协调发展机制建设。区域协调发展机制是区域协调发展的制度基础。习近平总书记在党的十九大报告中明确提出,深化区域合作,建立更加有效的区域协调发展新机制。即通过统一市场为基础的要素自由流动,以及有效激励先进、更好帮扶落后、公平分享利益的制度和政策机制。2018年11月中共中央、国务院发布《关于建立更加有效的区域协调发展新机制的意见》,明确到2020年,建立与全面建成小康社会相适应的区域协调发展新机制,在建立区域战略统筹机制、基本公共服务均等化机制、区域政策调控机制、区域发展保障机制等方面取得突破,在完善市场一体化发展机制、深化区域合作机制、优化区域互助机制、健全区际利益补偿机制等方面取得新进展。加快形成统筹有力、竞争有序、绿色协调、共享共赢的区域协调发展新机制,促进区域协调发展。

三是立法对区域协同发展的引领保障作用日益凸显。经过多年的实践积累,我国区域发展已经进入整体性、系统性深入推进阶段,全面深化改革已进入深水区,面临的艰巨性、复杂性前所未有。在此背景下,加强法治的"顶层设计",以法治来聚合各方力量和各种要素,推动、保障改革的进一步深化,全面实现改革发展的总目标,更显必要和迫切。贯彻落实习近平总书记提出的"建立更加有效的区域协调发展新机制"的要求,必须依靠法治的力量,通过区域立法建立促进区域协调发展的新机制,健全区域发展保障机制。中共中央、国务院发布的《关于建立更加有效的区域协调发展新机制的意见》中对于如何健全区域发展保障机制提出明确要求,其中就包括建立健全区域协调发展法律法规体系。研究论证促进区域协调发展的法规制度,通过立法明确区域协调发展的内涵、战略重点和方向,健全区域政策制定、实施、监督、评价机制,明确有关部门在区域协调发展中的职责,明确地方政府在推进区域协调发展中的责任和义务,发挥社会组织、研究机构、企业在促进区域协调发展中的作用。

二、区域协调发展立法的进展情况

2003 年 10 月中共中央、国务院发布《关于实施东北地区等老工业基地振兴战略的若干意见》。这是进入 21 世纪以来,党中央、国务院提出的首个区域发展意见。党的十八大以来,党中央、国务院加快推动区域统筹协同发展。我国区域发展进入了全面加速时期。目前,京津冀、长三角、珠三角及粤港澳大湾区等区域的区域协调发展立法已经取得了一定成效,且形成了一些比较稳定有效的工作机制。

(一)京津冀协同立法进展

1. 京津冀协同立法的背景

2013 年 5 月习近平总书记在天津视察时首先提出京津"双城记"的概念,同年 8 月,他在北戴河主持研究河北发展问题时提出京津冀要协同发展。2014 年 2 月 26 日他正式提出将京津冀协同发展上升为重大国家战略。2015 年 4 月 30 日中共中央政治局审议通过《京津冀协同发展规划纲要》。

2. 京津冀协同立法工作机制

2014 年 2 月河北省最先发起三地协同立法提议，得到了京津两地的积极响应，三地人大达成基本共识。2015 年 3 月在天津召开的第一次京津冀人大立法工作联席会议上通过《关于加强京津冀人大协同立法的若干意见》，为实质性开展三地之间的人大协同立法作出了初步的制度安排。2017 年 2 月在河北省召开的第三次京津冀协同立法工作会议上，原则通过了《京津冀人大立法项目协同办法》，标志着京津冀人大立法项目协同机制正式确立。2017 年 9 月在天津召开的第四次京津冀协同立法工作座谈会上，原则通过了《京津冀人大法制工作机构联系办法》，以制度的形式确立了三地常态化的法制机构联系机制，为协同立法的顺利实施提供制度支持。2018 年 7 月在北京召开的第五次京津冀立法工作协同座谈会上，原则通过了《京津冀人大立法项目协同实施细则》，进一步细化了三地立法项目协同的实施工作，切实提高协同实效。上述 4 个规范性文件，分别经京津冀三省市人大常委会主任会议通过后实施，用制度保障和促进三地协同立法工作机制不断得以完善。

3. 京津冀协同立法实践成果

环境问题往往都是超行政区划、跨行政区域的，如果没有区域间的立法协作，则很难应对区域的环境问题。目前，环境方面的法律、行政法规中，对区域环境治理有简单提及，但区域环境治理中的组织管理、沟通协调、利益分配、纠纷处理等问题并无配套法律制度安排。2014 年党中央提出实施京津冀协同发展重大国家战略以来，按照规划纲要，环境保护是协同发展的重中之重。同呼吸，共命运，深受雾霾困扰的京津冀区域，共同治理大气污染成为三地的高度共识，也成为三地协同立法的重点和切入点。2014 年 1 月北京市人民代表大会审议通过的《北京市大气污染防治条例》第 24 条规定，市人民政府应当在国家区域联防联控机构领导下，加强与相关省区市的大气污染联防联控工作，建立重大污染事项通报制度，逐步实现重大监测信息和污染防治技术共享。2015 年 1 月天津市人民代表大会审议通过了《天津市大气污染防治条例》，2016 年 1 月河北省人民代表大会审议通过了《河北省大气污染防治条例》。上述两个条例均设专章对区域大气污染防治协作进行了更为详细的规定，包括：建立大气污染防治协调合作机制，定期协商区域内大气污染防治重大事项；建立重污染天气应急联动机制，建立沟通协商机制；及时通报可能造成跨界大气影响的重大污染项目,实现区域间信息共享;加强大气污染防治科研合作,组织开展区域大气污染成因、溯源和防治政策、标准、措施等重大问题的联合科研。由此可见,京津冀三地就大气污染的共同防治问题均有立法上的明确规定,立法在该问题上发挥着不可或缺的引领和推动作用。

京津冀区域关于环境保护税应税额确定的立法,更加体现了区域协同发展、联防联控的立法理念。京津冀人大常委会通过的环保税适用税额的决定,统筹考虑了京津冀协同发展、各自的环境承载能力、污染排放现状、现有产业结构等因素。由于京津冀地区环境污染压力大于其他区域,按照《京津冀协同发展规划纲要》对三地发展的整体功能定位,实现京津冀环境污染联防联控,京津冀和周边省份地方人大常委会普遍确定了较高的税额,且不同省市之间呈现出一定阶梯,有利于促进产业转型升级和集聚发展。其中,北京市应税大气污染物和应税水污染物适用税额分别为每污染当量12元和14元;天津市应税大气污染物适用税额为10元/污染当量,应税水污染物适用税额为12元/污染当量;河北省最高为每污染当量9.6元和11.2元。北京市最高,天津市的税额标准在京津冀三地中处于中间水平,河北省最低。

5年来,京津冀人大及其常委会围绕协同发展,制定或修改了多部与京津冀协同发展关系密切的地方性法规。经统计,北京市制定的地方性法规涉及"京津冀协同发展"相关内容的地方性法规有2部,内容涉及文化、气象等方面;天津市制定的地方性法规涉及"京津冀协同发展"相关内容的地方性法规共计17部,内容涉及环境保护、文化、农业、交通运输、人事、科技、气象、自由贸易区、公安、民政等方面;河北省制定的地方性法规涉及"京津冀协同发展"相关内容的省级地方性法规共计16部,内容包括环境保护、农业、交通运输、金融、科技等方面。

随着京津冀协同发展的国家战略不断推进,京津冀三地认为有必要联合清理适用范围局限于本地情况的地方性法规,为京津冀协同发展扫清法规"不合拍"的障碍,为改革提供坚实的法制基础。比如,河北省开展了清理"不合拍法规"的专项行动,共有7部法规被废止,11部得到修改。同时围绕三地协同发展中的生态环境保护、产业升级转移、交通一体化、公共服务领域加强了地方立法。天津在修订多项法规时,也主动征求其他两地人大的意见和建议。

4. 京津冀区域大气污染防治立法的初步效果

2007~2017年京津冀三地大气污染物排放情况分别如图1、图2、图3所示。

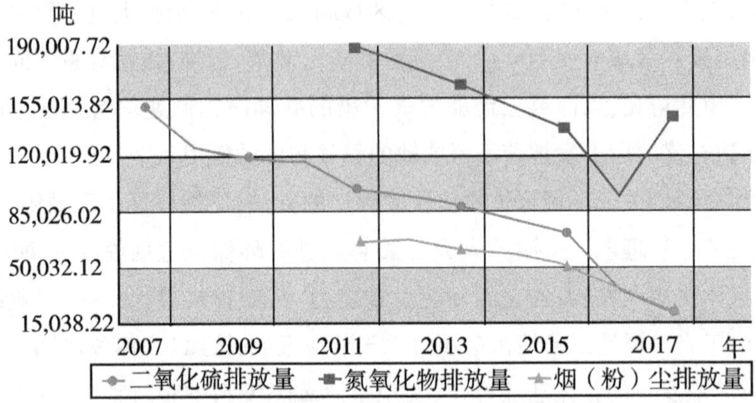

图1　2007～2017年北京市大气污染物排放

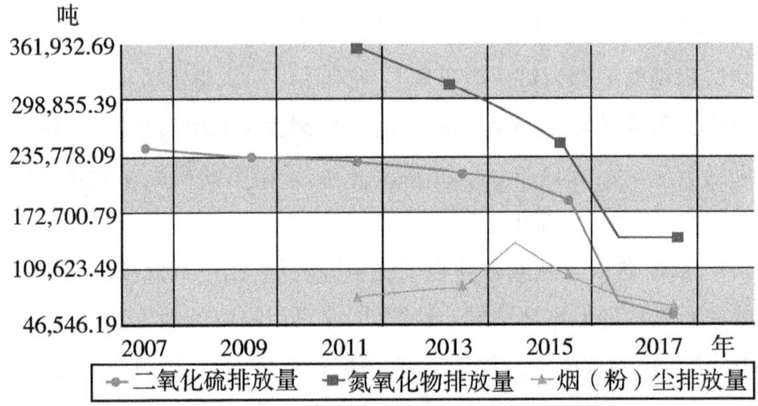

图2　2007～2017年天津市大气污染物排放

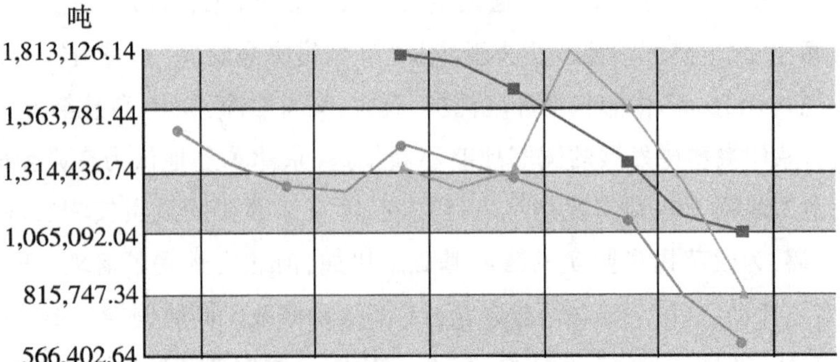

图3　2007～2017年河北省大气污染物排放

由图1至图3我们可以清晰地看出，京津冀区域协同立法在区域大气污染协作治理方面已经取得积极成效。北京市、天津市、河北省三地二氧化硫、氮氧化物、烟（粉）尘排放量自2007～2017年总体呈现下降趋势。自2015年起，三地大气污染物排放量的下降趋势更加明显。同时，在空气质量方面，区域PM2.5年均浓度由2013年的106微克/立方米降至2017年的64微克/立方米，下降了39.6%。其中，北京市由89.5微克/立方米降至58微克/立方米，天津市由96微克/立方米降至62微克/立方米，河北省由108微克/立方米降至65微克/立方米。①

5.京津冀协同立法的特点

（1）从建立机制到协同项目，逐步推进。京津冀从建立立法工作协同机制起步，逐步建立起人大常委会、专门委员会、法制工作机构等多层立法主体稳定的工作协同机制，这是区域协同立法的基本组织保障。在此基础上，进一步发展到立法项目协同。在立法项目协同方面，从最紧迫的大气污染防治、水污染防治领域入手，不断扩大到交通、社会服务等各个相关领域，协同效果越来越明显。

（2）从制定新法规到清理、修改、废止原有法规，全面协同。京津冀区域协同立法表现在立法项目上，首先着眼于新制定法规，增量法规必须按照协同发展的目标设定规范。进而发展到清理法规、修改和废止法规，消除原有法规中与协同发展“不合拍”的问题，清除协同发展的法规障碍。《京津冀人大立法项目协同实施细则》提出“三地人大可以根据全国人大统一要求、京津冀协同发展现实需要，协同开展法规清理工作，并就法规清理主题、标准、实施进度、重点问题处理等工作，加强沟通协调”。经过清理，天津市先后两次修改《天津市大气污染防治条例》和《天津市水污染防治条例》，废止了《中国（天津）自由贸易试验区管理办法》；河北省先后修改了《河北省水污染防治条例》等11部法规，废止了《河北省个体工商户条例》等9部法规。

（3）从人大协同立法到政府协同起草，立法全过程协同。京津冀协同立法由河北省人大发起，在逐步健全人大立法工作协同机制的同时，积极推动省市政府之间在执法工作协同的同时，加强法规草案的起草工作协同。在法规草案起草

① 资料来源：国家统计局 http://data.stats.gov.cn/easyquery.htm？cn=E0103，最后访问日期：2019年4月5日。

阶段,三省市有关部门之间互相讨论,积极提出意见,使三省市政府提出的法规草案充分体现京津冀协同发展的要求。如天津市交通运输委员会在起草公路管理条例草案过程中,与北京市交通委员会、河北省交通厅密切协作,共同讨论完善法规草案。

(4)从关注共性到兼顾个性,突出地方立法特色。京津冀协同发展是以疏解北京非首都功能为核心的区域协同发展,京津冀三地协同立法,就要围绕这一核心,不简单追求法规内容的完全一致,而是充分考虑北京、天津、河北的不同特点,松紧有度、张弛有序。同是大气污染防治立法,三地的侧重点就有所不同。其他立法也是充分考虑各地的地方特点,既在立法核心内容上尽可能体现一致性,又突出各地方立法的特色,协同而不相同。

(5)从政策引领到政策与立法的良性互动,发展立法的引领推动作用。与长三角和珠三角区域经济发展动因相比,京津冀协同发展作为重大国家战略的经济动因并没有那么鲜明,其核心出发点是基于"有序疏解北京非首都功能,解决北京大城市病",因此京津冀协同发展必然更多带有政策干预的色彩。《京津冀协同发展规划纲要》是京津冀协同发展的顶层政策设计,三省市党委、政府积极响应,分别出台了相应的地方政策。这些政策涉及许多重大利益调整,实现利益调整需要立法协同加以保障。京津冀区域协同立法就是根据党中央和地方党委的政策布局,实现政策与立法的良性互动,实现京津冀协同发展的连续性、稳定性、系统性和协调性,并取得最终的预期成效。

6. 京津冀协同立法存在的问题

(1)缺乏国家立法的顶层支持。党的十八大以来,党中央强调"坚持立法先行""确保重大改革于法有据",强调立法在改革中的引领和推动作用。然而,在京津冀区域协同立法方面,却没有国家立法的顶层支持。京津冀协同发展重大国家战略的核心是有序疏解北京的非首都功能,然而,国家尚未制定"首都法",首都的功能定位、产业方向等均没有法律依据。《宪法》第四章"国旗、国歌、国徽、首都",目前只有首都没有进行立法。由于没有首都法的顶层支撑,三地协同立法的坐标就不稳固。截至目前,京津冀三地人大常委会主要集中于工作机制、环境领域等,深层次的涉及区域协同发展的问题尚未完全破题。

(2)协同的内在动因差异较大。从5年来京津冀三地人大涉及"京津冀协同”内容的地方立法成果来看,北京市有 2 部,天津市有 17 部,河北省有 23 部(包括 19 部省级地方性法规,4 部设区的市法规),河北省还进行了系统的法规清理工作。由此可见,河北省的协同立法热情最高,天津市居中,北京市最低。疏解北京市非首都功能是京津冀协同发展的首要任务,是推动京津冀协同发展的“牛鼻子”。这意味着北京要将更多的产业资源、人力资源向津冀地区疏解和转移,河北是产业资源、人力资源的最大承接方。虽然从宏观上、大局上,这对北京市、河北省都是有利的,但就当下得失来说,河北省可能是最大的利益受惠方。这也就不难理解河北省的直接动力了。

(3)协作机制尚不够紧密。目前京津冀协同立法工作方式主要是召开协同立法工作座谈会,会上就立法项目、法规起草、法规修改、法规清理等立法活动进行沟通协商。2014 ~2018 年,京津冀三地已经召开了 5 次座谈会,召开频率为一年一次。座谈会之后,三地各自的立法工作进展与立法工作中出现的共性和个性的问题,还需要及时传递和交流。虽然座谈会已经发挥了沟通三地人大立法工作的作用,但这样的协作机制尚不能满足动态的立法协同需求,缺乏常设的工作机构,日常推动协同立法工作。

(4)立法内容协同的面还不够宽。京津冀协同发展涉及的领域相当广泛,但是目前立法项目的协同主要集中于环境保护领域,交通一体化有所涉及,产业发展、公共服务等领域尚未全面展开。这固然与集中解决当下最紧迫的污染防治攻坚战有关,但这还远远不能满足京津冀协同发展的需求。

(5)协同立法怎样保持整体协调一致又兼顾地域特点还有许多需要深化研究的问题。根据《京津冀协同发展规划纲要》,北京市的功能定位是“全国政治中心、文化中心、国际交往中心、科技创新中心”,天津市是“全国先进制造研发基地、北方国际航运核心区、金融创新运营示范区、改革开放先行区”,河北省是“全国现代商贸物流重要基地、产业转型升级试验区、新型城镇化与城乡统筹示范区、京津冀生态环境支撑区”。就区域产业发展事项协同立法,京津城市化水平高,城市服务功能健全,立法更侧重于发展第三产业;河北能源和矿产资源丰富,第二产业占地区生产总值的比例高,因此河北立法则更强调发展第二产业。经济发展水平、产业结构现状、社会文化背景构成一个地方独特的基因,协同立法怎样保持整体协调一致的同时兼顾地域特点,如何在整体协同立法的大框架下具体问题具体分析,是协同立法必须考虑的问题。

（二）长三角地区协同立法的进展

1. 长三角地区协同立法的背景

2007 年江苏省、浙江省和上海市的人大常委会签署了《苏浙沪法制协作座谈会会议纪要》，标志着长三角以立法协作的方式推动区域协调发展的机制正式启动。2008 年国务院发布的《关于进一步推进长江三角洲地区改革开放和经济社会发展的指导意见》，对加强长三角区域立法工作的合作与协调提出了明确要求。2010 年，国务院发布《长江三角洲地区区域规划（2011～2020）》，也明确指出要加强长三角区域内立法工作的协同。自 2014 年起，以三省一市法制工作机构联席会议为契机，长三角区域立法协作经历了从理论构想到现实行动的过程。2018 年 6 月在上海召开进一步完善长三角地区立法工作协同座谈会，进一步深化完善了长三角地区立法工作协同机制。2018 年 7 月 5～6 日在杭州召开长三角地区人大常委会主任座谈会，签署了《关于深化长三角地区人大工作协作机制的协议》《关于深化长三角地区人大常委会地方立法工作协同的协议》，建立年度会商和协同工作机制。根据上述协议，2018 年 11 月 22～30 日，《上海市人民代表大会常务委员会关于支持和保障长三角地区更高质量一体化发展的决定》《江苏省人民代表大会常务委员会关于支持和保障长三角地区更高质量一体化发展的决定》《安徽省人民代表大会常务委员会关于支持和保障长三角地区更高质量一体化发展的决定》《浙江省人民代表大会常务委员会关于支持和保障长三角地区更高质量一体化发展的决定》相继通过，标志着长三角地区立法工作协同掀开了新的篇章，步入了以地方性法规保障推动的新阶段。

2. 长三角区域协同立法成果

2014 年 7 月 25 日上海市人大常委会会议通过了《上海市大气污染防治条例》，该条例第六章为“长三角区域大气污染防治协作”，以专章的方式率先规定了长三角区域大气污染防治的主要内容。随后，江苏、安徽、浙江以《上海市大气污染防治条例》为示范条例，分别通过了各自省的大气污染防治条例，并分别对“区域大气污染联合防治”作出专章规定。长三角区域各自地方立法中也有一些区域协同方面的内容。

2018 年 11 月长三角一体化被宣布上升为国家战略。随后，长三角三省一市分别制定各自省份的《关于支持和保障长三角地区更高质量一体化发展的决定》。4 个决定基本内容完全一致，表述方法略有差异，都明确要按照“上海进一步发挥龙头带动作用，苏浙皖各扬其长”的推进路径，找准本省市定位，发挥本省市优势，高水平全面对接、合作、交流，推进全方位、深层次参与一体化，共同把长三角地区建设成为我国发展强劲活跃的增长极、全球配置资源的亚太门户、具有全球竞争力的世界级城市群，更好引领长江经济带发展，更好服务国家发展大局。三省一市制定的地方性法规、政府规章、规范性文件的有关制度设计，应当加强四地协同，逐步做到标准协同、监管协同。遗憾的是，上海、江苏是以公告形式发布，成为标准的地方性法规；而浙江、安徽没有以公告形式发布，只能划归为“法规性文件”了。

2018 年 12 月 12 ~ 14 日，上海市人大常委会牵头，江苏、浙江、安徽三省人大常委会联合组织部分全国人大代表就太湖流域水环境治理主题进行联合调研视察活动，并就协同治理太湖水环境污染进行座谈。

3. 长三角地区协同立法的特点

(1)“互补性立法”、示范条例与专章规定并举的协同立法模式初步形成。2014 年 5 月在上海召开长三角区域大气污染防治立法协作论证会，三省一市人大法制委员会、常委会法制工作委员会领导及部分专家学者出席了会议。该次会议提出了三省一市开展大气污染防治地方立法协作的“互补性立法”模式，即共同协商，立法内容既有统一条款又有所差异。具体做法为：由各地共同协商后，拟订立法文本的统一条款，再由各地分别制定适用于本行政区域内的个性化条款，最终形成若干个不同版本的立法文件，由各地人大分别审议通过，在本行政区域内施行。在制定各自的大气污染防治条例过程中，形成了示范条例的协同模式。三省一市的大气污染防治条例都专门设立一个章节提出长三角区域协作、联防联治的要求。如《上海市大气污染防治条例》的第六章为“长三角区域大气污染防治协作”专章。其他三省也分别对“区域大气污染联合防治”作出专章规定。

(2)协同立法常态化工作机制逐步形成。2014 年在长三角三省一市法制工作机构联席会议的基础上，三省一市聚焦具体立法项目，针对大气污染防治形成了示范条例，并由各地人大分别启动并完成了立法程序。2018 年 6 月的进一步完善长三角地区立法工作协同座谈会进一步深化完善长三角地区立法工作协同机制。2018 年 7 月在长三角地区人大常委会主任座谈会上，三省一市人大常委会共同签署《关于深化长三角地区人大工作协作机制的协议》和《关于深化长三角地区人大常委会地方立法工作协同的协议》,以此为契机,三省一市人大法制工作机构形成了区域立法协作常态化的工作机制。2019 年 3 月长三角三省一市人大召开三省一市人大财经工作座谈会,探索加强财经立法工作协同,强化监督工作联动,深化计划预算审查协作。

(3)立法协同起点高,未来协同领域较广。目前,长三角地区协同立法的积极性高涨。相较于京津冀地区的协同立法工作,尽管长三角地区起步晚、成果少,但其具备规格高、积极性强、内容全面的优势。一方面,协同立法会议的主体为三省一市人大常委会主要负责人,相较于京津冀地区起步规格高,协同法规的效力层级高;另一方面,长三角地区协同立法的领域不断扩大,未来协同立法项目也较为广泛。今后长三角地区协同立法主要聚焦交通互联互通、能源互济互保、产业协同创新、公共服务普惠便利、环境整治联防联控等 7 个重点领域。其中,社会信用、环保方面的立法协同共识度较高,实施基础也更为成熟;在生态环境方面的立法项目上开展协同,有助于加强区域生态环境的共同建设、共同保护、共同治理,推动解决大气污染、流域性水污染等问题;在产业发展方面的立法项目上开展协同,结合区域产业基础和资源禀赋,以产业转型升级、科技创新需求为导向,推动产业链深入融合。可以预期长三角区域立法协作实践,将涌现出更多高质量的立法协同成果。

(4)市场机制和政府合作机制双重动力推动。长三角地区是我国经济最具活力、开放程度最高、创新能力最强的区域之一,也是我国区域协调发展基础最好、协调程度最高的地区。当前,长三角一体化已经到了全面深化的阶段。全面深化阶段不是简单的修路架桥、互联互通,而是将长三角一体化资源全盘配置,辐射发展。过去长三角的协同发展是求同存异,在市场层面上找寻利益合作点,政府强制干预的因素较少,是市场机制自发调节的结果。而当今和未来,其协同发展则是市场与政府"两只手"共同发力,不仅要发挥市场机制的决定性作用,同时要更好地发挥政府的引领和带动作用。新时代长三角高质量一体化发展迎来了新的历史机遇,也迫切需要立法的引领和推动。通过地方立法协作,推动制度协同供给,是当前及今后一个时期地方立法理论和实践面临的重大课题。只有市场自发调节与政府合作机制运转双管齐下,才能进一步巩固现有协作发展成果,利用体制优势,将长三角地区建设成为最有影响力的城市群。

4. 长三角地区协同立法存在的主要问题

（1）缺乏上位法的支持，顶层设计不明显。长三角发展中遇到的障碍，涉及多方利益关系的均衡与协调，需要国家相关制度加以明确方能妥善解决。我国目前有关长三角一体化发展的制度规定基本上是在国家政策层面，国务院发布的规划、意见并未上升为法律、行政法规，重在指导性，缺乏强制性。区域协同发展立法地方上更有积极性，走在了国家立法的前面。

（2）缺乏权威协调机构，上海龙头地位有实无名。2018 年 5 月 8 ~ 10 日、6 月 7 ~ 8 日，上海市人大常委会副主任莫负春带领法制委员会、法制工作委员会领导分别走访江苏、浙江、安徽人大常委会，拉开了长三角区域协同立法的序幕，上海又主办了长三角三省一市法制工作机构联席会议、进一步完善长三角地区立法工作协同座谈会等重要会议，作为长三角区域协同立法工作成果之一的大气污染防治立法也是由上海市首先形成示范条例并制定专章。这些都表明上海在长三角区域协同立法中发挥了实际的龙头带动作用。上海作为百年的金融中心、航运中心、产业创新中心、国际交流中心，对长三角地区具有强大的辐射带动作用。国务院《关于进一步推进长江三角洲地区改革开放和经济社会发展的指导意见》明确国家发展和改革委员会作为牵头单位。上海市在长三角协同立法中发挥着事实上的主导牵头作用，但是缺乏牵头方的名分和权威性。同时，初步形成的长三角三省一市协同立法机制是基于四方的自觉参与和遵守，缺乏具有约束力和强制力的协调机构，未来能否长期坚持并逐步深化，也有一定的不确定性。

（3）地区立法协同项目的系统性尚未形成。2018 年三省一市人大常委会共同签署《关于深化长三角地区人大工作协作机制的协议》和《关于深化长三角地区人大常委会地方立法工作协同的协议》。根据协议，三省一市人大常委会将聚焦交通互联互通、能源互济互保、公共服务普惠便利、环境整治联防联控等 7 个重点领域，加强地方立法工作协同，并组成联合课题组开展课题研究，积极开展地方立法理论与实践研究的协作，加强重大立法项目的联合攻关等。但是，这 7 个重点领域还缺乏系统完整的立法项目支撑，除大气污染防治条例外，还没有新的示范性立法文件跟进。

（三）粤港澳大湾区

1. 从珠三角、泛珠三角到聚焦粤港澳大湾区

珠三角的区域概念最早由广东省政府在 1994 年提出，立足点主要是要充分

利用毗邻香港、澳门这一优势,加快推进珠江三角洲地区的改革开放和经济社会发展。

随着珠三角的快速发展,为了在更大范围形成区域协调和可持续发展,2003年由广东省倡导并得到福建、江西、湖南、广西、海南、四川、贵州、云南8省(区)政府和我国香港特别行政区、澳门特别行政区政府积极响应,共同形成了泛珠三角区域合作(9+2)机制,2004年6月3日共同签署了《泛珠三角区域合作框架协议》,并且先后签订了《泛珠三角区域合作行政首长联席会议章程》《泛珠三角区域合作与发展论坛暨经贸洽谈会承办方产生办法》《泛珠三角区域合作行政首长联席会议议事规则》《泛珠三角区域合作专责小组工作规程(试行)》《泛珠三角区域科技合作联席会议制度》等文件,形成了泛珠三角区域合作协调机制、泛珠三角区域合作行政首长联席会议制度、泛珠三角区域合作政府秘书长协调制度、泛珠三角区域合作日常工作办公室工作制度、泛珠三角区域合作部门衔接落实制度、关于泛珠三角区域合作涉港澳事务工作规范的意见、泛珠三角区域合作行政首长联席会议秘书处工作制度、泛珠三角区域合作日常工作办公室联络员制度等一系列机制和制度。

"粤港澳大湾区"从学术研究到地方政策,再到国家战略,历时20余年。1994年时任香港科技大学校长吴家玮提出,对标旧金山,建设深港湾区。21世纪初,广州市提出依托南沙港,对标东京湾区。2009年10月粤港澳三地政府有关部门在澳门联合发布《大珠江三角洲城镇群协调发展规划研究》,提出构建珠江口湾区,粤港澳共建世界级城镇群。2014年深圳市提出"打造湾区经济"。2016年3月第十二届全国人大第四次会议批准的"十三五"规划纲要中明确提出"支持港澳在泛珠三角区域合作中发挥重要作用,推动粤港澳大湾区和跨省区重大合作平台建设";同月,国务院印发《关于深化泛珠三角区域合作的指导意见》,明确要求广州、深圳携手港澳,共同打造粤港澳大湾区,建设世界级城市群。2017年7月1日,《深化粤港澳合作 推进大湾区建设框架协议》在香港签署,中共中央总书记、国家主席习近平出席签署仪式。在习近平见证下,香港特别行政区行政长官林郑月娥、澳门特别行政区行政长官崔世安、国家发展和改革委员会主任何立峰、广东省省长马兴瑞共同签署了该框架协议。2018年11月中共中央、国务院《关于建立更加有效的区域协调发展新机制的意见》指出,以香港特别行政区、澳门特别行政区、广州、深圳为中心引领粤港澳大湾区建设,带动珠江—

西江经济带创新绿色发展。

从珠三角、泛珠三角到粤港澳大湾区，实质是粤港澳区域经济在国家发展中的战略定位变迁，不再仅仅局限于区域发展，而是要通过进一步整合资源，提高粤港澳大湾区的国际竞争力，对标国际著名湾区，真正打造出中国具有世界影响力和最先进发展水平的城市群，为国家的区域治理与顶层设计提供宝贵经验。

2. 粤港澳大湾区立法情况

2019 年 2 月 18 日中共中央、国务院印发了《粤港澳大湾区发展规划纲要》，对粤港澳大湾区的战略定位、发展目标、空间布局等方面作了全面规划，是粤港澳大湾区当前和今后一个时期合作发展的行动指南。① 至此，粤港澳大湾区拥有了国家顶层设计支撑，开始进入实质发展阶段。

在《粤港澳大湾区发展规划纲要》出台前，港澳两个特别行政区与珠三角地区就已存在不同程度的区域合作立法雏形。粤港澳地区协同立法的显著特点是存在大量的框架协议，原因有二：一方面，珠三角属于一省内区域，就生态保护、科技或教育等领域进行区域合作，只需要省级立法主体制定地方性法规或政府规章，各地市在上位法的范围内制定具体的实施方案和细则即可；另一方面，珠三角与港澳"一国两制"、不同法系的制度差异，决定了广东省与港澳之间难以在国家立法缺位的前提下制定适用于粤港澳地区的地方性法规。因此，由广东省政府与香港特别行政区、澳门特别行政区政府签订框架协议，或由国家主管部门牵头，广东省政府、香港特别行政区、澳门特别行政区共同签署框架协议，就成为最高效、最可行的协同模式。框架协议作为在平等、自愿和协商理念基础上形成的区域协同治理的"软法"模式，其效力低于宪法、法律和法规。

3. 粤港澳大湾区协同立法存在的主要问题

(1)立法主体多元，权限多级。在粤港澳大湾区内立法多元特点非常突出，有两个特别行政区的独立立法权，有两个经济特区的特区立法权，有广东省地方立法权，还有 7 个设区的市地方立法权。基于宪法和特别行政区基本法，香港特别行政区、澳门特别行政区享有高度自治权，独立的立法权是特区高度自治的重要方面。特别行政区立法机关制定的法律须报全国人大常委会备案，备案不影

① 参见南方日报评论员：《深刻认识大湾区建设的重大意义——论认真贯彻落实〈粤港澳大湾区发展规划纲要〉》，载《南方日报》2019 年 2 月 20 日，第 A04 版。

响该法律的生效。这决定了港澳特区在立法权限上形成了相对独立于中央立法权的存在。[①] 对于大湾区的立法协作，由于香港特别行政区、澳门特别行政区在立法过程中只需遵循宪法与特别行政区基本法，其立法的自由度显然大于广东省、深圳特区、珠海特区及其他设区的市。

(2)广东省内主体立法权限复杂。广东省内存在三种不同地方立法权：一是省人大及其常委会地方立法权，不得与宪法、法律和行政法规相抵触，也不能变通法律、行政法规的规定。二是深圳、珠海两个经济特区立法权。经济特区基于全国人大的直接授权，拥有制定经济特区法规的权限，无须省人大常委会批准，且在不与国家专属立法权冲突的情况下，可以对法律、行政法规作变通规定，报全国人大常委会、国务院和省人大常委会备案。也就是说，在某种程度上经济特区拥有比省人大及其常委会立法权限更为广阔的规制范围。三是 7 个设区的市地方立法权，其制定地方性法规限于城乡建设与管理、环境保护、历史文化保护等事项，它们制定的地方性法规须报经省级人大常委会批准。这种立法权限的复杂性，在一定程度上影响着粤港澳大湾区协同立法的快速推进。

(3)基础法律规则存在一定冲突。粤、港、澳分属不同的法律法系，在一些领域的基础规则方面存在较大差异。如在知识产权保护方面，“版权”一词香港特别行政区是沿用英国法，但在大陆法系的对应称谓则是“著作权”，其本指“作者权”，版权更强调对于作品及其作者的经济权益的保护，著作权更倾向于是一种人身性权利，而我国的《著作权法》关于“版权”与“著作权”所指的含义与范围又是相同的。香港特别行政区对版权侵犯行为的刑事责任门槛设定较低，内地对著作权客体的刑法保护力度远远低于香港特别行政区版权条例，对侵权行为的容忍度较高，从而导致在内地被视为一般侵权的行为在香港特别行政区可能被视为侵权犯罪。[②]

(4)法治理念存在差异。香港、澳门的殖民历史造就了港澳与中国内地在思想观念等方面不小的差异，特别是法治观念，两地人民有显著不同。由于历史的原因，香港的法律传统主要随英国，属普通法系，以判例法为主。而内地则是采

---

① 参见王仲兴、郭天武主编：《内地与港澳法律体系的冲突与协调》，中山大学出版社 2009 年版，第 36 页。

② 参见张晶、高维远：《论香港地区版权保护制度的特色及其启示》，载《出版发行研究》2018 年第 4 期。

取成文法体系。这两大法律传统的形成均源自不同的法律文化,而不同的法律文化是通过其自有的观念及制度体现出来的。当两种不同的法律文化交织在一起,发生碰撞时,冲突也就随之而来。①

(5)现有制度障碍较多。一是人员流动方面。粤港澳三地创新人才自由流动是发挥协同创新优势的要素保障。目前,内地居民前往港澳仍要受到港澳通行证签注及逗留时间的限制,高峰期各口岸的通关便利化程度不高,且港澳与内地在银行、电信和车站等业务系统方面存在较大差异,影响粤港澳地区人员流动的效率和广度。二是物流方面。内地与香港、澳门两个特别行政区分属三个关税区,在粤港澳大湾区内往返输送的商品,应适用通常的海关税费和进口限制措施,并无特别优惠。此外,粤港澳口岸通关车流要受到两地牌照的管制。三是信息流方面。大湾区内港澳和广州、深圳之间运营商不同,导致了移动资费的差异和网络的切换障碍,港澳地区移动支付的普及率和内地访问港澳网站的限制等问题,都阻碍了大湾区内信息要素的充分流动。四是金融方面。大湾区内深圳证券交易所和香港证券交易所的交易规则和监管措施存在差异,使资本市场的发展受到限制;同时,港元和人民币的汇率差异、港元等值5万美元的外汇限制等也影响了大湾区内的商业结算和资金的自由流动。五是交通方面。粤港澳大湾区是典型的以港口为依托的城市群经济形态。② 除香港港、澳门港外,大湾区内还有深圳港、广州港、中山港等政府所有的港口,相互竞争的现状造就了港口的同质化。在陆运方面,港珠澳大桥与广深港高铁虽都已步入正轨,但仍然要面临着牌照管控和"一地两检"的具体施行等方面的问题。

三、区域协调发展立法的共性问题与对策、建议

(一)区域协调发展立法目前存在的共性问题

1. 区域立法尚未提至国家立法议程,难以充分发挥立法对区域改革发展的引领推动作用。受历史环境、文化特征、地域面积及资源分布等要素影响,我国不同区域之间差异显著,难以通过统一的政策与方法实现全方位管控。因此,区域发展问题始终是我国经济社会发展十分重视的课题。自改革开放以来,国家

---

① 参见李研:《香港与内地法律文化冲突之我见》,载《广东外语外贸大学学报》2008年第4期。

② 参见陈明宝:《要素流动、资源融合与开放合作——海洋经济在粤港澳大湾区建设中的作用》,载《华南师范大学学报》(社会科学版)2018年第2期。

针对各区域分别制定了若干个发展规划，这些规划都属于政策引领范畴，而在国家立法层面尚未涉及区域发展这一重要领域，各区域内地方间的协同立法难以得到国家立法的支撑。

2. 区域协同立法在中国特色社会主义法律体系中的地位尚未明确。2011 年中国特色社会主义法律体系正式形成，区域协同立法在中国特色社会主义法律体系中的地位并不明确，其法律位阶和效力也不清晰，反而是各自的地方性法规更具有法律上的明确效力。全国人大常委会备案审查的重点是是否与宪法、法律、行政法规相抵触，各地的地方性法规之间是否协调并不在其审查范围内。由于区域协同立法在中国特色社会主义法律体系中没有明确的地位，一旦发生区域协同立法共识与地方性法规的规定冲突，则往往是地方性法规的效力具有优先性。

3. 各区域多是立法工作协同，尚未全面进入协同立法层次。立法工作协同的侧重点是建立区域内各方立法主体的工作协同机制，在立法工作上信息互换、相互沟通、相互讨论，就一些重大问题达成共识，然后分别体现在各地的地方性法规之中。而协同立法则是从法规立项、草案起草、主体内容到出台时间等全方位的协同协作，在相同的时间段内分别出台内容相同的地方性法规。目前，除长三角三省一市人大常委会在同一时间段内分别通过《关于支持和保障长三角地区更高质量一体化发展的决定》外，还没有其他协同立法的案例。即使这一相同名称的决定，在公布形式上也是出现两种方式：两个地方用公告形式发布成为规范的地方性法规，另外两个地方则没有用公告形式发布，没有成为规范的地方性法规。

4. 区域协同立法的理论研究与实践发展严重不适应。党的十八大以来，党中央强调重大改革要于法有据。推进区域协同发展国家战略既是改革措施，也是发展政策，也必须实现于法有据。京津冀、沪苏浙皖、粤港澳立法机关积极行动，主动协调，进行了有益探索，取得了有益的经验。然而，如何对这些实践进行理论总结与概括，进而为国家层面区域立法做好理论准备，无论是各地立法机关，还是学术单位还缺乏全面而有深度的理论研究成果。

（二）区域协调发展立法的对策、建议

1. 在加强党对区域协调发展领导工作中，将区域相同立法工作摆上重要位置。党的十八大以来，以习近平同志为核心的党中央把依法治国提到了前所未有的高度,强调法治对改革的引领和推动作用,要求重大改革必须于法有据。中共中央、国务院《关于建立更加有效的区域协调发展新机制的意见》第28条要求"建立健全区域协调发展法律法规体系。研究论证促进区域协调发展的法规制度,明确区域协调发展的内涵、战略重点和方向,健全区域政策制定、实施、监督、评价机制,明确有关部门在区域协调发展中的职责,明确地方政府在推进区域协调发展中的责任和义务,发挥社会组织、研究机构、企业在促进区域协调发展中的作用"。然而,在京津冀、长三角、粤港澳大湾区等几大领导小组下,还没有设立法专项组,对实现中央上述要求也还没有具体的时间表、路线图。区域发展重点领域开展的各项改革试点示范措施已经进入深入推进阶段,有些改革尚无法律、行政法规作为依据和支撑,中央重大改革决策与立法决策之间存在一定的空档期。因此,笔者建议,在中央全面依法治国委员会办公室立法协调小组中设立区域立法小组,统筹规划和协调区域发展立法问题。同时,在各区域发展领导小组下设立法治保障小组,专题研究本区域协调发展中的立法问题,确保党中央区域发展重大改革于法有据。

2. 抓紧制定"首都法"等事关区域发展顶层设计的重要法律。

(1)建议制定"首都法"。在新时代区域协调发展总体布局中,京津冀协同发展是重中之重。其核心是疏解北京非首都功能,解决北京"大城市病",调整优化城市布局和空间结构。疏解北京非首都功能是协同发展的"牛鼻子"。然而,首都及其功能范围却没有相应的法律规定。为实施《宪法》第四章"国旗、国歌、国徽、首都",国家先后制定了《国旗法》《国徽法》《国歌法》至今还没有"首都法"。尽管近年来不少全国人大代表提出制定"首都法"的议案建议,但至今仍然没有提到全国人大的立法日程。为了依法保障和促进京津冀协同发展,建议全国人大抓紧起草"首都法",为京津冀区域协同立法提供顶层法律依据。

(2)建议制定"区域协调发展促进法"。实施区域协调发展战略是新时代国家重大战略之一,是贯彻新发展理念、建设现代化经济体系的重要组成部分。为了全面落实区域协调发展战略各项任务,促进区域协调发展向更高水平和更高质量迈进,有必要在国家法律顶层设计上抓紧制定"区域协调发展促进法",为区域内的地方协同立法提供法律支撑。

(3)建议制定"粤港澳大湾区民商事纠纷法律适用法"。我国香港特别行政区、澳门特别行政区与内地特别是大湾区融合发展,不仅是广东省及其9个城市的迫切需要,也是香港特别行政区、澳门特别行政区持续健康发展的需要。根据《香港特别行政区基本法》《澳门特别行政区基本法》的规定,两个特别行政区原有的法律体系50年不变,并且赋予特别行政区终审法院有终审权。然而,随着粤港澳大湾区经济活动日益紧密,解决民商事纠纷的法律适用的问题越来越凸显。当然,可以用合同约定方式选择法律适用和纠纷解决方式,然而这种一事一议的谈判选择将必然消耗大量的人力、物力、财力,影响交易安全与效率。为了统一粤港澳大湾区民商事纠纷的法律适用原则,建议全国人大制定"粤港澳大湾区民商事纠纷法律适用法"。

(4)建议尽快出台"长江保护法",以及其他流域保护的法律。在第十三届全国人大常委会立法规划中已经将"长江保护法"列入其中,由全国人大环资委牵头起草。"长江保护法"的出台将为长江经济带的发展与环境保护提供法律依据。建议全国人大加快立法工作进程,尽早出台这一重要法律。"长江保护法"出台也必将为其他流域的保护提供立法经验。因此,建议全国人大抓紧研究"海河滦河保护法""黄河保护法""西江保护法"等流域性保护法律。

3. 明确区域协同立法在中国特色社会主义法律体系中的地位。促进区域协调发展的立法,应当以中国特色社会主义法律体系作为基础平台,包括顶层的有关区域发展国家立法、中间层的区域内立法主体之间协同立法、基层的区域内立法主体各自地方立法三大组成部分。随着区域协调发展的逐步深入,中间层的区域协同立法必然是一个越来越普遍的立法现象,并将对区域协调发展起到其他两者不能替代的法治保障作用。然而,在中国特色社会主义法律体系中,区域协同立法并没有"一席之地"。亟须对此进行深入研究,赋予其相应的法律地位。建议全国人大研究制定"区域协同立法法"或者研究修改《立法法》,不仅要从法律上赋予区域协同立法的效力,而且要在法律上明确区域协同立法应当遵循的基本原则、基本程序,区域协同立法与各自地方立法的适用原则等,以充分保护区域协同立法的积极性,发挥区域协同立法先行先试的功能,待条件成熟时上升为国家法律。

4. 区域协同立法既要统一共性规则,又要尊重特殊性和差异性规则。目前,国家实行的几大区域协调发展战略有许多共性的问题,需要从国家层面统一若干共性的原则,如在区域协调发展中的立法保障、区域协同立法的法律地位、区域地方立法与协同立法的关系等。所谓特殊性、差异性主要体现在两个方面:一是不同区域的特殊性、差异性。几大区域各有各的基础情况、发展重点，协同立法必须从实际情况出发，针对问题和发展重点，做好符合本区域的协同立法。二是区域内不同省市的特殊性、差异性。协同发展不是同步发展，重点在于协作，通过协作达到共同发展，使不同省市的比较优势充分发挥，实现优势互补，使城市布局和空间结构更加合理、更加具有可持续性。这就需要在协同立法中，在统一基本规则的同时，充分照顾到各地的特殊性、差异性。

5. 主动消除有碍区域协调发展的地方立法壁垒。在过去的地方立法中，有一些有碍区域协调发展的地方立法壁垒现象，影响着区域内人员流动和其他要素的合理流动。河北省人大常委会主动对本地的地方性法规进行全面清理，修改和废止有碍区域协同发展的规定。这一做法应该推广到各个区域、各个省区市。建议各地立法机关对标中共中央、国务院《关于建立更加有效的区域协调发展新机制的意见》，对标党中央、国务院发布的各个区域发展规划纲要，主动清理地方性法规，相应采取立、改、废方式，主动消除地方立法壁垒，为区域协同发展扫清本地的立法障碍。

6. 进一步加强区域协同立法的理论研究。区域协同立法是一个新的实践课题，也是新的理论课题。据了解，全国人大常委会准备组织专家学者开展区域立法研究。笔者建议，中国法学会立法学研究会、地方学术单位、学术组织，整合学术资源和研究力量，积极参与这一研究，建立若干学术研究基地，搭建若干专家学者研究成果交流平台，使专家学者互学互鉴，尽快形成一批高质量、可转化的立法科研成果。

区域合作法：区域治理的基本法律规制①

杨治坤*

一、问题与思路

全球化和地区化并行发展，全球治理和区域治理共同崛起，这构成了当代世界各国治国理政无法绕开的全新政治行政生态格局。正是世界经济一体化的背景和中国社会主义市场经济体制的逐步完善，我国区域经济一体化获得快速发展。但整体来讲，我国推进区域发展战略主要是以“强制性制度变迁”②为主要路径，以区域合作作为突破区域经济一体化体制障碍的路径选择，③初步形成了以政策、行政协议等软法调整为主，少量行政法规规范为辅的软硬法混合规制模式。软法规制不足与硬法规范相对缺乏的短板日益凸显，需要反思我国区域合作规范调整模式，重塑立法与改革决策的关系，“以法治

---

① 本文系教育部哲学社会科学研究重大课题攻关项目“中国的立法体制研究”（项目编号：15JZD006）、广东省哲学社会科学“十二五”规划2015年度一般项目“法治广东视域下区域一体化与软法治理”（项目编号：GD15CFX07）的阶段性成果，感谢广东外语外贸大学2017年“海丝”高水平大学建设专项资金资助。

* 广东外语外贸大学法学院副教授，硕士研究生导师。

② 参见[美]科斯等：《财产权利与制度变迁——产权学派与新制度学派译文集》，刘守英等译，上海三联书店1991年版，第391～392页。

③ 参见陈剩勇、马斌：《区域间政府合作：区域经济一体化的路径选择》，载《政治学研究》2004年第1期。

主义引领立法理念转变,以法治思维和法治方式协调立法与改革决策的关系”,[①]建构以硬法调整为主、以软法调整为辅的软硬法混合规制模式。是故,现阶段需要加强对区域合作的硬法规制。囿于我国组织法对区域合作缺乏明文规定,又无法通过组织立法增加区域合作的组织载体,“解决的路径是创设在实现规制目标的同时承担起相应组织法功能的行为法机制,可以由宪法加普通法、分散的实体法或者统一行政程序法加以创设”。[②] 因此,健全区域合作的行为法规范体系成为规制区域合作的法律完善方向。本文循此思路,探寻加强区域合作法(硬法)建设的内在理据,分析区域合作法的外在结构,以及制定区域合作法的路径选择。这既有完善中国特色社会主义法律体系的内在逻辑,也是对区域合作治理提供有效法律规制的现实回应。

二、制定区域合作法的内在理据

(一)制定区域合作法的立法需求

1. 现实基础:区域合作治理呼唤加强区域合作法制建设

行政区行政是地方政府基于行政区划的刚性约束,以垄断性、封闭性和机械性为显著特征,以行政命令等强制性方式对行政区内的公共事务进行管理。行政区行政无法对跨区域公共事务进行有效治理,诸多传统行政区内部社会公共问题与公共事务,变得越来越外部化和无界化,跨行政区划的区域公共问题大量兴起,并有复杂化、多元化和规模化之态势。[③] 区域公共事务兴起,区域内各政府无法独善其身,凝聚共识——寻求区域整体利益与行政区利益之间的平衡——建立有效的区域合作法律治理机制,是解决跨区域公共事务治理失灵的根本出路。

区域合作治理呼唤公平、统一、有效的治理规则。但是,当前我国有关跨区域公共事务治理主要依赖于党和国家制定的各项政策、地方政府政策、各级政府之间的行政协议等,少量单行法律、行政法规中有关跨区域公共事务管辖规定比较分散;区域合作法律规范的贯彻执行也不尽如人意。加强区域合作法制建设,实现区域合作依法治理,需要科学的法律规范体系、高效的法律规范执行体系。

---

① 石佑启:《论立法与改革决策关系的演进与定位》,载《法学评论》2016年第1期。

② 叶必丰:《行政组织法功能的行为法机制》,载《中国社会科学》2017年第7期。

③ 参见陈瑞莲:《论区域公共管理研究的缘起与发展》,载《政治学研究》2003年第4期。

2. 先天短板：既有的软法规制模式暴露出的缺陷呼唤加强区域合作硬法规制

在我国区域发展战略和区域合作中，党和国家的政策文件是最为直接的规范依据，区域合作的规范调整主要表现为一种软法规制模式。如从整体上进行调整的软法规范有历年的国民经济和社会发展规划纲要、中央政府工作报告、党中央决定，也有针对特定区域的政府政策、政府之间的行政协议。区域合作政策和行政协议等软法自身存在一些缺陷。如软法制定主体在立法条件、立法技术及立法保障等方面存在差异，导致软法质量参差不齐；软法规范之间并不存在明显的位阶之分，易造成软法效力层次上的混乱和适用上的困境；软法对各主体的权利义务、实施程序与监督保障的弱规制性等。同时，当前各区域合作政策、行政协议等软法规范在内容上倡议性、框架性、方向性规定居多，而涉及实质性、具体性、可操作性规定则缺失或有待下级政府及其部门制定更为微观的执行政策，依然难以回避财税、投融资、政绩考核等关键体制难题。所以，区域合作政策、行政协议缺乏明确的权利义务规范，缺乏强制性保障措施，缺乏责任惩处规则和实施跟踪机制，直接制约着软法规制的实效，需要与区域合作硬法规制相配合、相协调。

3. 本质属性：区域合作涉及各级机关权力的宪制问题，呼唤加强区域合作法律规制

区域合作涉及中央与地方、上级与下级机关之间的权力配置，受制于中央与地方之间的权力划分，以及地方基于分权后的自主权空间，"无法绕开对自治与共治、集权与分权等宪制问题的进一步思考"。① 尽管我国宪法明确规定"中央和地方的国家机构职权的划分，遵循在中央的统一领导下，充分发挥地方的主动性、积极性的原则"，但对于中央与地方各自的专属权力、共享权力，以及各级政府之间权力冲突等，缺乏更为具体的法律规范。从目前情况看，政策、行政协议等软法"尽管通常不能直接强制性地配置权利/义务，但经常通过自身的制度安排来直接设定或间接影响公共主体的法律地位，进而影响公法的权力/权利结构"。② 因此，区域合作中无论是涉及各机关的权力界定还是权力运行，均需要国

---

① 徐祖澜：《纵向国家权力体系下的区域法治建构》，载《中国政法大学学报》2016 年第 5 期。

② 罗豪才、宋功德：《软法亦法：公共治理呼唤软法之治》，法律出版社 2009 年版，第 510 页。

家制定法(硬法)对宪法中有关中央与地方政府、上级与下级政府之间的关系进行细化,也需要国家制定法(硬法)对软法的明示或默示,以保障软法的制定与实施。

(二)制定区域合作法的基本条件

1. 我国实践:国内区域合作硬法规制的经验提炼

我国区域合作实践获得快速发展——这得益于区域合作的软法与硬法规范的支撑。其中,有关硬法规制区域合作的法律资源,在4448件法律文件中,有15部法律共有21个区域合作条款,25部行政法规共有32个区域合作条款,以及24个有关区域合作的法律文件。① 这是有关区域合作中央立法数据。在地方立法中,《广东省珠江三角洲城镇群协调发展规划实施条例》(已失效)、《湖南省长株潭城市群区域规划条例》、《武汉城市圈资源节约型和环境友好型社会建设综合配套改革试验促进条例》三部地方性法规比较典型,对某一领域的区域合作作了全面规定;湖南省、江苏省在有关行政程序的地方立法中对区域合作的原则、形式、指导协调监督等作了规定。有学者分析认为,中国宪制建设存在显性和隐性两条线索,前者即"中央单一主导"模式,后者即"试错—确认"模式,并主张将"中央单一主导"模式和"试错—确认"模式纳入中央与地方关系法治化的思考之中。② 这为将来的区域合作立法,实现区域合作规范化、体系化调整提供了一种思路,而既有的中央与地方区域合作立法实践及其法律规范所建构的制度表达,也为制定体系化的区域合作法律规范积累了立法经验。

2. 域外参照:发达国家区域合作法律规制的经验借鉴

无论是在国际区域一体化还是在一国域内区域一体化进程中,促进区域依法治理、依法规范区域合作都是不二法门,尽管法律规制的载体、路径等存在差异。在欧盟一体化进程中,欧洲国家所通过的每一部条约或法案,往往成为某项制度变迁的关节点,有力地推进了欧洲一体化进程,如1951年签署《巴黎条约》,成立超国家的高级机构,管理煤和钢铁这类重要战略物资和经济资源;1957年欧洲6国签署《罗马条约》,建立关税同盟和共同市场、协调共同经济政策、共同和平开发和利用核能;1991年批准的《欧洲联盟条约》使欧共体从经济实体向经济

---

① 参见叶必丰:《区域合作的现有法律依据研究》,载《现代法学》2016年第2期。

② 参见苗连营、郑磊:《宪政建设的统合模式——超越"上/下"之争的第三条道路》,载《法学评论》2011年第3期。

政治实体转换迈出历史性一步,是欧盟经济与货币一体化过程中的重要关节点。[①] 美国各州之间通过签订州际协定,合作处理跨州际公共事务,而州际协定具有明确的宪制基础;美国还通过制定综合性法律或单行法,如《地区再开发法》《公共工程与经济开发法》《农村发展法》《联邦受援区和受援社区法》等法律规范区域合作,促进州际公共事务合作治理。德国、日本等国也是通过制定法律法规,分别对该国各政府之间的合作作出明确规定,为促进本国区域发展提供了有效法律保障。域外有关区域公共事务治理和区域合作的立法及其实践,可以为我国区域合作法律规制提供一种立法镜鉴和法律制度建构参照。

3. 智力支撑:区域法治研究的理论沉淀

英国学者卡罗尔·哈洛和理查德·罗林斯曾经指出:"公共行政既是行政法学者研究的有效对象,也是他们需要保持回应性的事项。重要的是,行政法应与其行政背景同步。"[②]确实如此,面对区域一体化发展和区域治理兴起,从事法学研究和法律事务的专家学者自当对此作出积极回应。我国自 1999 年修宪确立"实行依法治国,建设社会主义法治国家"治国方针后,法治建设实践步入快速发展轨道,冠以"法治 × ×"之名的各种地方法治实践日益兴起,如 2004 年的《法治江苏建设纲要》、2006 年的《中共浙江省委关于建设"法治浙江"的决定》。与此同时,理论研究中相继出现"先行法治化"[③]"地方法制"[④]"地方法治""区域法治"[⑤]等论断,尤其是区域法治理论中对于区域合作的论述,为区域合作的立法与制度构建提供了智力支持。甚至有学者从调整范围、基本原则与行为机制方面区别于传统行政法模式,提出"区域行政法"[⑥]概念,研究行政法的新发展动向。这些理论阐释可以为区域合作法的制定提供学术支撑。

① 参见曹卫东编:《欧洲为何需要一部宪法》,中国人民大学出版社 2004 年版,第 88 ~ 91 页。

② [英]卡罗尔·哈洛、理查德·罗林斯:《法律与行政》(下卷),杨伟东等译,商务印书馆 2005 年版,第 76 页。

③ 参见孙笑侠、钟瑞庆:《"先发"地区的先行法治化》,载《学习与探索》2010 年第 1 期。

④ 参见葛洪义:《法治建设的中国道路——自地方法制视角的观察》,载《中国法学》2010 年第 2 期。

⑤ 以公丕祥教授为代表,其主编的《变革时代的区域法治发展》《区域法治发展研究》对"区域法治"有比较系统的论述。

⑥ 参见李煜兴:《区域行政法初论》,载《行政法学研究》2009 年第 4 期。

三、区域合作法的外在结构

完备有效的区域合作法律系统应该是静态的法律规范结构和动态的法律规范实施体系的有机结合和协调统一。本文所研究的区域合作法的外在结构，限定在静态的法律规范结构。区域合作法不局限于一部“区域合作法”这样的法典，而应当是规范和调整区域合作关系的法律规范体系。从法规范体系化的视角，区域合作法的外在结构主要可分为：

（一）立法目的与调整对象

通过立法调整社会关系，建构一种社会秩序，包含着立法者希望通过该法的实施所要达到的结果，即对立法目的的追求，“没有什么能比立法者用来表达其意愿的词语更有说明力了。制定法词语本身常常就足以确立立法目的”。[①] 对于区域合作立法而言，其应当追求何种目的，建立何种法秩序，这是区域合作立法必须考虑的首要问题。区域合作立法必须服务于跨区域公共事务依法治理，服务于区域法治建设，以解决区域一体化与地方法治“碎片化”之间的矛盾。

一方面，区域合作法属于中国特色社会主义法律体系的一部分，故其立法目的既当具有联通整体法治建设的价值诉求，也当有解决区域治理实践问题的现实面向——区域合作立法应当具有开放性。德国法学家耶林说：“目的是全部法律的创造者，每一条法律规则的产生都源于一种目的，即一种事实上的动机。”[②] 尽管区域经济一体化的形成与发展主要依赖于市场机制，但伴随区域一体化进程中出现的基础设施建设、环境保护与资源开发、户籍制度与社会保障、市场要素流动等跨区域公共事务治理问题大量出现，传统的行政区行政不能对这些跨区域公共事务治理问题作出有效回应，则存在法治中国建设目标与地方法治碎片化的断裂，推进区域法治有助于弥合二者之间的裂痕。区域合作立法的目的还应当超越区域合作立法文本的封闭性，“在一种以规则为中心的法律秩序中，为了减少对条文解释的恣意，或者制止官员越权行事——即超出授权范围行事，

---

① 张志铭：《法律解释的操作分析》，中国政法大学出版社1998年版，第189页。

② ［美］E. 博登海默：《法理学——法哲学及其方法》，邓正来等译，华夏出版社1987年版，第104页。

推论必须经常要求离开规则而求助于目的”。①

另一方面,区域合作立法目的也会影响到区域合作法的调整对象,或者说,区域合作法的调整对象也受制于区域合作法立法目的的定位。区域合作治理的客体是跨区域公共行政事务,跨区域性决定了区域合作法的调整对象,包括以中央与地方、上级与下级区域政府为主体的内部行政关系,以及区域行政的行政主体与相对人之间的外部行政关系。因此,区域合作法调整区域行政关系后所形成的区域行政法律关系,在关系主体、内容和运行机制上,均不同于地方法治下的行政法律关系。这种内部行政关系和外部行政关系以跨区域公共行政或区域治理为联结点。

(二)基本原则

除遵循立法所共有的民主性、科学性、程序性等原则外,区域合作立法所遵循的基本原则应当兼具统率规则体系、填补规则空白、缝合规则空缺等多项功能,是区域合作过程具有统率性、针对性的特有原则。其主要有法制统一原则、平等互利原则和区域特色原则。

1. 法制统一原则

区域合作所承载的区域法治“是国家法治发展在一定空间区域范围内的具体的历史性展开,是在遵循国家法治发展的总体方向的前提下,适应区域发展的现实需求,建构区域法治秩序、推动区域发展的法治进程,因而是治国理政的区域性依法治理模式”。② 区域合作法必须遵循法制统一原则,包含两层含义:一是区域合作法应当与既有的中国特色社会主义法律体系相兼容,遵循不抵触原则。其中,就区域合作立法本意、立法功能而言,“不抵触”并非把区域合作立法的内容限制在宪法、法律和行政法规既有内容的范围内,而是说区域合作法不得同宪法、法律和行政法规的基本精神、原则和既有的相关规定相矛盾、相冲突、相违背,包括不得直接抵触和不得间接抵触。二是区域合作法内部,包括不同效力等级的区域合作法之间、同一个区域内的区域合作法之间、一部区域合作法内部条文之间,应当保持协调一致。

---

① [美]诺内特、塞尔兹尼克:《转变中的法律与社会——迈向回应型法》,张志铭译,中国政法大学出版社1994年版,第89页。

② 公丕祥:《法治中国进程中的区域法治发展》,载《法学》2015年第1期。

2. 平等互利原则

区域合作法当遵循区域合作治理的一般规律,以法律原则确认区域合作行政规律,实现价值判断与事实调整的统一。区域合作包括区域政府间纵向行政合作和横向行政合作,区域政府间纵向行政合作关系产生的基础不是官僚制下的命令与服从,而是基于区域治理过程中形成一种服务导向的共同治理关系,区域政府间横向行政合作关系更是发生在没有行政隶属关系的区域内各地方政府之间。基于区域内各级政府平等的法律关系主体地位与身份,行政自制下的合作共治、自我担责,区域合作过程中的平等对话、协商、妥协等沟通,平等原则贯穿于区域合作全过程——区域平等是区域合作的基础。

区域互利是根本。区域内各政府之间的竞争与合作,是处理区域政府间关系永远无法分开的“二重奏”。如何在基于区域发展差异产生优势互补的共识之上,实现互利共赢则是区域合作成功的动力源泉。区域合作以互利为根本,求同存异,实现各方均能从合作中获益和促进区域利益最大化之间的均衡,这即是互利共赢思维。互利原则要求区域合作各方改变独善其身的思维和策略,树立起行政区利益与区域整体利益是一种“唇齿相依”的共存共荣意识,合作解决区域公共问题,促进区域协调发展。①

3. 区域特色原则

美国著名的文化人类学家吉尔兹提出了法律是地方性知识理论,“任何一种企望可行的法律制度,都必须力图把具有地方性想象意义的条件的存在结构与具有地方性认识意义的因果的经验过程勾连起来,才可能显示出似乎是对同一事物所作出的深浅程度不同的描述”。② 区域合作的基础是区域一体化,规范区域合作行为的区域合作法必须立足于区域一体化的区域实情,体现区域特色。区域合作法所规范或调整的区域社会关系存在地方性特性,区域合作法也应该体现出地方性差异,并呈现一种开放性结构,因为“法律的地方性知识表达了法律是出自于、理解于和实施于某个地方或区域的规则体系和具体实践,法律的地方性知识不仅具有地方标志的属性更是体现某种特色所在的开放性,法律的地

① 参见杨治坤:《区域经济一体化中府际间利益的法制协调》,载《广东社会科学》2017年第6期。

② [美]克利福德·吉尔兹:《地方性知识——阐释人类学论文集》,王海龙、张家瑄译,中央编译出版社2004年版,第83页。

方性知识标示着法律发展的地方化、特色化和差异化取向”。[1] 其实,党的十八大以后实施的以京津冀协同发展、长江经济带发展、“一带一路”建设为重点的区域发展战略,不同区域之间既有个性,也有共性。因此,有关区域合作法既要对这种区域发展中共性进行法律表达,以实现立法之间的协调与衔接,更要反映区域发展的个性与特色,这是区域合作法规范区域合作差异性、地方特色的生命力所在。

(三)主要内容

哪些内容可以纳入区域合作法的调整范围从而构成区域合作法的基本架构?这受制于立法者对区域合作中制度建构的法律需求的发现,以及区域合作实践中为区域合作法提供经验的素材的提炼。当然,不同层级的区域合作法,在具体规范内容上可能存在比较大的差别,一般而言,主要包括以下内容:

1.区域合作模式。从区域合作模式来看,既有纵向合作模式,也有横向合作模式。孟德尔(Mandell)1988年提出应设置地方政府间经济合作的协调机构,认为应该建立组织间的网络,加强横向的联系和沟通,以替代传统的层级体系来协调政府间利益,[2]凸显了横向合作的重要性。并且,在区域合作实践中,横向区域合作所占比重更大。区域合作法应当对区域合作模式有所回应。

2.区域合作主体。区域合作主体是指能够独立参与区域合作事务并能独立承担法律责任的主体,其范围包括哪些?是仅仅局限于区域合作的各级政府,还是包括社会组织、市场等其他参与区域合作的主体?这些主体在区域合作中的职权职责(权利义务)及上下、左右之间的关系问题,推进区域合作的工作机构的设置、职能与工作机制等问题,以及参与区域合作的社会组织、市场主体,其资格与权限问题等,都需要区域合作法加以明确。

3.区域合作领域。区域合作领域的确定,直接关系到区域合作的调整范围及对应调整方式问题。实践中,区域合作领域已经从经济扩展至经济、社会的中心领域和关键环节,从项目、资金等市场要素扩展到区域规划(政策)等制度要素的合作。就区域合作的事务领域和空间领域而言,前者可以是交通设施、环境合

---

① 蔡宝刚:《法律是从“土地”中长出来的规则——区域法治发展的文化解码》,载《法制与社会发展》2014年第4期。

② See Mandell Myma P., “Intergovernmental Management in Interorganizational Networks: A Revised Perspective”, *International Journal of Public Administration*, 1988. Vol. 11(4):393-417.

作治理、科技人才流动、产业规划等,涉及组织法规定下的政府各项职能及政府与社会、市场的行动边界问题,只要涉及跨区域公共事务的,均可以纳入区域合作范围;后者是指区域合作的空间地域,这受制于现实中各一体化区域的空间发展版图,关涉区域合作行为的管辖问题。

4. 区域合作形式或平台。除传统的合作论坛、交流会、博览会外,区域合作框架协议、区域合作规划,以及“飞地经济”园区、承接产业转移示范区、合作试验区等都成为深化区域合作的形式或平台。区域合作法除对区域合作的形式或平台既有的有效形式予以确认之外,也应当对这些区域合作形式或平台的管理、运行进行规范。

5. 区域合作程序。区域合作程序是一套权力(权利)义务交涉过程的工作机制,其本质特点应当是过程性和交涉性。在区域合作中需要淡化行政过程的单方性色彩,将区域合作的行政主体、参与主体等力量整合起来,以程序规制权力,让权力运行依规则行事从而臣服于自己的角色安排;以程序发展和保障权利,拓展各权利主体参与、交涉、对话、协商的渠道和能力。区域合作法应当对主要程序环节、具体程序制度等作出明确规定。

6. 区域合作机制。区域合作机制也是区域合作法的重要内容,要通过立法解决好区域合作中的机制设计与制度供给问题。应加强区域合作机制建设,建立与之配套的制度,以推动区域合作取得预期的成效。区域合作机制涵盖很多内容,如法制协调机制、批准备案机制、利益调节与补偿机制、绩效评价机制、激励约束机制、监督保障机制、信息交流与共享机制、争议解决机制等都应在区域合作法中得到体现,并建立相应的制度予以保障。

四、区域合作法的路径选择

(一)区域合作法的立法体例选择

1. 采用“综合立法—单行立法”相结合的立法体例。发达国家以法律为先导,规范区域合作则几乎成为国际惯例。在综合立法方面,如德国制定《改善区域经济结构法》、日本制定《国土综合开发法》、英国制定《工业分布法》和《新镇法》;在单项立法方面,美国颁布了《麻梭浅滩与田纳西流域开发法》《阿巴拉契亚区域开发法》,日本陆续颁布了《北海道开发法》《孤岛振兴法》《北海道东北开发库法》等,均通过法制强化区域合作中各政府职责。我国经过多年的实践,已形成多中心区域经济一体化格局,各中心在区域合作问题上既有共性也有个性。一方面,针对区域合作共性问题,可以采取综合立法模式,对区域合作的主体、合作程序、合作组织、合作执行、合作保障、合作监督等各个环节进行规范,将区域合作的手段、技术方法、行为方式、协调程序等共性的内容规范化、制度化。另一方面,各区域发展不平衡,区域发展战略功能定位不同,区域合作的各要素也存在差异,可采用单行立法体例进行规范。

2. 采取"中央立法—地方立法"相结合的立法体例。针对区域合作过程中的共性与个性问题,任何单纯的中央立法在兼顾法治统一和整体调整的优势时,不可避免将忽视不同领域、不同区域的个性化法律规范调整需求。在我国中央统一领导与地方一定程度分权、多级并存、多类结合的独特立法体制下,针对区域合作治理的立法,可以采取中央—地方之间的央地配套、多层融合的立法体例。具体说,中央对国家区域发展战略、跨省级区域合作事项进行上位立法,由各省级地方立法主体对区域内具有共同、共性、共识的公共事务采取立法协作方式,如2006年7月辽宁、吉林、黑龙江3省签署《东北三省政府立法协作框架协议》,开展联合立法,或者由地方共同的权力机关或行政机关对区域合作事项进行地方立法,形成中央宏观立法与地方中观立法相结合的立法体例,构建完整的区域合作法律规范体系。

(二)下一步行动策略

1. 推进区域合作软硬法规范的制度化清理。良法是实现善治的前提,不合时宜、相互冲突的法规范也可能成为社会发展的羁绊。在法律文件、政策文本数量剧增的时代,及时清理那些过时、不协调甚至存有冲突的软硬法规范,成为科学立法、民主立法中的一项经常性工作。推进区域合作软硬法规范的清理工作,即是要根据国家法治统一原则,对既有的软法规范、硬法规范进行分类、整理、审查,并决定予以废止、修改、失效,消除法规范冲突。建立对法规范的制度化、动态化的定时、集中清理制度,包括对区域合作有关的软硬法进行清理,应当被定位为区域合作硬法立法的必要环节,由各有权机关在职权范围内,按照法定的程序、标准、方式,对与区域合作有关的法律规范和政策等进行清理备案,为下一步开展区域合作硬法立法创造区域相对统一的法制环境。

2. 先行制定"区域合作条例",待条件成熟制定"区域合作法"。区域合作的硬法规范应当与既有的法律体系相兼容、协调一致,在具体形态、效力层级定位和立法主体选择上,则需要考虑分阶段、分步骤、分轻重缓急,把握立法时机,进行立法策略选择。就当下我国区域合作法的硬法规范体系而言,可以根据《立法法》第9条的规定,由全国人大及其常委会作出决定,授权国务院根据我国区域合作治理实践,就区域合作事项先制定行政法规——"区域合作条例",对区域合作条例的立法目的、基本原则、合作范围与方式、程序、平台,各合作主体的职权职责或权利义务,区域合作的监督保障机制等予以规定和界定。与此同时,国务院可以就某一区域或某一区域合作领域,制定综合类的或专门的区域合作条例,与当前作为基本法律的"区域合作条例"相互配合,形成中央层面的"面—点"相结合的立法体例,在全国实施,总结各区域合作经验,待立法时机成熟,提请全国人大及其常委会实时制定"区域合作法",以进一步提升区域合作立法的效力层次。在地方立法层面,享有地方立法权的地方人大和政府,可以在有关区域合作上位法的前提下,制定与之相匹配、协调、细化的地方性法规或地方政府规章。

五、结语:建立一种区域合作的软硬法混合规制体系

国家制定法(硬法)与政策、行政协议等(软法)的双重规范,构成了区域合作的规范形态。软法与硬法各有所长,但也分别存在自身的不足。[①] 软法和硬法自身的结构性缺陷,无法以自身的修复进行"自我救赎",而软法和硬法自身优势刚好能成为弥补对方结构性缺陷的一种外部力量,二者结合可以实现以弱衬强、相得益彰。所以,现实中对府际合作纯粹采用单一硬法规制模式或软法规制模式的情况极为少见,相反,以一种软硬法混合规制形态才是区域合作有效法律规制的常态。我国目前的总体状况是,区域合作的硬法规制不足,在缺乏硬法保障的情况下,软法的效用难以充分展现出来,适时构建区域合作法这一区域治理的硬法规制框架,以完善区域合作的法律规范体系。

① 参见罗豪才、宋功德:《软法亦法:公共治理呼唤软法之治》,法律出版社2009年版,第383页。

“区域法治”是否可能？

——以“区域立法合作”为中心的考察①

丁　轶*

一、引言

如果以1997年党的十五大正式提出“依法治国，建设社会主义法治国家”的基本方略为起始点，则地方法治建设迄今已有20多个年头。应该承认，在地方立法、法治创新、依法行政等多个领域，地方法治建设的确取得了较为丰硕的成果，不但在某种程度上回应了由地方经济社会发展所产生的法治需求，也为国家法治的全面铺开打下了一定的地方基础，积累了丰富的地方实践经验。正是基于此，近年来，在地方法治研究领域，一种以区域为研究对象或视角的研究风向和理论趋势正在不断展开和深化，引发了学界和社会的广泛关注，这便是“区域法治”研究。

诚如区域法治研究领域的领军人物公丕祥教授所指出的那样，区域法治不但在思想层面具有重要的理论意

---

① 本文研究受到了教育部人文社会科学研究青年基金“制度创新视野下的地方社团立法试验机制研究”（15YJC820008）、中国法学会部级法学研究课题“立法主体扩容背景下的地方立法重复及其规制问题研究”（CLS2017D06）和东北财经大学校级课题“辽宁社团管理体制创新中的制度化保障问题研究”（DUFE2017Y19）的资助。

* 东北财经大学法学院副教授，法学博士。

义，还在现实层面具有重大的实践意义，它既是"实施依法治国基本方略、推进法治中国建设的有机组成部分"，又是"在国家法治发展进程的基本要求的基础上，根据区域发展的法律需求，运用法治思维和法治方式推进区域社会治理现代化的法治实践活动"。① 换言之，如果说传统意义上的地方法治研究侧重于或者说预设了以"行政区划"为中心的研究思路，将视野局限在了以各个省、直辖市、自治区（或者是省级行政区以下的各个市）为代表的行政区域上，是一种典型的"行政区划型地方法治研究"，那么，相比之下，区域法治研究可谓是地方法治研究中的"升级版"或"2.0 版"——它将注意力集中在了当代中国独特的空间结构特征上，即由于历史、文化、经济等多方面因素的影响和作用，若干在政治层面被人为划定、在地理层面却又相互毗邻的行政区域，往往彼此间存在极为密切的联系和频繁的互动，亦面对着需要共同解决的治理难题或发展困境，于是便在现实中通过政府力量联合在了一起，试图建立跨行政区域层面的沟通、协调、合作等机制和制度，致力于实现区域发展的终极目的，而区域法治便是上述活动的一个"可欲"产物。

然而，"可欲"并不代表"可能"或"可行"，二者间无法天然地画上等号。区域法治不同于区域文化，如果说后者是一种哈耶克意义上的"自生自发"过程的产物，那么前者则是一种典型的建构理性行为的产物，充满了人为构建、主观设计的色彩。进而，一旦区域法治属于一种发生在单一制体制下的、以地方政府为主导的法治建设活动和现象，那么，这种不同于"行政区划型法治"的"地方法治 2.0 版"是否可能的问题，便自然而然地成了一个值得深究的议题。在本文中，我们就将以区域立法为研究对象，试图从有关区域立法合作是否可能之问题的讨论中，形成对于区域法治的深层次理解和透视。

二、法治建设的地方承包

毋庸置疑，在当代中国法治建设的动力来源方面，政府而非民众显然构成了最主要的推动主体，"政府推进型法治"是对于这一现实的深刻描述。综观现有的地方法治建设，政府强势主导、高位推动、统筹安排、一体推行的痕迹极为明显，即使是那些先行法治化地区，在实践中往往也是由地方政府"出台政策文件

① 公丕祥：《法治中国进程中的区域法治发展》，载《法学》2015 年第 1 期。

主导法治先行的具体进程，将法治建设任务分配到立法、行政和司法等各个具体部门，每个部门发挥主观能动性……形成创新性的立法、行政和司法工作方式和法治成果"，即便在这个过程中有法律职业阶层和民间力量的介入与参与，也在极大程度上依赖于政府部门所主动提供的研讨、决策和参与平台。① 究其背后的深层次原因，显然和"后全能主义政体"的运行模式紧密相关，即在保持低度政治参与的前提下，国家和政府会出于提升"绩效合法性"的考虑，结合不同时期的发展主题和时代特征，有针对性地提出相应的阶段性任务，并运用自身强大的整合、宣传、动员能力，试图在权威体制之下快速实现经济、政治、社会、文化等领域的全方位发展。② 自然，一旦法治建设成为政府的阶段性任务，在现有的"强国家—弱社会"的基本结构无法在短期内改变的情况下，政府必然会成为法治建设的主力军和推动者。

值得注意的是，法治的本质含义在于约束和限制公权力，③尽管中央政府可以设定法治建设的宏观目标和总体进程，并加以强力推动，但在地方政府层面，法治建设要想全面、真正地展开，显然需要除中央政府压力以外的其他动力来源，否则，自我束缚式的工作无异于壮士断腕，在没有确定收益但又成本巨大的情况下，地方政府显然缺乏践行法治的必要激励。正是基于此，笔者曾经指出，当代中国的地方法治在具体属性上既不同于单一制国家下的"代理型法治"，也不同于联邦制国家下的"自治型法治"，而是一种介于二者之间的新形态——承包型法治，即一种建立在行政发包制的背景下，由中央政府作为委托人和发包人，地方政府在其承包的治理事项及其治权、事权的行政范围内，自主决策和实施的法治建设类型。④ 详言之，在"承包型法治"下，法治建设和经济发展、招商引资、计划生育、安全生产、综治维稳等诸多工作一样，只是一项需要被定期考核的政绩工作而已，上级政府往往"将地方法治建设的若干方面分解、设计成一系列可以被数字化考核和测定的指标体系，并以相关指标是否能够如期完成和实现作为考核结果的评定标准，以便于激励各级地方政府尤其是其中的党政一把

---

① 参见倪斐：《地方先行法治化的基本路径及其法理限度》，载《法学研究》2013 年第 5 期。

② 参见萧功秦：《中国的大转型——从发展政治学看中国变革》，新星出版社 2009 年版，第 113～127 页。

③ 参见[美]塔玛纳哈：《论法治——历史、政治和理论》，李桂林译，武汉大学出版社 2010 年版，第 147～152 页。

④ 参见丁轶：《承包型法治：理解"地方法治"的新视角》，载《法学家》2018 年第 1 期。

手将法治建设纳入到地方中心工作中去",[①]这种工作思路已经得到了中央层面的明确肯定。[②] 进而,由于法治建设通过政绩考核这条线索直接与地方政府官员的晋升问题联系到了一起,这就导致即使在某些情况下地方政府的法治建设会自缚手脚,但考虑到法治建设也会同时带来诸如更多的投资者、更多的财政收入、更快的经济增长乃至更突出的政绩等一系列好处,地方政府仍然有较大动力和激励去从事法治建设。与此同时,各级地方政府在法治建设的侧重点、突破点、具体规划、发展特色、议程设定、督促落实机制等诸多方面还拥有较大的自主决策权和自由裁量权。这是"行政发包制"[③]体制在法治建设领域的必然投射和内在反映,这意味着中央乃至上级政府按照"属地化管理"的行政区划原则,将包括法治建设在内的各种行政事务逐级发包给了各级地方政府,"赋予了下级政府许多事权和自由裁量权,这种事实上的管理权就像被保护的产权一样可以变成对地方官员独立决策的激励",这使"行政发包所生成的地方事实上的自治权让地方政府能够对当地的差异性做出灵活反应,使中央的统一政策尽可能适合于当地丰富多彩的多样性"。[④]

显然,从"承包型法治"视角出发来反观现实,现有的地方法治建设便呈现出了两大突出的特征:首先,地方法治建设是高度围绕着"晋升锦标赛"[⑤]而得以展开的。详言之,只有将法治建设工作全面纳入政府官员的政绩考核体系之中,地方政府才有动力和激励去从事法治建设。这又意味着法治建设必须服务于经济

---

① 丁轶:《承包型法治:理解"地方法治"的新视角》,载《法学家》2018年第1期。

② 比如,在《中共中央关于全面推进依法治国若干重大问题的决定》中就强调指出,要"把法治建设成效作为衡量各级领导班子和领导干部工作实绩重要内容,纳入政绩考核指标体系。把能不能遵守法律、依法办事作为考察干部重要内容,在相同条件下,优先提拔使用法治素养好、依法办事能力强的干部"。参见《中共中央关于全面推进依法治国若干重大问题的决定》,人民出版社2014年版,第36页。

③ 限于篇幅,这里不拟对行政发包制的相关特征再行介绍,具体请参见周黎安:《转型中的地方政府——官员激励与治理》,格致出版社、上海人民出版社2008年版,第54~86页;周黎安:《行政发包制》,载《社会》2014年第6期。

④ 周黎安:《转型中的地方政府——官员激励与治理》,格致出版社、上海人民出版社2008年版,第70页。

⑤ 所谓的"晋升锦标赛",是指中央或上级政府在行政、人事等方面集权的前提下,对多个下级政府部门的行政长官设计的一种晋升竞赛,竞赛优胜者将获得晋升。而竞赛标准由上级政府决定,它既可以是GDP增长率,也可以是其他可度量的指标,采取了多层级、逐级淘汰的程序,可以发生在中央以下的任何一级地方政府之间。具体请参见周黎安:《中国地方官员的晋升锦标赛模式研究》,载《经济研究》2007年第7期。

发展这个中心，只有在相关领域的法治建设能够真正有利于促进经济增长、增加财政收入、增加就业、改善投资环境时，法治建设才会被地方政府真正重视和着力推进；相反，一旦某些法治建设与经济发展发生了冲突，不利于上述目标的实现时，地方政府就有可能会忽视、叫停甚至否定、放弃相应的工作。其次，地方法治建设是高度依赖于“行政区划”的，具有明显的行政区域色彩。“晋升锦标赛”意味着不同行政区域间的政府官员围绕着以经济发展为核心的政绩而展开激烈竞争，力图获得政治晋升方面的相对优势。这样一来，所谓的“地方法治”其实意味着地方层面的法治建设必须被严格限定在一定的行政区域之内，一旦一地的法治建设成果被其他行政区域（尤其是临近区域）所共享，这就有可能会导致该地政府官员晋升方面的比较优势遭到严重削弱。就此而论，地方法治建设上的“属地化管理”其实是必然结果，二者间既相互联系又互相支撑，而缺少了其中的任何一环，“行政区划型法治”及其相应的“承包型法治”就将发生崩溃。

三、区域立法合作的可能性

在性质上，区域立法无疑属于一种不同行政区域间的、有关立法方面的区域合作行为。在这个意义上，区域合作显然构成了区域立法之所以可能的前提和基础。相应地，只有在解决了区域合作的可能性问题之后，我们才能够对区域立法的可能性形成乐观的期待。

一如前述，区域法治是对于“行政区划型法治”的重大超越，它的超越之处就在于，区域法治试图跳出传统的行政区划层面，企图在跨行政区域层面从事法治建设，乃至形成法治建设方面的区域特色。但与此同时，直至今日，地方政府官员间相应的激烈竞争并没有发生根本的改变，这是一个无法忽视和否定的现实状况。因此，在假定“晋升锦标赛”依旧的情况下，不同行政区域间的立法合作行为是否可能呢？

这里，我们需要对这种现象加以细致的分析。在这种围绕着不同行政区域间的同级政府官员所展开的晋升竞赛中，为了确立合适的评价基准，中央及上级政府提拔官员的主要参照标准往往有二：一是考察该官员直接前任的工作绩效；

二是考察该官员临近地区[1]的经济发展状况。换言之,上述标准同时考虑到了不同时间段和同一时间段内的官员表现,即不同时间段的前后任官员之间的政绩比较有助于合理评估后任官员的努力程度,而同一时间段内不同区域间的同级官员比较同样有助于确认被考察对象的努力程度。在理想状态下,如果被考察对象能够在纵时和同时比较中均脱颖而出,自然会在晋升锦标赛中获得较大的相对优势。因此,对于一个理性的地方政府官员而言,他的一切工作无疑要建立在如下两大出发点之上:一是在任期内促进区域内经济增长,获得相对于前任官员的比较优势;二是密切注意临近区域的发展状况,力图获得相对于临近地区同级官员的比较优势。

这样一来,在区域立法活动中,相关的地方政府官员无疑具有了双重身份或角色:一是法治建设的参与者,他们关心不同行政区域间共同的治理难题和发展困境,并试图通过立法手段来解决上述问题;二是政治晋升方面的参与者,而且相邻区域的政府官员们更是“晋升锦标赛”中的直接竞争者,他们关心自己的政治利益和政治前途,试图获得相对于临近地区官员上的比较晋升优势。与此同时,区域合作与晋升锦标赛还存在性质上的巨大差别,即前者属于一种“正和博弈”行为,参与其中的各方可以通过有效的沟通、协调、磋商、协议等多种方式实现利益上的双赢、多赢局面,相比之下,“在政治晋升博弈中,给定只有有限数目的人可以获得提升,一个人获得提升将直接降低另一人提升的机会,一人所得构成另一人所失,在这个意义上参与人面临的是一个零和博弈”。[2] 进而,在面对着法治建设的参与者和政治晋升的参与者这双重身份,面对着区域合作的正和博弈和晋升锦标赛的零和博弈这双重属性时,任何一个地方政府官员(尤其是其中的行政一把手)都需要妥善处理好上述不同角色身份和事业属性间的潜在矛盾和冲突。

在合作问题上,经济学家们认为,从“集体理性”来看,如果各方都能选择合作将会带来巨大的“合作红利”,然而,在现实中每个个体都会首先从“个体理

---

① 之所以选择临近地区作为比较对象,是因为在通常情况下,相邻地区的地理、经济等因素较为接近,更有利于作为比较的标准。当然,如果相邻地区间的经济发展差距较大,仅是具有地理上的相似性,这种比较也将无法进行。

② 周黎安:《转型中的地方政府——官员激励与治理》,格致出版社、上海人民出版社 2008 年版,第 249 页。

性”角度出发来看待合作问题,这就导致个体理性与集体理性之间经常会产生冲突,严重阻碍了合作的实现。在这个意义上,合作问题实质上是一个激励问题,即通过可行的激励机制来诱导个体改变原先的动力结构和状态,最终经由个体理性选择来实现集体理性。① 进而,如果说“晋升锦标赛”构成了区域立法合作的一大重要制度背景,那么,至少在目前看来,能够有效诱导不同行政区域的地方政府改变其“个体理性”的可行激励机制是严重缺失的。大体上,我们可以将这种激励机制划分为“制度激励”和“利益激励”两种类型,并作出如下分析。

(一)制度激励

这里所谓的“制度激励”意味着区域立法合作必须具有足够的制度化支撑,必须建立在必要的规则合法性基础之上。相反,如果区域立法合作面临着严重的合法性危机或质疑,哪怕合作会带来再多的好处,相关的参与者也不会有足够的动力和激励去从事这种行为。然而,不幸的是,当前的区域立法合作恰恰陷入了严重的合法性危机之中。诚如有学者所言,“目前区域发展面临的最大问题就是地方政府之间的横向联系缺乏合法性基础,区域关系如何构建如何调整没有任何法律上的依据”。② 换言之,综观我国目前的宪法、立法法、地方组织法等相关法律可以发现,现有规定基本上没有为区域立法提供较为直接、明确的法律依据,“实际上我国地方组织法在规定地方各级人大和政府职权时,都突出强调了‘在本行政区域内’这样的限定,所以这些都无法为区域立法带来正式的法律‘名分’,也即都无法作为区域立法合法律性的直接依据。这显然严重阻碍了区域立法顺利实施和有效开展”。③

当然,没有宪法、法律层面的制度化支撑并不一定意味着区域立法合作是完全不可能的,因为在当代中国政府机关的横向合作过程中,“合法性的标准并非恒定不变,合法与非法的界定往往是资源、信息索取者与提供者在一定的政策、法规、制度范围内,通过谈判、游说而生产出来的一种象征性符号。从这个意义上说,合法性困境既可以是资源、信息提供者构建出的藩篱,也有可能因索取者的策略性行为而消弭”。④ 因此,即使在制度层面无法无据,不少研究者也仍然乐

---

① 参见张维迎:《博弈与社会》,北京大学出版社2013年版,第6~8页。

② 张彪:《区域冲突的法制化治理》,载《学习与实践》2015年第3期。

③ 陈光:《区域立法协调机制的理论建构》,人民出版社2014年版,第47页。

④ 马伊里:《合作困境的组织社会学分析》,上海人民出版社2008年版,第168页。

观地认为，只要宪法和法律没有公开禁止区域合作，这就等于开放出了一定的运作空间，使有意合作的地方政府可以大胆尝试和创新。然而，即便如此，这种尝试和创新仍然有激励不足之忧：

一方面，地方政府间的区域立法合作行为属于一种典型的公法行为，考虑到"我国现行宪法没有任何条款对地方政府之间的横向关系加以说明和规范，按照'法无授权即禁止'的法理，地方政府之间似乎并不存在开展横向联合的合宪空间"。① 显然，在这个层面，区域立法合作不但欠缺法律基础，还在一定程度上缺乏法理基础。进而，上述两种基础的严重匮乏将使地方政府间的区域立法合作行为近似于一种冒险行为，尤其在收益尚不确定但预期风险较高的情况下，任何理性的地方政府官员都不太可能会为这种合作行为主动买单，甚至会出现严重的"搭便车"心态和倾向（指望由其他地方政府出头承担全部成本和可能风险，自己却共享收益）。

另一方面，即便地方政府可以就区域立法展开试验性合作，这种试验也不同于通常意义上的"地方法治试验"。通常所谓的"地方法治试验"主要是一种"分级制政策试验"②的产物，即地方政府在自己所属的行政区域内，"在维护国家法制统一原则的基础上，结合自身特色和地方实际，祛除法治'路径依赖'，在治理中试验、在试验中治理的一种回应互动和制度建构"。③ 同时，这种试验之所以能够成立，主要是因为在属地化管理的行政区域内，地方政府可以通过上级的行政发包获得大量治权和事权，而"一旦在大量事项上获得了决策权和自由裁量权，地方就可以在一定范围内有效汲取和整合资源，自主决定地方法治建设的具体方案和实现路径"。④ 相比之下，在区域间的立法合作中，试验行为的有效展开高度依赖于不同地方政府间的沟通与协调。但问题在于，由于其中的任一地方政府均不享有充分的决定权限，这就在很大程度上为这种试验行为埋下了隐患，即全权决策主体的缺乏恐将导致试验行为的无疾而终和不可持续，而这个难题又

---

① 张彪：《区域冲突的法制化治理》，载《学习与实践》2015 年第 3 期。

② See Sebastian Heilmann, "Policy Experimentation in China's Economic Rise", *Studies in Comparative International Development*, Vol. 43, No. 1, 2008, pp. 1 – 26; Sebastian Heilmann, "From Local Experiments to National Policy: The Origins of China's Distinctive Policy Process", *China Journal*, No. 59, January 2008, pp. 1 – 30.

③ 周尚君：《国家建设视角下的地方法治试验》，载《法商研究》2013 年第 1 期。

④ 丁轶：《承包型法治：理解"地方法治"的新视角》，载《法学家》2018 年第 1 期。

是无法通过诸如设立联席会议、日常工作办公室、联合工作组等组织机构的方式所能解决的。

(二)利益激励

实际上,相比于制度激励,影响区域立法合作之可能性的最大激励短板在于利益激励方面。对此,曾经有研究者认为,区域合作的潜在收益足以驱使地方政府进行合作,其原因在于"这些潜在的收益包括政治的、经济的和社会的等,并且这些收益可以由地方国家机关与其工作人员尤其是决策者来共同分享。例如,政治收益对于国家机关来讲表现为可以提高该机关的政治公信力,获得上级机关的嘉奖等,而对于其工作人员尤其是决策者中主要负责人来讲,其政治收益则更是可观的,提升自己政治威望,增加职务升迁的政治资本同时,还可以获得其他相应的经济和社会收益。对于一个真正理性的决策者而言,参与区域治理权的合作显然是最优的策略选择"。① 应该承认,这种观点具有一定的合理之处,一旦区域合作取得了成功,上述政治、经济、社会等方面的收益确实颇为诱人。不过,这种观点似乎完全忽视了晋升锦标赛的零和博弈性质,只是注意到了区域合作的正和博弈前景,因此存在较大的可商榷空间。

与之不同,在同样的问题上,来自晋升锦标赛视角的分析主要建立在如下一个论点的基础之上,即对于区域合作事业而言,"只有当合作的净结果不改变参与人的相对位次时,合作收益才可能实现,否则合作很难发生"。换言之,"对于关心晋升的地方官员来说,晋升锦标赛的相对位次是第一位的事情,一切有利于相对位次的都要尽力去做,即使在经济上亏损也值得;一切不利于相对位次的事情都要尽力避免,即使在经济上存在巨大的合作收益"。② 进而,这样一来,影响区域立法合作的利益激励短板也就昭然若揭了。

首先,在区域合作中,各个参与者奉行的是"成本最小化"原则,而不是"收益最大化"原则。当然,这里所谓的"收益"主要是指地方政府官员通过参与区域合作所可能带来的政治晋升方面的有利后果和正面影响,与之相对,这里的"成本"则意味着政治晋升方面的不利后果和潜在风险。在一般意义上,追求"收益最大化"和"成本最小化"往往是一个理性经济人所具有的并行的激励结构。不过,这

---

① 陈光:《区域立法协调机制的理论建构》,人民出版社2014年版,第41页。

② 周黎安:《转型中的地方政府——官员激励与治理》,格致出版社、上海人民出版社2008年版,第252页。

并不表明在所有情形中二者均会共存，也不表明在所有情形中二者均是同等重要的。相反，在诸如区域合作这种类型的政治晋升上的直接竞争者均参与其中的情形里，各个参与者往往倾向于选择“成本最小化”作为自己的首要行动原则。进而，也只有在满足了“成本最小化”这个条件之后，他们才有可能考虑进一步的政治收益。究其背后的深层次原因其实非常简单，在晋升锦标赛中，任何参赛者要想获得晋升均要击败自己的直接竞争者，他所追求的目标是要建立起相对于竞争对手而言的比较优势。相形之下，追求区域立法只有在不妨碍上述目标实现的前提下才有可能得到参赛者的认真对待。在这个意义上，哪怕区域立法合作能够给地方政府官员带来再大的政治收益，只要这种收益不是排他性的和独占的，就有可能会对参赛者的比较竞争优势带来削弱，甚至会严重颠覆原先的相对位次格局。自然，考虑到区域立法合作收益的非排他性和非独占性，任何理性的地方政府官员都不会有足够的动力去全力推动合作，更不会允许出现“一人出力，多人共享”从而带来严重削弱比较竞争优势之局面的发生，甚至在极端情况下，如果区域间不合作可能会带来损害直接竞争对手的“可欲”后果，那么，即便合作收益再大，在理论上相应的地方政府官员反倒更有激励选择不合作。

其次，只有在属地化管理的行政区域内部，地方政府才会将“收益最大化”奉为首要行动原则，此时，“成本最小化”原则反倒退居其次。晋升锦标赛严格按照属地化管理原则考核当地政府官员，这就导致只有在政府官员所在的行政区域内部，他们才会有最充分的激励和动力去推进法治建设（尽管这种建设也是要高度服务于经济发展这个根本大局）。不过，在这种情况下，相比于区域合作，政府官员的激励结构已经发生了重大变化，即他们自觉地将“收益最大化”奉为首要行动原则，试图在任期内提供出有助于在未来的晋升锦标赛中足以获胜的政绩。与此同时，“成本最小化”原则反倒约束力降低，只要能够在短期内快速实现政绩体系的全面提升，任何成本方面的考虑都可以被暂时忽略不计，甚至会出现“前任欠债，后任买单”的情况。显然，出现上述状况，是与晋升锦标赛的基本属性密切相关的：一方面，在一个固定的行政区域内部，在正常情况下立法成果的收益不存在“外溢”的可能性，亦不存在成果“权利归属”上的“重大争议”，①地方政府

① 当然，这仅是就一般情况而言的，也不排除其他地区乃至相邻地区有时会有意“复制”一地立法成果的可能性，如近年来在地方立法中屡屡出现甚至愈演愈烈的“立法抄袭”现象，可能在一定程度上就与此相关。参见孙波：《试论地方立法“抄袭”》，载《法商研究》2007年第5期。

官员自然有激励从事地方立法并力图在最大限度上获取这种“排他性收益”,这也与区域立法中的非排他性、非独占性收益形成了鲜明对比。另一方面,既然收益是排他性的,成本又可以转嫁给后任官员承担,自然,对于一个理性经济人而言,“成本最小化”原则必然是第二位的,这对于地方立法工作而言亦是如此。

四、区域法治向何处去

从上述分析中我们不难发现,受制于晋升锦标赛、属地化管理、行政发包制等结构性因素的影响,区域立法得以展开的前提性条件——区域立法合作——至少在目前看来存在一定的不确定性,其突出表现体现在促进区域立法合作的激励机制是严重缺失的。进而,如果制度激励问题尚且可以通过诸如加强中央立法供给、修改(《宪法》《立法法》《地方各级人民代表大会和地方各级人民政府组织法》等)法律、设立实权性的跨区域组织机构等方式来加以解决,利益激励问题的解决之路却看上去更为艰难,因为如果晋升锦标赛、行政发包制等制度安排不发生根本性的改变,利益激励问题将很难得到整体上的解决。而且,利益激励问题能否解决还会在一定程度上波及制度激励问题的解决效果,因为无论如何加强立法、修法抑或设立何种组织机构,只要地方政府依然遵循晋升锦标赛和行政发包制的基本逻辑,即便区域立法合作行为具有了坚实的合法性基础,地方政府仍然不会进行真正意义上的区域合作,最终恐将导致旨在解决制度激励问题的一系列手段措施形同虚设。

正是在这个意义上,笔者认为,“区域法治是否可能”的问题,在很大程度上取决于区域法治合作中的利益激励问题能否得到有效的解决。尽管一步到位式的解决并不现实,但至少在目前看来仍然存在可以改进的空间,这便是逐步改变现有的晋升锦标赛和行政发包制的制度安排。实际上,晋升锦标赛和以属地化管理为核心的行政发包制是两套相互依靠、互为支撑的制度安排,缺少了其中的任何一个,“为增长而竞争”的地方政府官员的考核、选拔体系就将崩溃,二者的共同作用为1978年以来中国的全方面发展提供了不可或缺的政府动力。然而,正如前文所分析的那样,有利必有弊,在区域发展问题逐渐凸显,民众的表达意愿日渐增强的时代背景下,这种只专注于某一行政区域内的“向上负责”体制已经越来越无法有效回应时代发展所带来的严峻挑战,必须在一定程度上作出改变。而在区域法治合作的背景下,在本文看来,这种改变的重点方向主要有两个方面：一是在现有的官员考核、评价体系中增加区域合作方面的相关内容。官员考核体系实际上是一个指挥棒，它包含了什么样的内容，就会为政府官员提供什么样的指引。而在目前的考核体系中，综观近年来的行政体制改革，一个突出的方面便是试图完善地方官员晋升的指标考核体系，引入了诸如“绿色GDP”、民众满意度测评等新的考核参数，同时在法治建设的指标考核中，也在一定程度上借鉴了境外发达国家和我国香港特别行政区等地区的法治评估先进经验，在强调评估主体的中立性、评估方法的科学性、参与主体的多元性等要求的基础上，①保证指标考核能够真正区分出不同地方法治建设的努力程度，从而试图将传统的以行政发包为中心的、以准市场化激励为特征的行政体制向韦伯式的理性科层制②转型，更为注重行政问责、程序正义和权力制约，③“只看结果，不问过程”的内部控制模式也将向以制度、程序为中心的控制模式转移。但毫无疑问，区域合作方面的相关内容并没有被全面纳入现有的考核体系中，而是更多地体现为一种考核体系外的行政建议和指导，这也直接导致了地方政府在区域合作问题上缺乏必要的激励。因此，在未来的官员指标考核体系改革中，如何在将区域合作纳入进来的同时，有效区分和识别不同区域政府官员的努力程度，并将考核指标加以进一步细化和科学化设定，应当是改革的一大重点和难题。二是逐步改变现有的行政发包体制。行政发包就意味着地方政府必须属地化管理，这又导致了政府官员通常只将注意力集中在自己的行政区域内部，缺乏区域合作的长远眼光和有效动力。而综观近些年来的若干变化，以属地化管理为核心的行政发包制目前已经呈现出了逐步弱化的趋势。属地化管理长期遭到诟病的一个重要原因就在于中央政府将大量本应该属于自己管辖的事项及其权力下放给地方，而自21世纪以来，中央与地方关系中的一个新趋势却是中央开始逐步回收某些权力，改为中央的垂直管理或者省以下垂直管理，这包括质量技术监督、药品监管、统计、土地管理等诸多方面。一个最近的例子则是司法改革，在党的十八届三中全会之后，中央试图改变行政发包制下的司法地方化局面，推动省以下地方

---

① 参见钱弘道等：《法治评估及其中国应用》，载《中国社会科学》2012年第4期。

② 大体上，韦伯意义上的科层制，其主要特征包括规则化运作、部门权限明确、官职层级制、公私分明、彻底的专业训练、职务全职化、规则一般性等。参见[德]韦伯：《韦伯作品集Ⅲ：支配社会学》，康乐、简惠美译，广西师范大学出版社2004年版，第22～24页。

③ 参见周黎安：《转型中的地方政府——官员激励与治理》，格致出版社、上海人民出版社2008年版，第322～324页。

法院、检察院人、财、物的统一管理。尽管这些措施的具体效果还有待进一步观察,但毫无疑问,垂直管理的加强必定意味着属地化管理的削弱,这将大大限制和降低地方政府横向整合资源的渠道和能力。而在承包型法治下,地方政府之所以有动力来从事法治建设、之所以能够大张旗鼓地搞各类法治试验项目,恰恰和地方政府掌握了大量的权力和资源部分相关。进而,垂直化的收权就将导致承包型法治开始发生局部变动,中央层面的"顶层设计"可能在未来的地方法治建设中将起到更为重要的作用,而这又将为区域法治的全面展开奠定坚实的制度基础。

当然,上述分析只是一种理论层面的简化推演,在现实中,影响地方政府官员是否作出合作决策的动机因素和激励机制是多种多样的。比如,大量研究表明,非物质激励可以在一定程度上改变行动者的原有动机结构和行为偏好,促使其按照主流价值观的要求作出选择和决策,继而"通过文化的熏陶、价值观的塑造,可以形成人们内在的精神力量,通过内省的机制,不需要借助第三方的监督从而节约大量的交易成本,较为低廉地促进合作的实现"。[①] 这意味着如果区域法治合作已经逐渐成为社会各界的共识,并且得到了中央层面的大力肯定和宣传,那么,地方政府官员就有可能会在这种新型的"组织文化"[②]氛围中改变其原有的行动策略,更为看重区域合作的正和博弈结果,并将合作过程中可能产生的相关成本内部化。但与此同时,我们还是需要强调,相比于非物质激励,诸如利益激励这样的物质性激励手段所能产生的影响无疑要更大、更深远,单纯指望非物质激励手段来解决现有的区域法治合作激励不足的难题,恐怕是一个不切合实际的美好期待。因此,在本文看来,回答"区域法治是否可能"的问题最终还是要回到如何解决利益激励这样的老问题上来,而这又需要中央与地方、国家与社会层面的共同应对和携手解决。

---

① 张维迎:《博弈与社会》,北京大学出版社2013年版,第8页。

② 对于组织文化因素在当代中国法治实践过程中所发挥作用的具体分析,参见丁轶:《反科层制治理:国家治理的中国经验》,载《学术界》2016年第11期;丁轶:《等级体制下的契约化治理——重新认识中国宪法中的"两个积极性"》,载《中外法学》2017年第4期。

区域协同立法的合法性问题[①]

余　俊*

党的十九大报告提出了“依法立法”问题,这是新时代习近平中国特色社会主义思想关于立法的新阐述。区域协同立法是以地方立法为基础,通过地方立法主体之间的协同,为解决跨行政区域的公共交通、环境保护、国土空间开发等问题而进行的立法活动。但是,关于区域协同立法的合法性问题,还需要法学理论界深入探讨。

一、区域协同立法的问题分析

合法性不仅指通过现行法律来衡量一种规定或行为,更主要指对现行法律及立法活动本身的评价。[②] 在哈贝马斯的界定中,合法性是一个阶梯形的立法审查机制,不仅包括合法律性、合宪性审查,还包括合道德性、符合商谈程序。在我国,“法”和“法律”一般是作为狭义概念使用,党的十九大报告提出的“依法立法”中“依法”,

---

① 课题来源:法治安徽建设重点课题“构建长三角一体化立法协同机制研究”,立项号:皖 zfw201801。

* 法学博士、博士后,安徽师范大学法学院教授。

② 参见[德]哈贝马斯:《在事实与规范之间——关于法律和民主法治国的商谈理论》,童世骏译,生活·读书·新知三联书店 2003 年版,第 38 页。

应该包含了合法律性、合宪性审查。目前,在我国现行的以人大为主导的地方立法体制下,区域协同立法还存在如下合法性问题。

(一)区域协同立法中的无效立法行为

合法性首先应该是合法律性。区域协同立法的出现是随着国家实施区域协调发展战略,将城乡建设、环境保护等立法权下放而出现的一种地方协同立法的现象。例如,为改善区域空气质量,解决区域大气污染问题,我国开始了区域联防联控的探索之路。在2008年北京奥运会这一国家大型活动的举办期间,京津冀地区对协作治理大气污染的区域联控制度进行了首次尝试,共同对区域内大气环境质量变化进行监测和预报,取得了很好的效果;此后,长三角地区在上海世博会期间、珠三角地区在亚运会期间也建立了区域协作的环境治理机制。长江经济带发展战略确定后,区域性的"长江法"也在酝酿之中。这些成功的经验表明区域协同在区域协调发展战略方面有很大的作用,也为解决我国当今面临的区域协调发展等问题奠定了坚实基础。但是,该期间的区域协调立法没有纳入法治化的轨道。如在大气污染治理中,当时的重点区域联防联控是中央"命令—控制"式行政手段,由国务院环境主管部门划定国家环境治理重点区域,然后下达命令,地方政府根据中央划定的区域及命令进行联防联控,这样一种中央"划圈式"联控会导致中央狠抓区域联控时区域环境治理成效显著,而狠抓一过,区域内各地方政府会基于本地区经济发展或其他因素的考虑放松对区域环境污染的防治。

我国新修订的《环境保护法》《大气污染防治法》等法律都在区域联防联控方面有一些规定,要求重点区域的地方政府按照"统一规划、统一标准、统一监测、统一的防治措施"的要求,落实地方政府的目标责任,这被称为环境保护方面的立法亮点。但如何推进区域协同立法,依据什么来界定各地方政府的责任分担,还缺乏规范化操作。以2015年1月31日安徽省第十二届人民代表大会第四次会议通过的《安徽省大气污染防治条例》为例,该条例第31条规定安徽省人民政府根据实际需要,与长三角区域以及其他相邻省建立大气污染联合防治协调机制,对在省、市边界建设可能对相邻省、市大气环境质量产生重大影响的项目,及时通报有关信息,实施环评会商。可是,该条款如何适用到相邻省市,则缺乏合法性依据。由于我国法律对本地区大气污染影响到另一地区是否要承担责任规定不足,地方政府间环评会商的积极性不容易调动起来,①因此在国家层面的法律对地方政府的主体责任没有明确的情形下,通过地方立法的环境污染治理协同行为或规定无区域外的法律效力。

(二)区域协同立法的合宪性问题

依法立法不仅是依据《立法法》等法律进行立法,还必须是依照宪法立法。合宪性审查就是依据宪法对宪法以下的法律文件是否符合宪法进行审查。在我国,作为立法主体的不仅是全国人大及其常委会,还包括国务院、地方人大等立法主体,它们在立法过程中的关系协调常常涉及宪法的规范调整。

区域协同立法,起主导作用的应该是地方人大还是地方政府,这又是一个法律难题。例如,京津冀区域合作的重要基础是2015年4月30日中共中央政治局审议通过的《京津冀协同发展规划纲要》(以下简称《纲要》),以及在这个基础上签订的有关司法、质监、计量、卫生计生等行政工作交流合作协议。但是,《纲要》并没有对三地的协同立法问题提出明确的规定。尤其是当有关司法、质监、计量、卫生计生等方面行政协议与地方性法规、地方政府规章制度等多个方面发生冲突时,应该采取怎样的处理措施,这些内容存在较大的不确定性。②

协同立法,就是一定区域的省级地方人大、地方政府协同制定地方性法规、地方性规章的行为。例如,为了改善区域大气污染问题,2015年修订的《大气污染防治法》规定"国家逐步推行重点大气污染物排污权交易",将国办发〔2014〕38号《关于进一步推进排污权有偿使用和交易试点工作的指导意见》合法化。区域联防联控、排污权交易,国家都是将相应的职权交付给了地方政府。可是,区域间大气污染治理涉及能源结构调整、产业政策的变化等许多需要政府积极作为的事情,区域联防联控和排污权交易不是某个行政区划内地方政府能够解决的事项,需要地方政府间的配合。在地方政府间缺乏法律依据的情况下如何促使地方政府的参与,有学者提出了通过行政协定的准立法思路。

行政协定是地方政府之间签订的具有约束力的行政规划、服务性协议。按照我国现有的立法决策体制,地方政府不是立法主体,地方政府间的行政协定并

---

① 参见邹春霞:《党政机关约谈机制解析:谈后不改将被处理处分》,载人民网:http://politics.people.com.cn/n/2014/0616/c1001-25151539.html#,最后访问日期:2019年9月10日。

② 参见《民建北京市委建言京津冀协同发展:推动区域联合立法》,载人民政协网:http://www.rmzxb.com.cn/c/2017-02-07/1323024.shtml,最后访问日期:2019年9月10日。

没有法律效力。地方政府之间的行政协定须经地方人大同意和法律化后才能成为地方性法规。因此,地方政府之间的行政协定实际上构成了驱动我国区域间协同立法的关键。那么,地方政府之间签订的行政协定是否具有合法性、合宪性?

在区域协同立法方面,美国《宪法》第1条第10款第3项规定:“任何一州,未经国会同意……不得与其他州或外国缔结协定或联盟”。该“协定条款”虽然以默示的方式授权各州之间缔结协定的权力,但美国作为一个联邦制国家,各州有自己的宪法和立法权,各州之间的协定还有这般限制。那么,我国作为单一制国家,行政协定是否能归属于地方立法权限范围还存在合宪性问题。[①]

二、区域协同立法中事实性和有效性的张力

哈贝马斯认为,法律系统作为整体所具有的合法性程度高于单个的法律规范。单个的法律规范合法性程度取决于它是根据一个合法性的宪法而制定的,而法律系统作为整体的合法性程度不仅取决于一个合理的立法程序,而且是在社会上有作用的、伦理上得到辩护的。为了提高某一种具体立法的可接受性,立法不仅要注意法律系统本身的协调性,而且要同经济系统和政治系统紧密联系。[②] 目前,从区域协同立法所反映的合法性问题来看,其主要存在以下三个方面事实性及其有效性。

(一)单行法律对区域协同立法的功能迫令为何难以实施

我国2015年修订的《大气污染防治法》把区域联防联控这一行之有效的经验上升为法律。这意味着我国大气污染治理模式将由过去的属地主义治理向区域合作、协同治理的转变,也意味着区域联防联控成为我国治理重点区域大气污染的新常态。但如何使区域联防联控制度落到实处,还需要有具体的操作规程和行动方案,创新区域协同立法体制等配套设施。根据《大气污染防治法》的规定,“国家大气污染防治重点区域”由国务院环境保护主管部门根据主体功能区划、区域大气环境质量状况和大气污染传输扩散规律划定。但是,这种依靠中央

---

① 参见何渊:《论美国〈宪法〉“协定条款”的法律变迁及对中国区域法律治理的启示——从二元联邦主义到合作联邦主义再到新联邦主义》,载《比较法研究》2016年第2期。

② 参见[德]哈贝马斯:《在事实与规范之间——关于法律和民主法治国的商谈理论》,童世骏译,生活·读书·新知三联书店2003年版,第36页。

“划圈式”联控决定与地方政府间进行区域协同立法的动因是否一致还存在问题。

为什么中央已对大气污染区域联防联控制度作了基本规定,但其实施效果还是不理想?这就涉及单行法律的监管部门与综合性执法主体地方政府之间的团结问题。具体而言就是,单行法律的监管部门与综合性执法主体地方政府之间的目标能否一致?例如,我国《大气污染防治法》虽然规定省级以上人民政府生态环境主管部门可以会同有关部门对超总量排放和未完成大气环境质量改善目标地区的政府主要负责人进行约谈,但如何处理跨区域间的环境污染问题并无实质性处理规定。而现实情况是,区域政府间之所以能够协作,常常是存在某种“对价”。对价(consideration)原本是英美合同法中的重要概念,其内涵是一方为换取另一方做某事的承诺而向另一方支付的金钱代价或得到该种承诺的承诺。地方政府间协作也具有某种契约关系,不是简单划圈的问题。

(二)事实性央地关系对区域协同立法的影响

现在我国的《立法法》对地方协同立法并无相应规定,地方政府间是否有协同立法的权力,还需要进行合宪性思考。

美国区域协同立法机制的建立,是与美国联邦主义的产生密切相关的。早在 1851 年,美国的芝加哥和辛辛那提市就开始了保护空气质量的立法尝试,但仅一个地区的立法难以达到效果。为此,美国将大气污染防治上升到联邦层次,从 1955 年的《空气污染控制法》到 1963 年的《清洁空气法》、1967 年的《空气质量控制法》,再到 1970 年的《清洁空气法》及后来的 1977 年修正案、1990 年修正案等,联邦的环境法律越来越严,促使各州加大了环境保护的力度并实施区域协同治理污染。① 美国在防治区域大气污染的过程中,最为重要的经验之一就是建立一种联合行动的区域大气污染合作治理模式。为了推进各州之间的环境保护协作,联邦环保署根据地理和社会经济区域进行划分,划分出 10 个大的地理区域并下设 10 个区域办公室,分别负责划定区域的大气污染防治工作,协调各州之间协同立法。但根据州独立实施原则,州政府仍然可以针对每一种大气污染物制订自己的具体管理计划,也有在自己的辖区内根据需要设立空气质量控制

---

① Nancy K. Kubasek Gary S. Siverman, *Environmental Law*(Six Edition),清华大学出版社 2008 年版,第 203 页。

区的自由。

与美国联邦和各州分权立法不同,我国中央与地方是层级立法,地方只享有地方性法规规章立法权;而美国各州在不违背联邦法律的情况下都可以制定符合各州实际情况的法律,州与州之间的协定立法也较普遍。美国的这种联邦与州二元立法体制虽然有利于发挥州的立法主体作用,但联邦层面的宏观调控常不够。与之不同,我国中央层面的立法较充分,但地方层面的立法却显得不足。

(三)市场对区域协同立法的合法性期待

区域协同立法需要有地方政府间进行合作的主动性,我国地方政府缺乏主动进行区域联防联控的积极性,除事实性央地关系的影响外,还有市场驱动政府改革的动力不够。全国主体功能区域的划分和环境保护合作,需要打破各地方政府的本位主义思想,发挥市场对资源配置的决定作用,通过协同立法形成公平正义的市场体制机制。

美国是一个市场经济高度发达的国家,因此十分注重运用市场机制来实现区域联防联控制度的实施工作。例如,美国建立的区域间排污权交易制度,对加强地方政府之间、州与州之间的协同立法就发挥了重要作用。美国的排污权交易发展分为两个阶段。第一阶段为20世纪70年代到90年代,排污权交易在部分地区进行,涉及多种污染物。第二阶段以1990年通过的《清洁空气法(修正案)》并实施的酸雨计划为标志,实施至今,主要集中在二氧化硫、氮氧化物污染物上,在全国范围内的电力行业实施,而且有可靠的法律依据和详细的实施方案,是迄今为止最广泛的排污权交易实践。① 美国的实践经验表明,一个设计良好的排污权交易市场机制有利于促进政府之间协同治污。美国的排污权交易分为一级市场和二级市场,政府干预的主要是一级市场。在排污权交易的二级市场,美国将涉及交易自身的事务完全交由市场自身去解决。而关于排污权交易规则的制定,是通过地方政府之间、州与州之间的协定,使美国排污权交易不仅仅局限在一个州的辖区范围内,而且可以跳出州范围在全国性交易市场进行跨区域的交易。②

---

① 参见沈慧:《专家:我国排污权有偿使用与交易没照搬美国等国家做法》,载和讯网:http://news.hexun.com/2014-09-16/168513973.html,最后访问日期:2019年9月10日。

② See Alacra Store:Interstate Pollution:Smother My Neighbour,The Economist.,Sep. 7,2013,p. 37.

但是,我国与美国的不同是,我国确立了政府主导、部门协作、企业主体的减排工作机制。我国的大气污染物排污权交易从1994年国家环保局以太原、柳州等6个城市作为试点探索大气污染物排污权交易政策的实施,到现在已经有20多年的历史,但仍然没有建立起一个真正意义上的排污权交易市场机制,存在政府对行政区划范围内的排污权交易过度干预、对跨区域的排污权交易则消极对待的现象。从目前试点情况来看,各地方排污权交易大都是在地方政府的干预之下进行的,跨区域排污权交易几乎没有。如2006年成立的武汉光谷联合产权交易所的十几笔交易都是在地方政府的安排下完成的,而且在这十几笔交易中企业都没有作为一个真正的市场交易主体来参与交易。市场经济应该是法治经济,地方政府如何介入排污权交易市场,其主体角色如何定位还需要立法规制。

三、美国区域协同立法的理论和实践

在区域协同立法方面,美国摸索出了一套从下至上的立法经验,这是因为美国国家结构建立的理论依据是以地方自治为基础的。而在我国,地方立法是以中央授权立法为依据,因此区域协同立法模式的构建必然不同。这里比较一下美国区域协同立法的理论和实践,以资借鉴其中有益的内容。

(一)联邦与州分权立法模式

对地方协同立法权限和范围的不同理解,根源于各国持有不同的地方自治理论和实践观点。在单一制国家,"地方"一词与"中央"相对,地方政府是由中央政府按照行政区划设置的,属于中央政府的分支机构,与中央政府之间形成上下级关系。例如,英国《简明不列颠百科全书》这样定义地方自治(local autonomy 或 local self-government),即由中央或地方政府授予其下级政治单位的有限自主权或自治权。① 而日本法学博士织田万称地方自治为"被治者自为政治之意","不烦政府之官吏,由人民代表选出而执行一切公务,即所谓人民自治之观念"。② 在美国、德国等联邦制国家,学界一般认为,联邦政府与联邦成员政府之间不存在上下级关系,不是中央与地方的关系,联邦成员政府不属于地方政

---

① 参见狄德罗主编、集体编定:《不列颠百科全书》,中国大百科全书出版社1999年版,第137页。

② 曾景忠:《孙中山地方自治思想论述》,载中国孙中山研究学会编:《孙中山和他的时代——孙中山研究国际学术讨论会文集》,中华书局1989年版,第1116页。

府,州以下的区域性政府才被视为地方政府。例如,德国法学家格奈莱斯托认为,地方政府是"遵国家之法律,以地方税支付费用,而以名誉职员办理地方之行政"。① 美国多数学者认为,地方自治是"地方政府在州政府的监督下管理自己事务的法律能力",或者"地方自治是通过州向地方政府发布特许状(charter),允许地方政府在执行自己活动中拥有处理权和灵活性(flexibility)的一种法律安排"。②

众所周知,美国是一个联邦制国家,因其联邦与州都有各自的立法权,所以在区域协同立法方面也毋庸置疑地形成了两个层次的法律体系,分别是联邦法与各州法。表现出一种联邦与州的二元立法模式。③ 美国作为联邦制国家,州政府有很大的立法决策权,所以很多时候美国各州立法能够带动联邦立法。美国区域协同立法模式的形成,在一定程度上就是州与州之间的协作,是一种契约关系。④

(二)联邦立法权的扩张

由于中央与地方权限划分不同,区域协同立法的范围是有限的。例如,欧洲大陆法系对于地方自治,不以为是地方应有之权力,却视中央允许地方权限之增加为地方受中央之赐予。其中央与地方政务虽有详细类别两不相混,但地方政务大部分须受中央严格节制。如教育、卫生、警政等,在英美法系制度下,本多为地方政务,然大陆法系则将其列入中央范围。执行中央政务之官吏,由中央委任之,或授之于半官方机关,甚至利用地方选举之代表执行中央政府之意志。地方自治模式为行政集权、立法分权,即地方各察本地情况,应付一切要求,而实际上之准驳权则操诸中央。故大陆法系之地方自治权,必须受中央行政之节制。地方行政官如果违法,则受行政法庭之裁判。英美法系之特点,以地方自治为人民权利,非中央政府之赏赐。中央与地方行政划分界限,系由行政上之方便,与政治思想之习惯,自然演成。如外交、陆海军、关税等,固属于中央政府,而一般内

① 曾景忠:《孙中山地方自治思想论述》,载中国孙中山研究学会编:《孙中山和他的时代——孙中山研究国际学术讨论会文集》,中华书局1989年版,第1116页。

② Bowman, Pkearney, *State and Local Government*, Wadsworth Publishing Co. Inc. ,2010, p. 44.

③ 参见 Nancy K. Kubasek Gary S. Siverman, *Environmental Law*(Six Edition),清华大学出版社2008年版,第237页。

④ See Charles K. McFarland, "The Federal Government and Water Power, 1901 – 1913: A Legislative Study in the Nascence of Regulation", *Land Economics*, Vol. 42, No. 4, Nov. ,1966, p. 450.

务行政则大部分归之地方机关。在地方自治的模式上,英系制度为立法集权、行政分权,即地方自治机关为各级民意机构,议会中有委员会,为议会常设机构,亦即行政执行机构。中央节制地方行政之性质和方法与欧陆制度大相差异,国会为谋全国幸福制定各种行政法案,而执行权则操之地方机构。中央对于地方政务,可由普通法院间接节制其举动,中央各行政部之直接节制,仅有监视指导权。①

由于受地方自治理论的影响,美国的州立法权较大,甚至具有制定州宪法的权力,故在民法、刑法等诸多领域都是由州自行立法。但20世纪60年代以后,联邦关于交通运输、环境保护等方面的立法权逐步扩张起来。1948年冬天,底特律和胭脂河的水污染事件标志着联邦水污染防治立法权限扩张的开始,由此引发了1948年《清洁水法案》(Clean Water Act,CWA)的制定。该法的作用主要是为州和地方政府提供技术帮助资金来解决水污染的问题,但是水污染仍然被看作主要是州和地方的问题,联邦立法局限在涉及州际的水域,对州内水污染问题只有在州同意的情况下才能干预。后来,1948年的《清洁水法案》经历了4次修订,联邦水安全立法权逐步得到扩张。1969年美国俄亥俄州凯霍加河的大火促使1972年的《清洁水法》的产生。1972年《清洁水法》要求联邦提供资金来改善各州污水处理厂,并设置行业和污水处理厂排放污水的限制标准。同时,1970年美国环境保护局(Environmental Protection Agency,EPA)开始运营,以协调旨在减少污染和保护环境的方案。至此,联邦水法优于各州水法。②

随着联邦立法权的提升,美国以州作为法律实施主体的制度也发生了变化,立法出现了许多创新之处,出现了联邦与州、州与州之间协商立法的综合立法决策模式。例如,为了对水资源综合管理,美国还创新制定了田纳西河流域管理局(Tennessee Valley Authority,TVA)法案。TVA成立于1933年5月,是大萧条时代罗斯福总统规划专责解决田纳西河谷一切问题的机构。TVA成立的法律是《田纳西河流域管理局法》,该法案授权TVA整体规划7个州之间的水土保持、粮食生产、水库、发电、交通等,是美国历史上第一次巧妙地安排一整个流域及其

---

① 参见冯洗凡:《英法两系地方自治制度及其相对的改造趋势》,载何勤华、李秀清主编:《民国法学论文精萃——宪政法律篇》(第2卷),法律出版社2002年版,第886页。

② See Lazarus, Richad, *The Making of Environmental Law*, Chicago, University of Chicago Press, 2004, p. 225.

居民命运的有组织尝试,是联邦与州、州与州之间协同立法的典型范例。当时的美国总统杜鲁门指出:TVA是“美国的一项伟大成就,这一成就树立了在地方自治基础上开发资源的基本原则”。但是,TVA的自主权也时常受到私营部门和其他机构的挑战,以至于国会不得不用修正案,或是提出新立法,重申TVA作为多重目标的政府企业的性质,确保其自主权的有效性。①

(三)美国区域协同立法的特色

美国是一个市场经济发达的国家,区域协同立法中,市场机制扮演了非常重要的角色。市场机制对水资源进行优化配置,是促进区域协同立法的动力机制。例如,美国水资源比较丰富的五大湖区的生态环境保护,就是联邦与州联合立法的典型案例,美国的《清洁水法》中有关于五大湖区的专门规定。1909年美国和加拿大两国签订了《边界水域条约》,该条约成为管理五大湖的基本法规。美加两国根据该条约成立了一个国际合作委员会,以解决两国之间关于五大湖区水量及水质等引起的纠纷。1972年两国又签订了《大湖区水质协议》,制定了目标、适用政策法规、指标体系、最低水质标准、整体治理计划和针对各污染源的具体治理计划及实施安排。五大湖区形成了芝加哥匹兹堡城市群,通过市场的作用,实现水资源由需求较低的主体转给需求较高的主体,充分发挥水资源作为战略性经济资源的价值。美国这种市场推动下的立法使美国的行政立法具有很强的服务性而不是管理性,使联邦环保署、州政府、地方自治机构具有一定的法律主体意识并进行水安全治理。

四、中国区域协同立法的规范有效性向度

与美国从下至上的立法模式相比,中国是从上至下的授权立法。为适应区域协同发展战略的新形势、新要求,我国区域协同立法体制建构的目标模式是,区域协同立法需要在全国人大的主导下将地方立法协同起来,建立中央与地方、地方与地方之间的综合集成立法决策支持系统,增强法律体系的协调性。②

(一)改善条块结合的人大主导立法体制

处理央地关系,一直存在行政体与自治体的两种模式。行政体是一种中央

---

① See Doremus, Holly, *Environmental Law Stories*, New York, Foundation Press, 2005, pp. 109 - 120.

② 参见吕忠梅:《论生态文明建设的综合决策法律机制》,载《中国法学》2014年第3期。

集权模式,优点是政令统一,缺点是不存在代表民意的机构,民主性不够;自治体是西方国家常用的一种模式,优点是能吸引当地居民积极参与本地事务的管理,缺点是容易滋生地域性观点。[①] 我国地方政府是一种混合体。根据我国宪法和地方组织法的规定,我国行政机关实行双重领导制。地方政府除从属于地方国家权力机关以外,还必须接受中央政府的统一领导。

全球化的产业组合和资本流动,一方面,推动着地方政府作为"自治主体"参与经济、政治、文化、生态和社会等地方事务治理的主体角色加强;另一方面,使地方政府作为"行政主体"参与涉外活动的合法性问题得以凸显。尤其在政府间协定方面,中国的地方政府不具有"行政实体"的地位,而只是作为中央政府和上级政府的执行体而存在。随着中国加入世界贸易组织,地方政府纷纷加入世界城市和地方政府联合组织等国际性组织,全球化对地方政府的管理方式产生了深远影响,迫切需要地方政府改变职能,根据我国参与的国际条约,在宪法和法律的框架下参与国际合作。因此,为了解决全球化背景中地方政府合作的法律难题,加强地方治理体系和自治能力的现代化,更好发挥地方政府在地方治理中的核心功能,需要我们厘清中央与地方的法律关系,加强地方人大等民意机构的监督和议决功能,使地方政府的行政行为合法化。

我国的新《立法法》将环境立法权下放,这为地方政府间进行区域协同立法提供了机会,地方政府应积极参与,谋求在国家法律框架下厘清地方性法规与国家法律在地方操作层面的衔接关系,从下至上探索区域协作立法框架。较之美国在立法权分配上"权力集中在州,联邦权力分散"的现象,我国在全国人大主导下的区域协同立法更具有效性。例如,美国大气法虽然有联邦层面的立法也有州层面的立法,但各州之间法律冲突现象难以解决,在这方面,我国具有一定的政策优势,现在的问题是如何通过法律来落实党中央和国务院的政策。人大主导立法,主要是为了解决部门立法问题。但是,笔者也认为,其适用于区域协同立法。例如,中共中央政治局 2015 年 4 月 30 日召开会议,审议通过了《纲要》,这就为该区域建立协同立法机制提供了政策依据。在我国立法体制中,立法要接受党的领导,将党的政策作为"应然法"引导立法工作,立法过程才更具有合法性。

① 参见方雷主编:《地方政府学概论》,中国人民大学出版社 2010 年版,第 46~48 页。

我国区域协同立法有效性的强化,不仅是立法过程中外部关系的处理,还涉及法律规范体系内部的协调性、有效性问题。如何从规范体系上论证区域协同立法的合法性,这就是区域协同立法的规范有效性向度。为此,需要通过立法解释确立全国人大主导区域协同立法的主体地位。我国《立法法》第 51 条规定:“全国人民代表大会及其常务委员会加强对立法工作的组织协调,发挥在立法工作中的主导作用。”所谓人大主导,是为了防止立法部门利益化而提出的一种立法方针,其含义是对于政府部门起草法律法规草案,为了防止草案中带有部门利益倾向,人大审议时具有剔除部门利益条款的权力。近年来,随着区域协同立法问题的出现和被关注,需要通过立法解释确立全国人大主导区域协同立法的主体地位。

(二)改善“块块”结合的地方协同立法体制

区域协同立法不仅涉及条块结合,还涉及“块块”结合。区域间协同立法机制是一种建立在地方立法体制基础上的新立法决策模式。地方立法是以地方特定国家机关的名义进行的专门活动。地方国家机关是由许多不同职权、不同级别、不同层次的专门机关构成的一个体系,不是这个体系中的所有机关都有权立法,只有其中特定的机关才能立法,包括特别行政区地方立法、民族自治地区的自治条例与单行条例、省级人大制定地方性法规、省级政府制定地方性规章等,这些特定的机关构成地方立法的主体。根据《立法法》的规定,地方性法规的立法主体是“省、自治区、直辖市的人民代表大会及其常务委员会”,省、自治区、直辖市和设区的市、自治州的人民政府是制定地方性规章的主体。

由此可见,地方人大是立法主体和立法决策的关键部门。那么,在区域协同立法中如何协调地方政府和地方人大的关系,既发挥地方政府在大气污染治理中进行合作的积极性,又具有合法性,就需要解决地方政府间的行政协定与地方协同立法的关系处理问题。在我国的立法决策过程中,行政部门由于处在行政管理的第一线,具有统筹规划地方经济、政治、社会、生态和文化发展的职权,对于二省以上之水陆交通运输、环境保护、国土空间规划等问题,也就更容易知道什么问题需要法律法规来解决,也更容易了解用什么制度措施来解决会有效果。因此,区域地方人大之间的协同立法需要与地方政府之间的行政协定衔接起来。

从上述美国协调州际立法的实践分析中我们可以看出,无论是统一州法全国委员会、建议性州立法委员会,还是州际协定,都侧重于事前的立法协作,尤其是州际协定实际上是以契约的方式进行联合立法，这种事前立法协作的机制对完善我国区域协同立法机制具有一定的借鉴作用。在美国，州际协定经过州立法机关批准后，直接就纳入州的法典，具有州法的效力。但是我国法治传统、立法形式等均与美国有很大差异，而且我国《立法法》只承认国务院各部门之间的联合立法，没有肯定省与省、市与市之间的联合立法模式。因此，根据我国目前的《立法法》的规定和立法体制，地方政府间的协定还不是地方性法规，性质有点像地方政府联合颁布的地方性规章，要使其具有法律效力，还需要地方人大通过立法程序制定相应的地方性法规，或直接由地方政府制定地方性规章。如果要将区域间大气污染防治协定上升为法律，还必须通过全国人大常委会审批。因此，要形成我国的区域协同立法机制，需要将地方政府间的行政协定作为一种"准法律"，同时需要加强地方人大之间的合作交流，形成"共同立法，分头颁布，同步实施"协同立法方式。① 例如，在排污权交易法律的制定上，可以先在大气污染重点区域如京津冀、长三角地区推行协同立法的排污权交易制度，强化行政协定的"准法律"效力。

① 侯文鑫：《京津冀人才一体化路径探析》，载《光明日报》2016年10月9日，第7版。

欧盟开放协调机制于我国区域法治协调之借鉴

——以区域软法治理为视角

陈可翔*

引　言

软法的兴起与欧盟治理分不开。可以说,不承认软法,则无法解释欧盟治理。① 在欧洲区域一体化的进程中,软法得到了普遍应用,其最明显的表现便是欧盟开放协调机制(Open Method of Coordination,OMC)。② 在不同的视角下,对同一个对象进行研究总能产生不同的效果。从静态来看,有学者认为,欧盟开放协调机制是软法的一种表现形式;从动态来看,欧盟开放协调机制是一个以软法为主要规则,包含规范制定软法、自觉践行软法、以治理机制强化软法治理等多个要素的运行模式。从动态来看欧盟开放协调机制,更具研究价值。鉴于其以软法为主要规则,以软法治理、强化软法治理为基本模式,并且可以反复适用,可以将其性质界定为软法治理模式。

---

* 中南财经政法大学宪法学与行政法学博士研究生。研究方向:行政法学、区域法治与地方立法。

① 参见罗豪才、周强:《法治政府建设中的软法治理》,载《江海学刊》2016 年第 1 期。

② 参见罗豪才:《公域之治中的软法》,载罗豪才等:《软法与公共治理》,北京大学出版社 2006 年版,第 2 页。

随着我国跨区域人口与资源问题、发展及环保问题、社会保障问题、教育问题、流域治理问题、地区安全问题、公共设施建设等区域公共问题的不断涌现，谋求珠三角、长三角、京津冀、长株潭等区域合作治理之道成为当前我国推进区域一体化发展的重要突破口。当前，我国区域法治协调的现状表现为硬法治理合法性匮乏，硬法缺位；软法被委以重任，但治理效果欠佳。究其原因在于，区域合作制定软法的质量不高、缺乏软法治理机制来强化软法治理，尚未形成一个动态循环的软法治理模式。欧盟开放协调机制作为一种软法治理模式，与我国区域法治协调存在的问题具有相适性。以我国区域法治协调发展的客观需求为导向，通过区域治理模式借鉴，有助于促进我国区域法治协调实践转变传统观念，完善软法制定程序与构建软法治理机制，推动区域软法治理模式的构建与完善。

一、欧盟开放协调机制之审视

（一）欧盟开放协调机制的运行原理

欧盟开放协调机制正式确立于2000年的里斯本首脑峰会，其运行机理上主要表现为4个基本要素：(1)制定政策目标和指导方针，包括短期的、中期的、长期的，并设定实现这些目标的具体时间表；(2)建立满足成员国需要的定性指标(indicators)和基准(benchmarks)作为最佳实践方案的评选标准；(3)各个成员国及地区根据自身的特点，通过制定具体的目标、措施，将上述的政策方针转化成国家政策；(4)对各成员国的实施情况定期进行监督、评估，形成学习机制。显然，从这些基本要素可以看出，开放协调机制不同于欧盟过往的立法机制、条约模式，而是一个更加多元化的新模式。① 当然，基本要素只是罗列框架，存在局限性，要充分认识开放协调机制的基本内容，还需要对开放协调机制运行进行观察，将以上4个要素予以细化。

首先，欧盟决策机构就某一领域内的事务提出议题，由各成员国政府、相关领域的社会组织、公民参与到议题的讨论中去。其中，成员国政府主要就各自的情况发表意见，讨价还价；社会组织主要就各个领域发表专业意见以及就相关利

---

① 参见朱贵昌：《开放协调机制——欧盟应对成员国多样性的新治理模式》，载《国际论坛》2010年第3期。

益进行协商;公民主要关注个人权利的保护。在此基础上,对该议题达成共识,从而制定出具有可行性、权威性的共同政策目标与指导方针,并列出各成员国完成相关任务的时间表。

其次,将上述的政策目标、指导方针"标准化"。[①] 即在政策目标的指导下,欧盟决策机构、成员国、社会组织根据客观情况,利用专业知识,为政策方针的落实制定具体化的基准和指标,方便对各成员国落实的情况进行评估,减少在落实和评估过程中产生的争议。

再次,各成员国根据共同政策指针,结合实际情况,制定出符合本国特色的政策目标、发展纲要、相关法律、工作安排等具体措施来完成任务。而在此过程中,同样需要社会组织、公民参与其中,就相关领域的问题进行探讨,提供意见。

最后,欧盟委员会、理事会等机构依据既定的指标、基准定期对各成员国实施的情况进行监督和评估,形成一份"成绩统计表",评选出最佳的实践方案,并将该实践方案予以推广,在成员国、社会组织等开放协调主体之间形成一种相互学习的机制。最终将实践情况反映到新一轮的政策指针制定中去,并为成员国实施提供参照系。

(二)欧盟开放协调机制的性质厘定——区域软法治理模式

在不同的视角下,对同一对象进行研究会得出不同的结论。法国学者 Francis Snyder 从静态来看开放协调机制,其认为,"开放协调机制是一种软法安排,是欧盟软法的一种类别"。[②] 关于软法定义,目前学界尚未明确化,Francis Snyder 认为,"软法是原则上没有法律约束力但有实际效力的行为规则"。[③] 罗豪才教授认为,软法,是指不依靠国家强制力保证实施的法律规范,它是一种由多元主体经或非经正式的国家立法程序制定或形成,并由各制定主体自身所隐含的约束力予以保障实施的行为规范。[④] 仔细观察学界关于软法概念的不同论述,不难发现其共通之处,即不由国家强制力保障实施,但具有一定的约束力的

① 参见杨解朴:《欧盟治理下社会伙伴的角色变化》,载《欧洲研究》2007 年第 5 期。

② Francis Snyder:《软法与治理》,徐维译,载罗豪才主编:《软法的理论与实践》,北京大学出版社 2010 年版,第 401 页。

③ Francis Snyder, *Soft Law and Institutional Practicein the European Community*, *Steve Martin*, *The Construction of Europe*: *Essays in Honor of Emile Noel*, Kluwer Acadermic Publishers, 1994, p. 198.

④ 参见罗豪才:《人民政协与软法之治》,载《中国政协理论研究》2009 年第 1 期。

规则。结合法的基本特征,[①]笔者认为,软法是指一定人类共同体制定、协商、认可的,不以国家强制力保障实施,但具备一定约束力的行为规范。笔者对 Francis Snyder 关于开放协调机制性质的界定持保留意见。原因在于,从开放协调机制的基本内容来看,开放协调机制实际上包含了规范制定软法、自觉践行软法、以软法治理机制强化软法治理等要素,是一个动态的、连续的、循环的运行模式。因此,若仅仅将其界定为静态软法的一种表现形式,可能会忽略其作为一个动态模式存在的研究价值,不免有所欠缺。

首先,开放协调机制包含规范制定软法的要素。若将欧盟条约性质界定为硬法,则在开放协调机制中,各成员国、社会组织、公民通过平等协商达成的共同政策、指导方针、基准,属于软法的范畴。罗豪才教授认为,"硬法是由国家创制的,具有强制力的法规范体系,而软法是不能用国家强制力保障实施的法规范体系"。[②] 作为法的两种基本表现形式,硬法与软法是相对的、并行的,软法与硬法相比存在如下特征:(1)创设的方式更具弹性;(2)并不依靠强制力保障实施;(3)制定和实施的过程更具协商民主性;(4)软法实现的去司法中心主义。[③] 显然,与条约相比,共同政策、指导方针、基准具备了软法的基本特点。其次,开放协调机制包含自觉践行软法的要素。各成员国以政策、指导方针、基准为指导,通过制定适合本国的政策或者采取具体措施来完成任务,事实上,就是以成员国为单位,自觉遵守软法,落实既定软法。最后,开放协调机制包含以软法治理机制强化软法治理的要素。制定软法,践行软法,是软法治理的体现。此外,欧盟开放协调机制还包含了监督机制、评估机制、学习机制三种软法治理机制,以定期监督、绩效评估、"成绩排名"、相互学习等具体实现形式来加强软法治理功效,为下一轮软法的制定积累经验。

基于此,笔者主张从动态来看欧盟开放协调机制,以便将其规范制定软法、

---

① 传统观点认为,法的基本特征体现在如下四点:(1)国家制定和认可;(2)规定权利和义务;(3)国家强制力保证实施;(4)对人的行为予以规定。笔者更倾向于姜明安教授关于法特征之论述:"其一,法是人们的行为规则;其二,法是具有外在约束力的行为规则;其三,法是由一定人类共同体制定、协商、认可的人们的行为规则,法具有民主性、公开性、普遍性、规范性。"参见姜明安:《软法的兴起与软法之治》,载《中国法学》2006 年第 2 期。

② 陈惊天、耿振善:《互联网时代呼唤软法硬法的协同治理——专访罗豪才教授》,载《人民法治》2015 年第 12 期。

③ 参见罗豪才、宋功德:《认真对待软法——公域软法的一般理论及其中国实践》,载《中国法学》2006 年第 2 期。

自觉践行软法、以软法治理机制强化软法治理等要素相互作用的软法治理过程予以呈现,使其研究价值不仅体现在软法本身,而且体现在规范的软法制定程序、完善的软法治理机制,以及整体联动效果等方面上。鉴于开放协调机制以软法为主要规则,以软法治理、强化软法治理为基本模式,并且在多个领域反复适用,可以将其性质界定为软法治理模式。①

(三)欧盟开放协调机制的发展脉络

1.欧盟开放协调机制的发展背景

首先,欧盟区域范围内公共问题不断涌现,例如,就业问题、社会保障问题、环境问题、难民问题等。以就业和社会保障问题为例,进入20世纪90年代,欧盟失业率居高不下,引发严重的就业危机。劳动力自由流动,待业人口增多,继而引发各国社会福利供给问题的出现。而欧盟和各成员国在处理这些公共问题时,显现出了滞后性、能力不足等弊端。其次,欧盟传统硬法管理模式民主、合法性不足。自从丹麦全民公决否决《马斯特里赫特条约》以来,欧盟的合法性危机和民主赤字问题引起了人们的极大关注,困扰着欧盟的发展。② 民主不足主要体现为决策机制缺乏民众参与,③无法兼顾少数人的利益等。④ 民主不足是合法性不足的一部分成因。此外,缺乏国家主权让渡,也使欧盟条约对各成员国的强制性缺乏合法根据。最后,存在一体化与多样性之间的矛盾。民主不足势必导致无法兼顾多元主体利益,而且欧盟传统治理模式强调一体化,容易忽略成员国利益多样性的客观存在。特别是欧盟东扩以来,成员国的水平参差不齐,加大了决策统一化的难度。

除此之外,还存在欧盟条约机制滞后、专业性不强、认同感不强等问题。这些问题构成了欧盟区域一体化发展的困境,成为开放协调机制兴起的根本原因。

---

① 有学者将这一各个要素相互作用的动态运行模式称为软法机制,参见韩春晖:《软法机制初探》,载罗豪才等:《软法与公共治理》,北京大学出版社2006年版,第239页。笔者认为,这与软法治理模式的内涵几近相同。笔者不使用软法机制表述的原因在于:(1)认为软法治理更能反映动态语境,模式更能体现标准样式;(2)与其中的软法治理机制进行区分。

② 参见朱贵昌:《开放协调机制——欧盟应对成员国多样性的新治理模式》,载《国际论坛》2010年第3期。

③ 参见卢静、衡孝军:《透析欧盟治理困境》,载《国际问题研究》2008年第2期。

④ 参见[德]贝娅特·科勒·科赫等:《欧洲一体化与欧盟治理》,顾俊礼等译,中国社会科学出版社2004年版,第180页。

2. 欧盟开放协调机制的理论渊源

其一,公共治理的兴起。有国外学者曾做这样的表述:"实质上,治理是将不同公民的偏好意愿转化为有效政策选择的方法手段,以及将多元社会利益转化为统一行动,并实现社会主体的服从。"①笔者认为,这接近于公共治理的一般定义。罗豪才教授认为,"公共治理,从其构成而言,由开放的公共管理与广泛的公众参与元素整合而成",②"其具备了治理主体多元化(包括国家、其他公权力主体、公民)、治理依据多样化(包括国家立法、社会共同体形成的规则甚至不同主体之间的协议)、治理方式多样化(能使用非强制方式的就不用强制方式,能用双方协商解决的方式就不用单方强制的方式,能用自治的方式就不用他治)等典型特征"。③ 显然,开放协调机制的构建,将公共治理的抽象论述付诸实践。其二,协商民主的产生。协商民主于20世纪中后期在西方引起广泛讨论,在对协商民主开展研究的众多理论家中,最突出的代表当属德国学者哈贝马斯。在哈贝马斯看来,"在生活世界中,行为主体通过语言进行交流交往,进而达到对现实世界的一致理解。在达到一致的过程中,行为主体是通过协商这一方式进行的"。④ 瓦拉德斯认为,"协商民主是一种有着巨大潜力的民主形式,它能够有效回应多元文化之间的对话,促进不同政治话语的相互理解"。⑤ 足见协商民主对于现代民主社会构建的意义。大多数学者同意乔·埃尔斯特的观点,认为其最容易理解:"协商民主应当分为协商和民主两个部分,民主在于集体决策由所有会受到影响的公民或者代表参与,协商则意味着决策的过程是以公共讨论的形式进行。"⑥不难发现,开放协调机制中,成员国、社会组织、公民共同参与政策、指导方针的制定,并就相关内容进行平等协商,正是协商民主理论的客观体现。

---

① 俞可平主编:《治理与善治》,社会科学文献出版社2000年版,第5页。

② 罗豪才、宋功德:《认真对待软法——公域软法的一般理论及其中国实践》,载《中国法学》2006年第2期。

③ 罗豪才:《公共治理的崛起呼唤软法之治》,载《行政法论丛》2008年第7期。

④ [德]哈贝马斯:《交往行为理论》(第2卷),曹卫东译,上海人民出版社2003年版,第189页。

⑤ 陈家刚:《协商民主:民主范式的复兴与超越》,载陈家刚选编:《协商民主》,上海三联书店2004年版,第2页。

⑥ Jon Elste, *Introduction*, *Deliberative Democracy*, Cambridge University Press, 1998, p. 8.

二、欧盟开放协调机制之优势与功用

欧盟开放协调机制的构建、运行,在正视理论价值的基础上,以区域一体化发展所存在的问题为导向,逐步展现出其治理优势。凭借这种优势,其助力欧盟在就业、社会保障、环境保护等公共领域逐步整合多方主体的利益需求,提高治理行为的民主合法性,促进了欧盟一体化的发展。

(一)欧盟开放协调机制的优势

欧盟开放协调机制作为一种软法治理模式,与欧盟传统的条约、指令模式相比,具备了双重优势:一是软法治理的优势;二是软法治理机制的优势。

1. 软法治理的优势

软法治理的优势,在于软法本身。

其一,灵活性。政策、指导方针的灵活性主要体现在制定的程序及落实的过程当中。其制定主要依靠成员国、社会组织和公民的协商产生,无须经过提案、审核、投票表决、公投等硬性的、繁杂的条约程序,从而使方案能够迅速出台。这能够有效缓解欧盟公共问题的不断涌现与条约出台滞后之间的矛盾,避免条约的流产,使问题得到快捷治理。同时,政策也给了各成员国较大的自由裁量权来选择适合本国的落实方案。其二,民主、合法性。通过协商产生的政策、指导方针,能够保障小国家、社会组织、公民的话语权,同时避免了条约、指令对各成员国事务的直接干预,提高了其自身公信力和合法性。例如,针对欧盟气候问题而产生"欧洲气候变化计划"(European Climate Change Programme,ECCP),有效地减少了欧盟共同决策机制的"执行赤字"问题。[①] 其三,技术性。各类社会组织的专业性意见往往能够在政策、基准中体现出来,使之在处理区域公共问题的时候更具可行性。例如,欧洲工会联合会(European Trade Union Confederation,ETUC)参与欧盟就业政策的制定,能够客观反映欧盟就业情况。其四,利益均衡性。政策、指导方针在保障各成员国、社会组织、公民话语权的同时,事实上,也保障了各方利益的均衡性。能够纠正以各成员国政府为主导的传统管理模式无法顾及社会参与者的利益所造成的利益失衡,以及随着欧盟国家的增加,各国的

① 参见傅聪:《欧盟环境政策中的软性治理:法律推动一体化的退潮?》,载《欧洲研究》2009年第6期。

水平越发呈现多样性,而条约模式无法将各国的情况都囊括其中所导致的利益失衡。

2. 软法治理机制的优势

其一,软法治理机制的客观存在。软法治理机制是在软法治理模式下,为强化软法治理,保证参与方自觉践行软法的外在约束机制。欧盟开放协调机制不仅包含了政策的制定、落实等软法治理要素,还包含以监督机制、绩效评估机制、相互学习机制等软法治理机制提高治理成效的要素。可见,软法治理机制在开放协调治理模式中的客观存在。软法治理机制有利于静态软法的动态化,使软法规定不单纯活跃在字面上。如果将制定软法看成软法治理的全部,那么软法规定势必会成为一张废纸,无法付诸实践。软法治理机制的存在,在客观上督促了参与主体推进软法治理的进程,有利于促进软法的落实,实现软法向软法治理的转化。例如,政策、指导方针、基准,不以强制力保障实施,容易成为成员国敷衍了事的缘由,软法治理机制的存在,有利于从外在提高政策、指导方针的拘束力,从而促进成员国的自觉履行,发挥动态合作博弈的效果,①促进软法的循环更新。可见,软法治理机制的客观存在使开放协调机制优势更为显著,反过来亦证明了其存在的意义。

其二,软法治理机制的合理性。应当明确的一点是,软法治理机制不能硬法化,例如,规定对不落实政策的成员国予以经济制裁,这样会从外部给予软法以强制力,使软法变硬,从而失去了软法的优势,陷入尴尬局面。基于此,开放协调机制的监督机制、评估机制、学习机制存在合理性。这样的软法治理机制不具有硬法的强制力,不会导致政策、指导方针的硬法化,不会使各成员陷入迫不得已予以落实的被动状态,从而再次引发欧盟社会对区域治理行为的合法性质疑。但这不意味着其没有任何拘束力,事实上,在监督和评估机制之下,各成员国需要定期向欧盟提交国家行动报告,汇报政策进展。欧盟通过分析各国成功的经验,评介出好的标杆榜样、批评和谴责不达标的国家。② 又因为开放协调机制的运行具有周期循环性,各成员国不希望因为成绩靠后而影响国家声誉,从而形成

① 参见韩春晖:《软法机制初探》,载罗豪才等:《软法与公共治理》,北京大学出版社2006年版,第241页。

② See Jim Mosher, *Open Method of Coordination: Functional and Political Origin*, ECS are View, 2000, 13(3): 7-12.

机制的潜在约束力。在这种情况下，学习机制就给了成绩靠后的成员国一个提高本国政策落实能力的途径。可见，软法治理机制合理性促进了软法治理的良性竞争及软法的循环更新，形成开放协调机制的治理优势。

（二）欧盟开放协调机制的治理功效

开放协调机制的优势在其治理功效中得以体现。从宏观的角度来看，开放协调机制中多方主体参与及协商讨论的运行模式，减少了成员国及社会成员的抵触情绪，提高了欧盟治理的民主合法性；有效兼顾了多方利益，缓解了一体化与多样性之间的矛盾，促进欧盟一体化的发展，而这些最直观的表现在于欧盟范围内各领域公共问题的有效解决。

从卢森堡进程确立开放协调机制的基本雏形——每年由欧盟制定就业指导方针（employment guidelines），成员国遵循方针制定各国行动计划（national action plans）和具体措施，到里斯本峰会正式在就业领域确立开放协调机制以后，①开放协调机制一直是欧盟处理就业问题的主要手段，而且效果显著。1997～2002年，欧盟地区失业率呈现明显的下降趋势，仅1997～1999年3年间就业人口就增加了400万人；②2003～2008年，各成员国青年、老年、妇女失业率呈下降趋势，可见其有效地缓解了欧盟的就业压力。开放协调方法在欧盟就业政策实验中逐步成熟之后，逐步向其他政策领域推广，至2007年，欧盟已经在13个不同的政策领域中应用开放协调机制，包含社会保障、养老退休金、创新研究与发展、教育、信息社会、环境、移民和创业等。③ 以社会保障为例，从2000年12月，尼斯峰会将开放协调机制延伸至退休金体系改革，到2011年12月，欧盟理事会确定了欧盟层面养老金，"开放式协调机制"的共同目标，欧盟通过开放协调机制成功实现了各成员国之间在社会保障领域的跨国对话与合作协调，缩小了各国之间的社会政策差异，弥补了因为劳动力的加速流动与硬法失灵而造成的社会保障区域对接危机，使劳动者在"穷国"与"富国"之间的权益达到一定平衡。由此可见，欧盟开放协调机制实现了治理优势与治理功效之间的成功转化。

---

① 参见朱贵昌：《开放协调机制——欧盟应对成员国多样性的新治理模式》，载《国际论坛》2010年第3期。

② 参见丁纯：《略论90年代"欧盟就业战略"》，载《世界经济文汇》2001年第6期。

③ 参见余君华、吕丽娜：《欧盟开放协调方法对我国城市群合作治理的启示》，载《理论月刊》2016年第3期。

三、区域法治协调借鉴欧盟开放协调机制之机理

反观我国区域合作的发展现状,同样存在许多公共问题亟待解决,这就要求区域内地方政府提高区域合作治理的能力。但在传统行政区划体制下,区域硬法合法性匮乏问题长期存在,区域合作治理的硬法缺位,一定程度上束缚了区域合作治理手段的选择。因此,要提高我国区域合作治理能力,必须发挥软法治理的作用。然而,囿于软法制定程序不够完善、软法治理机制尚未形成等原因,我国区域合作的软法治理效果不佳。欧盟开放协调机制作为一种主张多方参与、民主协商的软法治理模式,恰好可以避开和我国传统行政区划、立法权限、地方组织权限的冲突,有针对性地完善我国区域合作中软法治理的不足,引导软法治理模式的构建,与我国区域合作治理存在的问题具备相适性。

(一)我国区域法治协调的问题检视

随着我国区域一体化进程的推进,大量的跨行政区划的区域公共问题不断涌现,例如,跨区域的人口与资源问题、发展及环保问题、社会保障问题、教育问题、流域治理问题、地区安全问题等。单纯依靠地方政府的力量,无法妥善解决此类问题,必须寻求区域合作治理之道。① 但现实是,我国区域法治协调能力尚且不足,难以促进地区之间的分工合作、发挥整体联动效应、推动区域一体化的深入发展。

1. 区域硬法治理的合法性匮乏

我国《宪法》第30条第1款规定:“中华人民共和国的行政区域划分如下:(一)全国分为省、自治区、直辖市;(二)省、自治区分为自治州、县、自治县、市;(三)县、自治县分为乡、民族乡、镇。”《地方各级人民代表大会和地方各级人民政府组织法》则对我国地方各级人大、县级以上地方各级人大常委会及地方各级政府的职责和权限进行规定;《立法法》亦对地方各级人大与地方政府的立法权限进行划分。可见,我国《宪法》《地方各级人民代表大会和地方各级人民政府组织法》《立法法》中关于区域合作的具体规定几乎是空白,法律只明确了各级政府对其辖区内事务的管理,以及上级机关在跨辖区事务管理中的角色,没有涉及区

① 参见石佑启:《论区域合作与软法治理》,载《学术研究》2011年第6期。

域地方政府间合作的问题。[①] 在这种传统的行政区划体制之下,区域合作如果通过联合立法的形式来对跨区域事务进行治理,势必会因缺乏立法权限而使制定出来的法律文件与宪法、法律形成冲突,导致缺乏合法性,若采取共同上级立法的形式,有可能忽视地方特点,违背区域合作治理的初衷,这也是我国区域合作治理当中硬法缺位的根本原因。硬法的缺位,使我国区域合作治理的成果因为缺乏法制保障而效果堪忧。但是,区域公共问题不会因为硬法的缺位而销声匿迹,相反,只会更加紧迫。因此,区域内地方政府开始在各自的权限范围内寻求合作治理之道,区域合作协议作为软法的一种表现形式,开始被广泛运用。区域合作协议是一定区域内的各地方政府为协调相互间的行政合作事宜、实现区域的共同发展,经协商而形成的对各自行政管理活动进行规制的协议。[②] 目前,行政协议在我国区域合作治理中大量存在,例如,《长江三角洲地区城市合作协议》《推进珠江口东岸地区紧密合作框架协议》《广州市佛山市同城化建设合作框架协议》等。不难发现,随着硬法的合法性匮乏,提高软法治理已然成为区域合作治理的主要模式。

2. 区域软法治理效果不佳

区域合作协议的大量存在并不能证明其实效性,事实上,作为区域合作中软法治理的主要表现形式,区域行政协议表现出效果不佳的现状。区域合作协议效果不佳是由多个原因引起的。

其一,地方政府利益观念的长期存在是根本原因。在传统行政区划体制的长期影响下,地方政府在横向上习惯了各自为政、相互独立,在纵向上,其政治、经济活动习惯围绕中央政府来展开。在这种情况下,地方与地方之间形成利益割据的局面,而地方与中央形成"经济发展的政绩做给中央看,行政职务的晋升靠中央给"[③]的套路。因此,在这利益观念的影响下,地方政府领导班子往往选择摒弃行政合作协议,搞好自己的一亩三分地,甚至恶性竞争,导致"公用地悲剧"的大量产生。其二,软法制定的程序不完善。这主要体现在两个方面:(1)我国区域行政协议的制定以政府为主,缺乏社会组织、公民的平等参与。我国行政协

① 参见石佑启、朱最新:《论区域府际合作治理与公法变革》,载《江海学刊》2013 年第 1 期。

② 参见石佑启:《论区域合作与软法治理》,载《学术研究》2011 年第 6 期。

③ 谭羚雁:《地方治理视野下中国政府间关系研究——欧盟"开放式协调法"的借鉴与思考》,载《东北大学学报》(社会科学版)2011 年第 2 期。

议的制定往往以行政首长联席会议、领导小组为平台，可见政府在其中的垄断性，也正因为这种垄断性而导致社会组织、公民的利益无法在协议中体现，降低了协议的公信力和其他社会主体的积极性。(2)区域内各个地方的综合水平参差不齐，往往出现大省、大市主导区域合作协议制定，以及以综合实力论英雄的情况，缺乏平等协商，一纸协议不能将小地方的利益囊括其中。其三，区域合作协议拘束力不强，又缺乏软法治理机制的强化。作为软法的表现形式，合作协议自然具备了软法的基本特征，即不以强制力保障实施，而由地方政府依据诚实信用原则自觉履行，这给予地方政府怠慢不动的可能性，而这时候又缺乏相应的监督机制、绩效评估机制予以规制，使区域合作协议往往成为一种态度，缺乏行动。

(二)区域法治协调借鉴欧盟开放协调机制之可行性

应当先纠正一个逻辑的误区，认为欧盟开放协调机制是一种国际区域治理模式，其参与主体主要是主权国家，从而否定了其对国内区域一体化发展的借鉴价值。笔者认为，欧盟开放协调机制不同于以往的超国家层面的治理，不是在参与主体之间建立一个权力上位机构，其运作基本原理在于多元主体的平等协商及协商成果的自觉执行，其目的与我国区域合作目的相似，都是在主体的权限范围内就某一问题达成共识，实现由分散治理到合作治理。因此，但凡是平等主体、有权主体都可就彼此间的分歧进行协商，无论该“权”是国家主权，还是行政权，是社会公权，还是人权。甚至应当意识到，在一个国家主权范围内区域合作治理，各方主体的利益博弈并没有主权国家之间那般激烈，更有利于共识的达成与执行。

以上述认识为前提，方能进一步论证我国区域合作治理存在的问题与开放协调机制的相适性。在我国区域硬法治理合法性匮乏问题上，不外乎有三种解决方式：一是以客观需求推进公法之变革，弥补公法关于组织规定之缺漏，从根本上解决合法性问题；二是以地方共同上级立法甚至国家立法对跨区域公共事务予以规定；三是走软法治理的道路。公法变革固然根本，但阻力很大，毕竟我国单一制的国家结构与传统的行政区划贯穿公法始终，要打破这种自上而下的垂直管理模式，障碍不小，而且变革并非一朝一夕，无法应对区域公共问题治理的燃眉之急。通过上级立法、国家立法来解决区域问题，又违背了区域合作治理的理念，降低了地方政府的自主性和积极性，也无法兼顾地区多样性。因此，应走软法治理之路。但软法治理并非一蹴而就，一纸区域合作协议就代表软法治理，显然说不通。因此，要解决当前我国区域合作治理存在的问题，当务之急，在于转变观念，完善软法制定程序，构建软法治理机制，走建设、发展、健全区域合作软法治理模式之路。而开放协调机制作为软法治理模式，本身便是在欧盟硬法缺乏合法性、硬法治理太僵硬的背景下产生的，恰好可以避开和我国传统利益观念、立法权限、地方组织权限的冲突，同时，其主张用多方参与、民主协商来提高软法质量，用合理有效的软法治理机制来强化软法治理，与我国区域合作软法治理效果不佳的问题具有相适性，对我国构建区域合作的软法治理模式具有针对性的借鉴意义。

四、借鉴路径：我国区域软法治理模式之构建

借鉴欧盟开放协调机制，构建、发展、健全我国区域合作治理的软法治理模式，要求区域内地方政府以跨区域公共问题及区域合作治理存在的问题为导向，转变观念，完善软法制定程序，加快软法治理机制的建设，构建政府、社会组织、公民参与软法规范制定，政府自觉推动软法实施，软法治理机制强化软法治理等多个环节相互衔接、整体联动的区域软法治理模式。

（一）传统观念的转变

观念是行动的先导。缺乏科学观念指引，很难在区域合作中制定出高质量的软法，保证软法落实。

1. 破除地方主义观念，树立区域利益观①

在传统行政区划的长期影响下，我国地方政府大多形成地方主义观念，这种观念以地方利益保护为核心。在这种观念的影响下，地方形成利益割据、为政绩恶性竞争、画地为牢的局面，这不利于区域合作协议的制定，更不利于后期的执行。以广州、深圳金融中心之争为例，深圳于 2003 年出台“金融 18 条”，广州市相继出台与之相仿的规定。2005～2006 年，两者关于广东省两会上金融中心的争夺更是到了白热化的地步，②全然不顾珠三角一体化发展的大局。因此，提高区域合作能力，关键要形成区域共同利益观，追求区域利益最大化，而非地方利

---

① 参见石佑启、朱最新：《珠三角一体化的政策法律问题研究》，人民出版社 2012 年版，第 43 页。

② 参见陈安庆：《区域发展龙头之争：背后蕴藏优惠政策角逐》，载《瞭望东方周刊》2009 年第 9 期。

益最大化。

2. 破除政府管理观念,提倡公共治理、协商民主观

政府管理观念在区域合作软法治理中表现为地方政府包办区域行政协议的制定和落实。在这种观念主导下,区域合作协议的制定缺乏社会组织、公民的参与,无法反映其他主体的利益诉求,也使合作协议缺乏专业性、公信力。

公共治理与协商民主作为开放协调机制的理论渊源,两者存在内在契合。公共治理是在回应国家管理失灵的背景下兴起的,在公共治理的语境之下,实现治理目标的手段已经不再是,准确地说不全部是命令和控制式的管制方式,而是强调公共主体与私人主体之间的对话、协商并进与协作,从而通过多种治理手段共同实现治理目标的过程。① 软法治理作为公共治理主要形式,其完善和发展也要倚靠协商民主。因此,在区域合作中软法治理的发展,同样要重视公共治理和协商民主理念的培养。

(二)完善区域软法制定程序

软法制定程序的完善,是提高软法质量的前提,欧盟开放协调机制中政策、指导方针之所以具备公信力,亦在于其合理地制定程序。

1. 确定统一的区域法治协调组织

我国区域合作中存在"高层联席会议""区域协调联合会""区域一体化发展咨询委员会"等跨区域组织形式,②但具体由哪一个组织来确立发起区域合作协议讨论的议题却并未统一,这往往使区域合作协议的制定出现随意性,缺乏权威性,不利于其他主体参与,更不利于区域合作协议执行情况的后续监督和完善。对比之下,开放协调机制则确立了统一的协调机构来发布议题和收集情况。因此,区域合作软法制定,应当确定统一的区域合作协调组织。例如,建立类似"长三角区域合作协议联合会""珠三角区域合作协议联合会"组织,主要负责协议讨论主题的发布,组织重大问题的讨论,通知与主体相关的社会组织、公民代表参会讨论,收集地方发展数据,就区域合作协议内容举行听证会,监督协议的落实情况等。地方政府杜绝松散的合作态度,定期就区域公共问题与协议落实问题,参加"联合会",形成连续的、完整的软法制定程序。

---

① 参见罗豪才、毕洪海:《通过软法的治理》,载《法学家》2006 年第 1 期。

② 参见石佑启:《论区域合作与软法治理》,载《学术研究》2011 年第 6 期。

2. 确保社会组织、公民参与平等协商

多元主体参与及平等协商是欧盟政策方针制定的一大亮点。我国区域合作软法的制定也应当走出由政府唱独角戏的局面，形成政府推动、社会协同、公众参与的新格局。社会组织的参与，例如，行业组织、专业委员会，可以在区域合作中协调政府与市场的关系及区域范围内不同行业的利益，可以为区域合作提供专业咨询意见或者具体方案，有利于区域合作协议中具体条款、具体标准的确立，提高合作协议的利益均衡性、专业性。公民的参与，可以减少区域合作协议与公民权利之间的冲突，另外，民间力量推动区域合作，往往成本低、见效快。应当意识到，公民社会的发展不仅是发展民主政治的基础，还是走出"市场失灵"与"政府失败"的必然选择。[①] 因此，在具体区域合作协议制定的过程中，地方政府不仅要吸纳行业组织、行业协会、专业团体、公民代表参与到相关议题的讨论中来，还应该定期举行咨询会、听证会。

区域软法要得到参与主体的自觉执行，还需要发挥平等协商的效用。我国珠三角、长三角、京津冀等区域合作治理，要体现区域内多元主体的共同利益，不以地方地域大小、生产总值多少论英雄，不让政府限制社会组织与公民的发言权，不让大省、大市主导区域合作协议的制定而损害综合实力相对较弱地区的利益，就要确保地方政府、社会组织、公民在参与的基础上平等协商。例如，《珠江三角洲地区改革发展规划纲要（2008 ~ 2020 年）》的总体框架便要求珠三角地区遵循"政府推动、市场主导、资源共享、错位发展、平等协商、互利共赢"的原则。

（三）构建区域软法治理机制

我国区域软法治理的实现，主要依赖于地方政府遵照诚实信用原则自觉履行，[②]这很容易导致软法的落实陷入地方政府敷衍了事的被动局面。软法治理机制的构建是强化软法治理的有效途径。欧盟开放协调机制的治理优势，在很大程度上来自其软法治理机制的优势。

1. 绩效评估机制

我国区域软法治理应当走出一个误区，即以制定出区域合作协议为终极目标，而对地方政府的落实情况放任不管，这样的软法治理也只是徒有其名。应当

---

① 参见张紧跟：《论珠江三角洲区域公共管理主体关系协调》，载《学术研究》2011 年第 1 期。

② 参见叶必丰：《区域合作协议的法律效力》，载《法学家》2014 年第 6 期。

构建一个绩效评估机制,通过对区域合作协议的落实情况进行绩效评估,形成绩效排名,以此引起地方政府重视,在政府间形成良性竞争,同时达到通过绩效评估形成监督效力的目的,强化软法治理。

一个科学合理的软法绩效评估机制构建,应当从以下三个方面着手:其一,确立绩效评估标准,量化绩效评估标准。标准的确立仍然要求多元主体的参与及协商,要充分考虑多元主体的利益诉求,充分考虑各地的综合能力和地方特点,充分体现行业协会、专业委员会的专业水平。要量化绩效评估标准,减少标准浮动,缩小自由裁量范围,提高评估标准的可操作性和评估公正性。其二,确定统一的专业评估主体。对地方政府落实软法的绩效评估,不能由政府主导,否则会形成政府"既当运动员,又当裁判员"局面。应当由非政府组织作为评估主体,充分发挥非政府组织的中间作用。此外,某些行业协会、专业机构更具专业化,可以在绩效评估中发挥其专业优势。其三,对绩效评估结果进行排名,定期进行公布。通过对绩效评估结果进行排名,定期公布,可以对地方政府形成声誉上的外在压力,促进政府间的良性竞争。只有这样,才能构建起科学合理的绩效评估机制,防止地方政府"只重地方政绩,不顾区域利益"的现象发生。

2. 定期会晤、学习机制

对绩效评估结果进行排名,不仅可以对地方政府形成外在压力,还可以通过评出"最佳实践方案"或者整理各种措施的优点,供地方政府交流学习。我国区域内的软法实施,不应当是闭门造车、独立行动,而应该相互沟通、相互学习,共同增强软法治理的功效。这就可以借鉴欧盟开放协调机制,建立定期会晤、学习机制。

通过定期会晤、学习机制,地方政府可以将各自的经验予以推广,将治理难点提出来,供各方讨论。定期会晤、学习机制的构建要注意如下问题:(1)确立具有长效、连续的会晤平台,保证会晤的顺利开展。当前,我国区域会晤大多以论坛、联席会议的形式进行,缺乏长效性、连续性。(2)保持与绩效评估机制的整体联动。通过绩效评估,往往能够促使地方政府发现自身问题和发掘优秀方案,在这个基础上,进行会晤、学习,效果更佳。(3)就区域合作协议规定不明确的地方,进行统一解释。一纸协议往往不能将所有情况囊括其中,由部分地方政府单独进行条款解释,又不符合区域合作协议的制定原则。有了定期会晤、学习机制，地方政府可以在会晤期间，对不明确之处进行统一解释。(4)时间间隔不宜过长。每次会晤时间的间隔太长，不利于问题的及时解决。

3. 合作冲突解决机制

区域合作的软法治理，既有可能在所有地方政府的协同践行之下实现利益共赢，也有可能在个别地方政府的机会主义之下形成利益冲突。区域合作协议对签订协议的各方来说是一种对等性行政契约，其约束力主要体现为成员方基于对共同体的责任和有诺必践原则所产生的自我拘束力。[①] 由此，为了维系区域合作协议的权威性，应当构建一种外在的合作冲突解决机制。

关于区域合作冲突解决机制构建，应当注意两个问题：(1)纠纷解决的模式选择。当前，世界范围内的区域冲突解决机制主要存在三种模式：将冲突提交仲裁委员会的仲裁模式，将冲突诉诸行政法院、宪法法院的司法模式，以及由行政体统内部解决的行政模式。我国《仲裁法》第 2 条规定："平等主体的公民、法人和其他组织之间发生的合同纠纷和其他财产权益纠纷，可以仲裁。"显然，我国仲裁受理范围将区域合作协议排除在外。此外，区域合作协议作为软法的一种表现形式，基于合作协议引起的纠纷，尚且属于软法性的纠纷，司法具有相对局限性。因此，结合我国实际情况来看，区域软法的冲突解决机制构建，应当选择由行政系统内部解决的行政模式，具体表现为先由争议政府双方自行协商解决，协商不成，再由共同上一级政府作出决定。(2)解决合作冲突的依据。对于区域合作协议引起的冲突，无论是由地方政府自行协商解决，还是由共同上一级政府作出决定，都应当以区域合作协议为核心判断依据，而不去考虑地方政府生产总值、地域大小等其他不相关的因素。

结 语

动态审视欧盟开放协调机制，发掘其各个要素在区域法治协调、区域软法治理中整体联动的价值，其目的不是照搬照抄，而在于抛砖引玉，为解决本土问题提供方向和思路。应该意识到，当前，要推动我国区域法治协调发展，当以构建我国区域软法治理模式为基本方向，完善我国区域软法治理之不足，加强区域软

---

① 参见叶必丰：《长三角经济一体化背景下的法制协调》，载《上海交通大学学报》(哲学社会科学版)2004 年第 6 期。

法治理功效,促进区域合作,实现跨区域公共问题的解决与区域治理的范式转化。而区域软法治理模式之构建,不应当只停留在理论探讨的阶段,而应该深深根植于我国区域法治协调的实践中。

实　践　编

论京津冀区域协同发展中的法治促进

王春业*

中央批准的《京津冀协同发展规划纲要》，确立了2020年的中期目标及2030年的远期目标，为京津冀未来的合作规划了蓝图，特别是将“京津冀区域一体化格局”作为未来的目标来规划。[①] 而国务院批复的《京津冀系统推进全面创新改革试验方案》，要求京津冀三地要“建立健全区域创新体系，推动形成京津冀协同创新共同体，打造中国经济发展新的支撑带”。[②] 可以说，推动区域一体化已经成为京津冀区域协同发展今后发展的趋势。要实现这个趋势，不仅需要中央的大力支持，更需要京津冀区域内各地方充分发挥主动性，特别是要通过区域良好法治环境的构建，来促进京津冀区域一体化。

一、京津冀区域发展的地方法治壁垒及其成因

“壁垒”一词最初用于军事防御，在军营周围构筑围

---

* 河海大学法学院教授，法学博士后。研究方向：立法学、行政法学。

① 参见邓琦等：《京津冀协同发展规划纲要获通过》，载人民网：http://politics.people.com.cn/n/2015/0501/c1001-26935006.html，最后访问日期：2018年1月6日。

② 《国务院关于京津冀系统推进全面创新改革试验方案的批复》。

墙,用来防御敌方入侵,“深沟壁垒,分卒守徼乘塞”。[①] 逐步延伸到其他各领域后,壁垒可以解释为在一定范围内筑起了类似于高墙,对范围内的事物进行专门的保护,而对范围外的事物则采取各种措施进行抵制或变相抵制,使之不能进入或流出,是阻止相关要素交流或流动的障碍,如贸易壁垒、信息壁垒、文化壁垒、技术壁垒、程序壁垒等。对于区域发展而言,以往使用较多的是行政堡垒、地区堡垒等。行政壁垒是通过行政手段来实现排除外来、保护本地的目的;地区壁垒也是一种近似于行政堡垒的概念,往往使用的也是行政手段。而法治壁垒是通过立法的方式,制定有利于本地商品或经济主体的规则,构建有利于本地的法治环境,以达到保护本地和排斥外地的地方保护主义的目的。在本质和目的上,法治与行政壁垒、地区壁垒具有殊途同归的特点,但在表现上却有着较大区别。首先,在壁垒设置的手段上,行政壁垒和地区壁垒采取的是行政手段,而法治堡垒采取的是法治手段;其次,在壁垒的方式上,行政壁垒或地区壁垒往往采取隐蔽的手段排斥外来商品,而法治的手段则是采取公开的方式对外排斥、对内保护;最后,行政或地区壁垒往往与法律法规不相容,是一种违法的行为,而法治堡垒将设置壁垒的行为合法化,将地方保护主义写入地方立法之中,是经过立法机关认可并被执法机关和司法机关作为依据的行为规范,具有法律上的合法性特点。因此,法治堡垒所带来的危害更大,其所造成的损害要远远大于行政壁垒。尤其是行政壁垒和地区壁垒被人们所识破并被国家所清理的形势下,法治壁垒却以一种表面合法的方式来掩盖不合法的地方保护主义的本质。

法治壁垒得以产生有诸多原因,其中以下的因素更为重要:

1. 地方利益是地方法治堡垒的根本动因

地方利益是以经济利益为核心,包括政治利益、文化利益等在内的一种综合利益,由人均GDP、人均收入、财政收入等的不断增长,以及由“政绩”所引起的利益。[②] 地方利益是在我国中央事权与地方事权进行适当分离、中央财政与地方财政相对独立的分权化改革的情况下出现的。地方利益本身不是个坏东西,但如果处理不当,将产生不良后果。“分权化的改革释放了地方政府发展经济的积极性,推动了我国经济的飞速发展,但是过度地追求经济利益也造成了跨行政区界

① 《汉书·黥布传》。

② 参见洪远朋、陈波:《地方利益与中国经济发展》,载《财经论丛》(浙江财经学院学报)2001年第4期。

限的区际矛盾和冲突,催生了地方保护主义,阻碍了区域协调发展。"①京津冀三地虽然都是我国的组成部分,但作为地方单位,仍不排除地方利益。"由于在一定时期内,一国的经济发展总是不平衡的,必然存在着自然的、经济的、社会的差异性,这些差异性正是导致各地方之间经济利益矛盾最重要的原因。"②而不合理的政绩考核制度又进一步强化了这个地方利益。实现地方利益的方式,除了要通过带领本地方的人民努力劳动,还可以通过排斥外来力量对本地利益的争夺,而排除的方式是建立起各种壁垒,实行地区封锁,达到实行地方保护主义的目的。随着法治成为推行社会治理的重要方式,特别是地方立法权的不断扩大,甚至连设区的市也普遍拥有了地方立法权力,于是地方立法权成为不少地方用来实现地方保护主义的手段,片面强调本地的利益,而忽略其他地方的利益和区域整体利益。由此,地方保护主义被以法治的方式予以固定化和合法化,便产生了地方法治的堡垒。

2. 立法体制为地方法治壁垒提供了条件

立法体制涉及立法主体、立法权限,以及不同立法主体之间关系等问题。我国的立法体制是一个统一的、多层次的立法体制,不仅有中央立法,地方也获得了较大的立法权。例如,有立法权的地方权力机关可以在不与法律、行政法规相抵触的情况下制定地方性法规;有立法权的地方政府可以根据法律法规制定地方政府规章等。京津冀3个地方,便拥有了3个省级的地方立法机关,而随着设区的市取得地方立法权之后,地方立法主体的数量变得更多,如河北省就有11个设区的市,它们都可以结合本地的实际情况,制定地方立法,尤其是地方性法规,被赋予了更多的立法自主权。并且修改后的《立法法》要求地方性法规不要重复上位法,即"对上位法已经明确规定的内容,一般不作重复性规定"。③ 由此,地方立法的特色性、地方性将更为鲜明。如果站在每个地方发展需要的角度来看,越具有特色性、地方性,越能够促进当地的发展,但如果站在京津冀区域的整体发展的角度来看,又会呈现出一种块块状的法治格局,即各地方为了本地的发展,竞相出台有利于地方发展的法规、规章,通过构建相互独立、相互排斥的不

① 马海龙:《京津冀区域治理:协调机制与模式》,东南大学出版社2014年版,第38页。

② 洪远朋、陈波:《地方利益与中国经济发展》,载《财经论丛》(浙江财经学院学报)2001年第4期。

③ 《立法法》第73条第4款。

同的地域法治环境，形成了这种法治上的自我封闭、相对独立的地方法治壁垒。由此可见，只要这种立法体制存在，如果协调措施没跟上，如果监督不力，这种法治的壁垒随时就可能出现。而京津冀区域一体化背景下地方法治壁垒的形成是与对此种立法体制监督不力和没有协调运用好此立法体制密切相关的。

3. 地方立法条文的形成使地方法治壁垒得以形成

有了这种地方立法体制，只是具备了法治壁垒形成的可能性，但是否具有法治壁垒的实际，还要看是否最终形成地方立法的最终文本。如果对京津冀三地的地方立法现实情况进行梳理，我们就会发现：对某一事项的规定，三地都有相应的地方立法，有的是对法律、行政法规的执行，有的属于自主性立法。在京津冀区域一体化提出之前，各地为了本地的利益，都在强化各自的地方利益，立法内容的差异性在各自的地方立法中都有所体现。以环境污染防治方面的地方立法为例，三地都有大气污染防治条例，但在诸多规定上却存在冲突，宽严差别较大：如在大气污染物排放标准上，北京市的最严，"可以制定严于国家标准的本市大气污染物排放和控制标准"，其次是天津市，"对国家大气污染物排放标准中已作规定的项目，可以制定严于国家标准的地方标准"，而河北省则没有这样的规定。又如，在水污染防治方面，三地都有水污染防治方面的地方立法，但在许多方面存在不协调现象：如对向水体超标排放污染物的惩处规定方面，天津市是"按照排放污染物的种类、数量加倍缴纳排污费"，对违反者，"由环境保护行政主管部门按照国家和本市排污费征收使用的有关规定予以处罚"；河北省是"按照国家规定缴纳超标准排污费"，不履行的，"可处以一千元至一万元的罚款"；北京市采取的是缴纳排污费的同时要进行处罚，即"由市或者区、县环境保护行政主管部门责令限期治理，并处应缴纳排污费数额二倍以上五倍以下的罚款"。再如，在固体废弃物污染防治方面，三地都有不少地方立法，但在对工业废弃物处理、对生活垃圾处理上，各地立法都存在较大差异，这些差异冲突的存在无疑制约了污染处置资源在区域内的有效配置，也可能造成垃圾污染物在区域内被人为进行不合理的投机性转移、处理，从而造成整个大区域生态环境的破坏。① 在其他地方立法中同样存在大量的立法差异与冲突。三地立法的差异性必然造成

① 参见孟庆瑜：《论京津冀环境治理的协同立法保障机制》，载《政法论丛》2016 年第 1 期。

实施结果的不同。而这些差异性不是通过常规的立法监督所能解决的，在京津冀区域一条化背景下，三地对同样事项制定了不同的地方立法规范，便为形成地方法治壁垒提供了法律制度的前提。

与其他形式的壁垒相比，地方法治壁垒打着合法化的旗号，实行地方保护主义，使地方保护主义披上合法外衣，具有较大的欺骗性。由于京津冀三地的地方立法是地方执行的依据，不仅是行政机关的执法依据，而且是地方法院裁判案件的依据或参照，还是地方公民的行为规则和依据，因此地方法治壁垒对京津冀区域一体化具有更大的危害性。

从上可知，京津冀区域内各地方间法治壁垒形成，有地方利益的原因，也有现行地方立法体制方面的原因，从而形成了具有地域特性的立法文本。对该问题的分析，并不是要消除地方利益，也不是要改变现行立法体制。因为地方利益本身也不是坏事，只要运用得好，甚至可以成为激励地方加强京津冀区域合作的动力；同样，统一、多层次立法体制也是我国经过多年的实践后作出的选择，赋予地方以立法权可以为地方提供更好的治理手段。当下，要利用各地方对地方利益的重视和在现行地方立法体制下加强区域立法协作，特别是要充分利用现行地方立法权来为京津冀区域一体化提供所需要的行为规范，推动京津冀区域发展一体化。

二、京津冀区域法治先行实现一体化才能促进区域一体化

（一）京津冀区域一体化离不开法治的推动

在京津冀区域一体化发展中，法治的作用举足轻重，甚至可以说起着关键性作用。

首先，市场的决定性作用必然需要法治的保障。通过解读《京津冀协同发展规划纲要》中的内容便可以发现，在推进京津冀协同发展的过程中，在发挥政府整体布局的规划作用的同时，市场的作用被专门作了强调，即在调整疏解非首都核心功能时，在调整各公共事业区位过程中，发挥市场机制的决定性作用将至关重要，要充分运用市场手段，而不是依赖行政手段。而要使市场发挥配置资源的决定作用，首先需要健全的法律规范，做到有法可依才行。对于京津冀区域的一体化，仅靠相似的经济基础和社会背景是远远不够的，还需要协调的法治

作为保障。[①] 由于京津冀区域协同发展毕竟属于一种创新,没有现成的法律法规可以引领,存在不少法律规范的缺失,必须加强法律制度建设。而且,随着在京津冀区域的市场配置资源范围的扩大,各种市场关系会越来越复杂,新的矛盾不断出现,更需要对此进行规范化和法治化。

其次,法治的手段更具有稳定性和可预见性。治理社会的手段有多种,例如,政策、道德、行政手段等。虽各有各的优势,但相较而言,法治手段是经证明了的最佳手段。正如党的十八届四中全会指出的,"法律是治国之重器"。法治是国家治理体系和治理能力的重要依托,运用法律调节社会关系、维护社会秩序、规范人的行为,是依法治理的基本内容,也是古今中外历史反复证明了的有效方法。随着我国经济社会快速发展,法治愈加成为加强社会治理、实现社会善治的必然选择,尤其在依法治国的大趋势下,必须充分发挥法治在京津冀协同发展中的作用和功能。原因就在于,作为法治载体的法律规范具有稳定性、连续性和权威性,对于维护社会和谐稳定具有基础性、长久性作用。只有用法治方式才能"深化改革、推动发展、化解矛盾、维护稳定"。就京津冀区域而言,对于三地的产业结构、环境治理、公共服务等领域的地方保护主义,在中央的推动下,各地也用行政手段积极拆除各种壁垒,取得了较好成效,但也必须看到,行政手段具有运动式的特点,虽然高效但难以长久,连续性也不强。因此,京津冀区域一体化要得到良性发展,必须遵循着法治推动的路径,运用法治的手段促进一体化的深入,以保障京津冀区域发展的持续性、长久性,不因领导的换届和改变而变化。"一体化需要强有力的法律保障,这在世界都市圈发展史上都是普遍经验。比较成功的是东京都市圈、巴黎都市圈和伦敦都市圈。"[②]因此,在京津冀区域一体化的过程中,必须以法治的手段来促进和推动。

(二)京津冀区域法治一体化的供给来源

京津冀区域不是一个实体,更不是一个立法主体,其本身无法创造法治,作为京津冀区域法治载体的法律规范是由相关法律、法规、规章综合构成的。法治包括立法、执法及司法,但最主要的是立法规范的形成。京津冀区域法治的立法

---

① 参见何渊:《环渤海地区行政协议的法学思考》,载《北京交通大学学报》(社会科学版)2008年第4期。

② 田飞龙:《京津冀一体化的法律之维》,载北大法律信息网:http://article.chinalawinfo.com/ArticleFullText.aspx? ArticleId=82559,最后访问日期:2018年1月23日。

规范供给有多种渠道,包括中央的立法和地方的立法,包括现行的立法和急需制定的立法等。

1. 与京津冀区域相关的法律、行政法规

这些法律法规有的是在全国各地适用的,同时也可以适用于京津冀区域。例如,《反垄断法》对统一市场的构建进行了规范,特别是该法第 32 ~ 37 条规定了各地公权力机关不断滥用行政权,阻止或变相阻止外地商品进入本地市场,或采取不平等待遇的方式排斥外地经营者等。实际上是要求各地打破行政壁垒,实现商品的自由流通,目前京津冀同样面临这样的问题。当然,也有的是主要针对京津冀发展而制定的,更具有区域特色性。如《京津冀协同发展规划纲要》及《京津冀系统推进全面创新改革试验方案》,虽然不是严格意义上的法律法规,却实际上起着类似的作用。然而,作为全国性的法律法规,直接针对京津冀区域的不多,而且往往只是宏观上进行指导,还需要区域的进一步细化和具体落实,变成更适合京津冀区域的行为规范。

2. 京津冀区域内经改造后的现有地方立法

这主要是地方性法规和地方政府规章。京津冀区域内有京津两市、河北省级及 11 个设区的市的地方立法,这些地方立法数量众多,且涉及各领域各行业。但这样的地方立法往往具有各地方的特点,在当初立法时主要考虑本地的情况,而且由于地方利益渗入其中,还存在诸多法治不协调现象,难以适应京津冀区域整体发展的要求,甚至成了地方法治壁垒重要成因。但这些地方立法如果经过一定的协调和改造后,符合京津冀区域发展的要求,便可以成为京津冀区域法治的一部分,为京津冀区域一体化提供法治的保障,成为区域一体化的促进剂。而且,京津冀区域一体化的推动,区域法治一体化的实现,主要还借助于这些地方立法来实现。

3. 京津冀区域内需要进一步制定的新的地方立法

当下,京津冀一体化的发展过程中,存在许多需要进一步协调和规范的问题,需要更多新的立法,这部分立法应该是京津冀区域法治建设的重点。目前,《京津冀协同发展规划纲要》《京津冀系统推进全面创新改革试验方案》等中央的政策已经给出,并为京津冀区域一体化的发展指明了方向,但需要将这些政策转化为立法,需要将国家对京津冀发展战略上升为区域立法,为京津冀区域的新发展提供更多的法律规范。

(三)京津冀区域法治一体化的内涵

区域法治一体化的提出,实际上是受欧盟法治建设的启示。欧盟在实现区域一体化的过程中,也同样遇到了法治的“瓶颈”,并通过法治的一体化建设,实现了欧盟的“用一个声音说话”目标。其法治一体化建设的内容,一是各成员通过签订具有法律效力的多边条约、协定,以及后来者加入条约或协定的方式实现了欧盟各成员方的联合立法;二是欧盟法在各成员国的执法机关、司法机关内直接适用,就像各成员国自己的法律在本国适用一样直接适用,而无须采取国际法通常采取的转化式方式;三是当欧盟法与各成员国的国内法相抵触时,采取的是欧盟法优先适用的方式,解决了法律规范冲突问题。可见,欧盟法治一体化的特点是,欧盟法是促进欧盟一体化的主要法律规范,其他各成员国法律不得与欧盟法相抵触,不得有碍于欧盟一体化的推进;在欧盟一体化的过程中,各成员国的法律虽不能完全一致,但至少不能在欧盟一体化问题上相互抵触和矛盾。欧盟虽然是主权国家之间的联合,与作为主权国内的区域一体化有本质的区别,但在一体化目标的实现方式及区域法治一体化实现方式上,还是有许多可以借鉴的地方。

在京津冀区域一体化的过程中,不仅需要法治,更需要区域法治的一体化;如果有地方法治而没有区域法治一体化,则地方法治将沦为地方法治壁垒,成为区域一体化的羁绊。一个区域的法治一体化,最主要的是立法一体化。实际上,京津冀三地在20世纪下半叶就开始了合作,特别是在环境保护与治理方面,但由于缺乏一体化的立法规范,地方立法的差异性难以形成污染治理的合力,导致收效甚微。那么,京津冀区域法治一体化是否要求三地的立法完全一致?如果单纯地一致,就会陷入立法雷同。因此,京津冀区域法治一体化,并不是要求京津冀三地的地方立法在内容上完全一致,更不是相互间的雷同,而是一种和谐的协调。具体而言,对法律、行政法规的落实方面,落实的方式至少不冲突与矛盾;对新的立法,要共同协商制定,或按照各自的分工制定互补性地方立法,使区域内有和谐一致的法治环境,以促进京津冀区域协同发展。

三、京津冀区域法治一体化的构建

京津冀要实行区域法治一体化的目标,必须对地方立法过程进行协作。具体而言,在协作的内容上,要从立法规划开始,京津冀区域要按照《京津冀协同发展规划纲要》目标的要求,制定5年乃至更长时间的立法规划,以及各年度立法规划,并根据不同的协调内容,确定具体的立法方式。在立法协作方式上,不能仅仅满足于松散的对立法信息的相互交流,而要建立区域立法的协同制定机制,对立法的具体文本进行深入协商,以便在京津冀区域内彻底打破法治的壁垒,实现如同一个城市内的法治的高度协调。

(一)对于需要保持一致性的地方立法的协作

此类立法主要是执行法律、行政法规的地方立法。对此类立法,要进行文本的充分协商,达到一个文本能够同时适用于京津冀三地的效果,比如,对行政处罚法的执行性立法,在执行的幅度、标准方面,甚至在执行的程序上,要达到基本一致;即使有所不同,也应该是不妨碍其他地方和区域整体利益的不同,而且要经其他各方的同意。为达到文本基本一致的目的,必须在立法文本起草方面加强深度协作。对此类文本,在起草方式上,可由各地政府的法制部门或行业主管部门共同起草文本;也可以由一地起草,其他地方共同修改;甚至可以委托第三方起草,然后各方共同修改完善。通过协商的起草方式,可以确保各方在起草过程中进行充分的利益协调,将利益冲突消除在起草阶段。无论如何,要形成各方同意的较为一致的文本,这是实现此类立法的法治一体化的最佳方式。尤其是关系到各方利益和区域整体利益的条款,必须实现一致性。起草立法文本只是立法的一个阶段,立法文本还必须通过地方立法机关的审议通过程序才能成为具有法律效力的立法。而鉴于我国现行的地方立法体制,区域立法机构作为一个单独的机构还不存在,即使三地的人大或政府组成一个机构,也不是立法法上所赋权的立法机关,并无立法权。因此,在立法法没有赋予区域作为一个立法主体的情况下,立法文本还需各地方的立法机关履行通过程序。实际上,将立法文本分别交给各地方立法机关履行通过程序,这是在无须改变国家地方立法体制的情况下使区域法治建设具有合法性的最为可行的办法。那么,问题来了,当各地在审议和通过已经协商好的立法文本时,地方立法机关能否作出修改?实际上,立法文本经过各地广泛和充分的协商后,矛盾基本上已经消除,一般不会再出现审议程序的大幅度修改。即使如此,也要采取一定的防范措施,确保不会作出不利于京津冀区域一体化的修改。为此,一方面,在将文本提交给各地方立法机关审议之前,要确保已经消除了冲突,相反,如果争议很大,说明立法协作的机会还不成熟,宁愿不提交审议;另一方面,要在立法文本中,规定对哪些条款不能修改,哪些条款可以修改及修改的幅度等,以确保各地通过的文本在内容上基本保持一致性。

(二)对于功能性互补的地方立法的协作

这涉及发展的功能区分工问题。京津冀三地在功能上具有明显的分工,按照《京津冀协同发展规划纲要》,三地的功能定位为:北京市定位为"全国政治中心、文化中心、国际交往中心、科技创新中心";天津市定位为"全国先进制造研发基地、北方国际航运核心区、金融创新运营示范区、改革开放先行区";河北省定位为"全国现代商贸物流重要基地、产业转型升级试验区、新型城镇化与城乡统筹示范区、京津冀生态环境支撑区"。[①] 这种功能分工是在体现区域整体利益的"一盘棋"前提下根据各自的比较优势而进行的,是一种错位发展、功能互补的整体布局。分工不同,为实现分工,必然以不同的地方立法进行促进。此时,针对某一事项,三地的地方立法可能不同,甚至有较大差异,但这是互补性的差异,是对区域一体化有促进作用的各自分工的结果。对此类地方立法,京津冀三地要进行立法的分工,哪个地方要制定什么地方立法,应有什么样的立法内容等,也要进行通盘考虑和充分协商,以确保这种功能分工的地方立法真正成为京津冀区域一体化的促进剂。为此,在地方立法前,三地及相关的城市要协商制定立法规划,明确各自立法的重点、立法的时间、立法的大致内容等,然后由各地去具体进行立法。因此,虽然这种立法由承担特定功能的相关地方来立法,但该立法已经不再是单纯的该地的立法了,而是承担着京津冀区域发展的独特的功能,其立法内容需要经过各地方协商后进行内容的设计。

(三)对京津冀区域发展整体规划协调的立法协作

京津冀区域一体化的过程中,不仅有需要各地来分别立法的情形,还有一些需要从区域整体上来规划、协调的事项,尤其是涉及环境污染治理、资源共享等具有整体性质的立法事项,这种立法由地方制定显然不符合我国现行的立法体制,也难以取得好的立法效果。各地方立法只能在本地方范围内适用,而不能将其效力波及其他地方范围内;京津冀区域作为一个发展区域,自身没有立法权,不能就区域发展的事项制定区域立法;各地方政府间通过签订协议的方式来加

---

① 参见《京津冀协同发展明确各自定位 走出内涵集约发展新路子》,载央广网财经:http://finance.cnr.cn/jjpl/20150824/t20150824_519636413.shtml,最后访问日期:2018年1月4日。

强合作,虽然可以解决一些问题,但政府间协议毕竟又不具有法律上的依据,不属于我国法律渊源之一,从严格意义上来讲,并不具有法律效力。因此,对于此类立法,作为京津冀区域内的地方可以作为相关立法的共同起草者,具体而言,一是通过协商的方式,就京津冀区域发展的整体要求拟订草案,对于一般性或带有行业性特点的事项,可以提交给国家相关部委,以部门规章的形式作出,并适用于京津冀区域内;二是对于较为重要的事项或带有综合性的事项,可以提交给国务院,以行政法规的形式颁布并适用于京津冀区域内。这两种形式不但立法较快,而且似乎也不影响在京津冀区域内的执行,更切合区域一体化对立法的要求。当然,对于确实需要以法律的形式来规定的,也可以将协商好的文本通过国务院向国家权力机关提交审议,形成法律规范。

(四)对京津冀区域内现有的地方立法进行彻底清理

上述是对尚未制定地方立法的领域进行的立法协调。而实际上,在拥有立法权后至京津冀实施区域一体化发展战略提出和实施之前,京津冀三地已经制定了不少地方性法规和地方政府规章,并在各领域内实施,成为公民、法人或其他组织的行为依据。然而,正如上述分析的那样,这些地方立法虽对各地的发展起了很大作用,但有许多条款不利于京津冀区域一体化的发展,甚至是阻碍京津冀一体化的深入。特别是不利于《京津冀协同发展规划纲要》中所规划的交通、环保及产业升级等重点领域,如京津冀交通一体化,要打通"断头路",消除"瓶颈路段";京津冀生态环境保护的联防联控治理环境污染,一体化的环境准入与退出机制;京津冀产业转移对接与转型升级,制定产业指导目录,加强产业协作。对此,要按照区域一体化建设的要求,对现行地方立法进行逐项清理。

首先,对现有的地方立法要进行逐项审查。在审查方式上,各地自己主动审查并及时进行废改立是最好不过的了。与此同时,还可以采取交叉审查的办法,即各地将自己的地方立法交由其他地方的相关机关来审查,例如,河北省审查北京市、天津市的地方立法,北京市审查天津市、河北省的地方立法,天津市审查北京市、河北省的地方立法。审查的重点是看其相关条款与其他地方有无利益冲突、有无地方保护主义在其中、有无影响京津冀区域一体化的内容。

其次,相关地方要坐下来进行协商处理。对存在上述问题的地方立法条款,由审查方提出,立法的一方作出回应,并协商是否需要修改。协商的结果可以采取以下几种处理结果:一是废除该不适用于京津冀区域一体化的地方立法;二是可以保留,但需要对其中的相关条款进行修改;三是纯属各地方的事情,不涉及其他地方利益或京津冀区域发展的利益,不作任何修改。作为立法的一方,可以同意废除或修改自己的地方立法,也可以不同意,但如果参与审查的两个地方立法机关都认为相关立法或相关条款需要修改,则立法的一方应当作出修改。

最后,在如何修改上各方应进行协商。修改现行的地方立法实际上也是一种新的立法,因此,对修改的内容要进行多方协商,哪些内容不能写,哪些内容应当加强,都要进行充分协商,以避免修改后又出现新的立法不协调。因此,此时的各地方立法的修改已经不再是各地自己的事情了,而是涉及京津冀区域一体化发展的事情,必须认真修改、完善。修改的文本由立法的一方依据各自的立法程序进行,并对外重新公布。

当然,对于地方立法间的协作,无论是哪一种协作形式,至今都没有明确的上位法依据,①多是一些政策性文件。因此,需要全国人大常委会就此问题作出一个指导意见,包括对协作的形式、协作的内容、协作的原则等作出规定,以指导正在兴起的京津冀区域内地方立法协作的实践,并为全国其他区域法治建设提供指导。

---

① 有学者专门对区域合作的法律依据进行了研究,例如,叶必丰教授通过对1965~2014年的4448件法律文件进行统计和整理,其中包括15部法律的21个区域合作条款,25部行政法规的32个区域合作条款,以及24个有关区域合作的法律文件,认为我国已经积累了较多区域合作的法律资源,基本上满足了区域合作实践的需要。(参见叶必丰:《区域合作的现有法律依据研究》,载《现代法学》2016年第2期。)实际上,从严格意义上来讲,这些所谓的依据不适合当下区域合作问题,更不能作为区域立法协作的依据。

京津冀区域环境协同立法模式之探究

周智博*

京津冀区域环境协同治理一直都是国家发展战略上一个重大理论项目与实践课题。从 2014 年 2 月中央将京津冀协同发展确定为重要的国家战略以来，京津冀区域环境协同发展问题就一直热度不减。2016 年《"十三五"时期京津冀国民经济和社会发展规划》更是作为我国第一个跨省区域规划专门就京津冀三地的环境治理问题进行规定。国家之所以如此重视三地的协同发展并非无的放矢，而是由整个京津冀区域的特殊性和复杂性所决定的。作为由一首都、一直辖市和一普通省区构成的京津冀区域，无论是在政治格局、经济发展还是环境保护方面始终都是纷繁复杂、独一无二的。这就使京津冀环境协同立法不单单是一个互相合作的问题，还要受制于政治资源的不对等性、经济发展的不平衡性，以及生态保护的补偿性等背后深层次逻辑的掣肘。在此情况下，区域协同立法作为三地环境治理的枢纽和利益协调机制就变得更为繁复，最终也使京津冀区域环境协同立法与长三角、珠三角和东北三省等普通区域区别开来，因而其更值得单独作为一个理论命题来进行深究。尤其是在现阶段京津冀区域环境逐渐恶化的情况下，如何消弭三地在

* 中南财经政法大学宪法学与行政法学专业 2016 级硕士研究生。

治理过程中的恶性竞争，增强区域效益的整体性，将生态文明建设和环境保护纳入法治轨道，优化协同立法模式就变得至关重要。目前，理论界和实务界对于京津冀协同立法问题已有论及和尝试，在一定程度上也积累了一些有益经验，值得重视。但总体而言，理论研究的焦点多局限于京津冀协同立法的必要性与合法性上，对立法协同模式虽有设想，但面临可操纵性不足、改良成本过高等问题。而就实务界而言，京津冀区域虽开展了一些协同立法的尝试，但实施效果欠佳，并未形成一套成熟的立法协作机制，对于环境协同立法模式的选择更是难以拿捏。综上，面对理论研究的不足和实践层面的需要，亟待对京津冀区域环境协同立法模式进行深入探究。在此，本文拟以立法学为研究视角，在对域内和域外立法协同模式进行双重考量的基础上，结合实际进行相应的模式选择与制度设计，以期探索出一套本土化的区域协同立法模式。

一、京津冀区域环境协同立法的现状审视

当下京津冀区域在环境协同立法上采用的是松散的联席会议模式。其基本运作程序是区域立法主体签署联合框架协议，采取座谈会、轮流坐庄等形式，对共同立法项目或需要立法调整的共同问题进行沟通、协调、会商，然后分头各自立法。同时，整个立法协同过程也并未设置一个常设机构来进行协调，对于立法合作时间的确定、范围与内容的选择、议事规则及参会人员的组成基本都是临时确定，缺失常态化的运作机制。除此之外，现有立法协同缺乏后续性跟进措施，商讨结果在很大程度上依赖于三地立法机构的协同自觉与合作意识，并未形成制度性的约束力。总体而言，现有京津冀区域协同立法模式存在以下几点不足：

（一）缺乏完善的法律和政策指导

就国家层面而言，我国《环境保护法》《大气污染防治法》都有涉及区域环境的联合治理问题，在一定程度上为京津冀区域环境协同立法提供了一定引导和支持，但是囿于基本法律的性质，这些法律主要涉及区域环境协同治理的指导思想及基本原则，并不足以解决实践中遇到的具体问题。就地方层面而言，京津冀三地关于立法协作问题虽进行了积极探索，签订了《关于加强京津冀人大立法工作协同的若干意见》（以下简称《若干意见》）及《京津冀人大立法项目协同办法》（以下简称《办法》）这两项文件，但总体而言，《若干意见》和《办法》提出的协同形式还停留在轮流坐庄、调研走访、经验交流等层面，在成立立法协调专门机构、

探索协同立法长效机制方面,还没有一套系统化的协作机制。

(二)缺乏制度化的立法协作机制

当下京津冀协同立法虽以立法联席会议为载体,但其松散的运作逻辑致使协作效应严重流失。一方面,协同立法功能有限。在松散型的联席会议模式下,整个会议运行缺乏一套体制化的操作方式,协同立法主要被限于信息分享、经验交流及立法通报等浅层作用的发挥,很难开展真正意义上协同立法。另一方面,协同立法实效性不足。由于缺乏专门的立法协调机构,区域协同立法呈现出断裂式的运行状态,环境法规从起草制定到清理评估并没有亦步亦趋,同步开展,三地单兵作战的立法形式并未得到根本改善。除此之外,协同立法配套机制缺乏。当下协同立法主要集中于协商交流,并未对立法合作类型的选择机制及区域立法冲突解决机制进行配套设计,为环境协同立法的顺利进行埋下了制度性隐患。

(三)缺乏可协调性的立法内容

环境污染的整体性和跨区域性要求在立法层面必须予以整体应对,既要求立法领域的统一,也要求立法内容的协调。然而反映在立法领域上,当前京津冀三地仅在大气污染、水污染防治领域有所协同,其他环境领域并未涉足。"三地立法节奏严重不同步,可合并'同类项'、处于'同一档期'的立法项目少之又少。"①反映在立法内容上,以《大气污染防治法》为例,三地在立法概念、立法标准及责任承担上有明显悬殊:其一,概念不统一。对于大气污染防治领域的一些关键概念,京津冀三地均根据自身状况出台各自规定,并没有一套统一的概念术语。其二,标准不协调。对于大气环境质量标准和污染物排放标准,京津冀三地并未实现协调统一。其三,责任差距大。对于相同的环境领域违法事项,京津冀三地规定的法律责任差距明显,河北方面的惩治力度明显高于京津两地。

上述对京津冀环境协同立法的现状审视表明松散的立法联席会议模式并不足以回应现实需求,探寻一套适宜的立法协同模式已经迫在眉睫。那么,如何抉择就变得至关重要,既要放眼域外进行模式考量,亦要回归本土进行制度创新。但是,无论是哪种方案,都必须能够充分解决"如何在不触动宪法框架和法律体

---

① 杨晖、贾海丽:《京津冀协同立法存在的问题及对策思考——以环境立法为视角》,载《河北法学》2017年第7期。

系的前提下，使区域立法合作获得制度上的效力”。[①] 这是区域协同立法的初衷和本意。

二、域外区域协同立法模式美中不足

（一）欧盟中央统一立法模式

随着欧盟一体化程度的加深，立法权发挥的作用也越来越突出。时至今日，欧盟在立法过程中已经建构起一套成熟的区域立法协调机制，而其采用的方式就是中央统一立法。欧盟相对于成员国享有更高级的立法权，整个区域内部的协同问题基本上由欧盟统一制定，这些法律可以直接适用于区域内的各个成员国，且具有法定的拘束力。此模式的特点是将区域协同立法的任务划归于更高的中央一级，由中央立法机关进行专门立法，以此来消弭因区域协同立法主体和权限不清所导致的弊端。但此种模式明显不符合我国法治建设的潮流，即在中央权力下放的今天，地方的自主权和选择权往往更值得重视，“尤其是在区域一体化日渐深入和日益成熟的情况下，更要加强发挥区域内各地方间合作的力量”。[②] 将区域立法权划归中央进行包办，忽视地方立法主体的话语权，势必会影响到地方立法主体的参与热情，不利于“两个积极性”的调动。另外，完全寄希望于中央立法来解决区域一体化中的法制建设问题也是不现实的。受制于我国各个区域的差异性，中央无论是统一立法还是单独立法，很难有所作为，反而会引起立法资源的浪费和立法效率的流失。

（二）美国行政协议立法模式

在美国，洲际协议是实现洲际合作和解决区域争议的重要方式。这种协议能够发挥如此作用，与美国契约自由和司法独立的国情息息相关。洲际协议的主体虽是各个州政府，但就其本质而言仍属于合同和契约，因此洲际协议的签订、履行及责任追究都类似于民事合同，出现任何争议都可以寻求法院予以解决，且法院的判决具有强制性。可见，最令人担忧的执行力问题在美国是不存在的。我国有学者正是在意识到这种模式的优势之后，转而想进行移植借鉴。但与之不同的是，这种行政契约于我国而言存在约束力和执行力的困惑。在一定

---

① 宋方青、朱志昊：《论我国区域立法合作》，载《政治与法律》2009 年第 11 期。

② 王春叶：《自组织理论视角下的区域立法协作》，载《法商研究》2015 年第 6 期。

程度上,行政协议只具有道义上的约束力,其“主要就是这种成员基于对共同体的责任和有诺必践原则所产生的自我拘束力”,①并不具备直接的强制性。考虑到其性质悬而未决,故我国法院也并未享有类似于美国那样的司法管辖权。所谓无救济即无权利,行政协议立法模式在我国现有宪法体制下很难获得相关的法律救济和权利保障。另外,行政协议与现有法律规范之间关系为何,其解释主体、监督审查主体、法律适用等关键领域都呈现空白状态。可见,行政协议模式并不符合我国的制度考量。

(三)美国区域委员会立法模式

通过组建特定形式的区域委员会来承担如区域协同立法等功能是美国开展区域合作的另一种模式,它在扮演地方合作、共建共享事务上发挥着重要作用。其在性质上属于“地方政府创立的多重目的、多重管辖权的公共组织”,②典型代表就是华盛顿大都市区政府联合会。在联邦制下的美国,地方相对中央享有广泛的自治权,其并不存在威胁中央权力的隐患。因此,区域委员会在美国享有广泛的自主和自治,它能够通过整合地方立法权,直接进行区域内统一立法,减少不必要的争执和低效率。然而,这种方式看似简单易行,在我国却并无生存空间。作为单一制国家,地方享有的自主权实属有限,何谈将如此广泛的权力赋予自主的区域委员会,况且一旦将区域内的地方立法权整合于区域立法委员会,区域立法委员会就会成为介于中央和地方之间的一个新型立法权的主体,这与我国当下“一元二级多层次”的立法格局是存在冲突的,明显不符合“依法立法”的要求。除此之外,该立法委员会还面临着权利行使的边界及效力层级问题,作为独立于中央和地方的立法权主体,如果缺乏相应的制度设计,势必会给立法的民主性、科学性和合法性造成冲击。

很明显,域外区域立法合作模式并不符合协同立法的初衷,其所暴露的是法的合目的性与法的安定性之间的理念冲突,因为无论是欧盟中央统一立法模式、美国行政协议立法模式,还是美国区域委员会立法模式,始终无法协调好这对关系。将实效性的发挥建立于对现有宪法体制的打破,并不符合法治考量。

---

① 叶必丰:《长三角经济一体化背景下的法制协调》,载《上海交通大学学报》(哲学社会科学版)2004年第6期。

② 刘彩虹:《区域委员会:美国大都市区治理体制研究》,载《中国行政管理》2005年第5期。

三、立法联席会议改良模式之新型选择

综上可见,对于区域协同立法模式的选择,我们遇到了一个必须解决的问题:如何使模式建构既能符合宪法考量,又能获得制度实效?唯有在这个原则下进行模式选择和制度设计才符合改革初衷。在域外求助失败后,不妨回归本土。虽说当下松散的立法联席会议模式存在诸多缺陷,但是立法联席会议本身是不失为一种良好的尝试,除却协同的实效性不足之外,并不存在上述域外模式所面临的合宪性考量问题。同时,在既有模式上进行改良,也可以直接利用现有制度资源,节省改革成本。故笔者认为,立足于既有的立法联席会议,对之进行改良和创新,不失为京津冀环境协同立法的明智之举。

(一)立法联席会议改良模式的运作逻辑

所谓立法联席会议改良模式,是指以现有立法联席会议为载体,立足于协调功能的发挥,通过一整套机制设计促使协同立法过程常态化。这种模式的特点是,以公平、效率、公开为立法原则,拥有专门的立法协调机构,从前期立法规划到后期立法清理各个环节都设立相应的制度跟进机制,协同立法行为也具备一定约束力。立法联席会议改良模式的实质是,充分尊重区域内的各个主体利益,确保利益兼顾,进而实现区域整体利益的最大化。具体而言,其运作有如下几点特征。

1. 协同立法机构专门化

综观当下京津冀环境立法协同全程,我们会发现,联席会议只扮演一个临时性的对话场所,导致磋商和会晤流于形式,缺乏制度约束力。“其主要原因在于参加联席会议的有关人员缺乏足够的激励或动力。”[①]因此,通过相关制度设计,将联席会议的具体运作加以专门化和制度化就显得尤为重要。在此,笔者建议,通过全国人大及其常委会的授权,赋予联席会议足够的权威,从而一改之前联席会议松散无力的局面,促使联席会议成为一个专门的立法协同机构。当然,这种授权并不面临合法性的拷问,因为“人大决定权和立法权之间的区分是相对的,二者关系是相互补充的”。[②] 在立法权面临缺位的情况下,人大当然可以通过行

---

① 陈光:《论区域立法联席会议机制》,载《学习与探索》2011 年第 2 期。

② 蔡定剑:《中国人民代表大会制度》,法律出版社 1998 年版,第 321 页。

使决定权将联席会议定位成一个专门的立法协同机构，此前全国人大授权经济特区政府制定地方政府规章就是一种很好的尝试。况且，此处也并非授权立法联席会议实体性的立法权，只是将立法联席会议的运作程序予以规范和明晰，赋予联席会议足够的权威性，促使其成为一个专门的立法协同平台，因此并不会冲击现有的立法体制。相反，通过人大授权，立法联席会议的运作就不再流于形式，配套的会期制度、议事主体和议事规则都是确定的，整个立法协同也就变得有章可循。

2. 协同立法类型灵活化

长期以来，对于立法协同究竟采取何种类型一直存有争议，无论是当下京津冀环境协同立法抑或域外的区域合作模式，都未对此进行确定和明晰。立法联席会议改良模式立足于效率，试图采用灵活选择的方式，视情况决定适用地方性法规或者地方政府规章。这主要是由两者的特征决定的。地方性法规的优势在于级别高、立法程序完善，缺点是灵活性不够、立法周期较长；地方政府规章则与之相反，立法程序较为简单，但存在的劣势是级别不够、权威性受限。因此，一味适用某种类型的立法是不科学的，必须根据情况加以甄别，协调好这两种立法类型的程序优化问题，以便妥善处理好区域内权力机关和行政机关的关系。在京津冀环境协同立法过程中，对于关系到整个区域长远发展的环境治理事项，权力机关享有立法的优先性，主张各地方人大合作制定地方性法规予以协调。对于某些比较迫切需要解决的环境治理问题，制定地方性法规条件不成熟、成本太高的治理事项，行政机关则拥有立法优先性，可采用合作制定地方政府规章的方式予以协调。

3. 协同立法环节全程化

京津冀区域环境协同立法是一个系统工程，以往受制于松散的立法联席会议，立法协同并未贯穿整个立法过程，致使协同立法无法达至最优。为此，有必要打通协同立法的各个环节，实现从前期立法规划到后期立法清理的全程互动，保证各个环节有序衔接。

（1）立法规划协同

立法规划是后期立法工作开展的重要指导依据，京津冀区域环境协同立法工作，必须就立法协同领域和立法协同事项进行商讨确立。具体而言，京津冀区域环境协同立法规划需要注重如下几个方面：首先，在立法需求方面，必须从京津冀区域环境治理中重点领域着手；其次，就立法规划的具体编制而言，三地必须进行充分的协商探讨，以立法联席会议为平台将各自编制立法规划的总体思路进行报告，最终达成一致意见；最后，在开展完立法规划编制环节后，三地分别进行落实，人大或者政府部门可根据各自的立法程序完成立法规划的审议与批准。

(2)立法内容协同

立法内容的协调关系到区域协同立法的质量。“要平衡三地各利益主体之间的权利和义务，使三地的地方性法规在所调整的社会关系、规范内容、法律责任方面能够统一协调，避免形成违法成本与法律责任不一致的情况。”①具体而言，要立足于立法联席会议，从区域内整体需求出发，针对京津冀区域内共同面临的环境污染领域组织协同立法起草工作，在起草过程中达成最大共识，将立法概念、立法标准、立法依据与法律责任进行系统考量，以此保证治理过程的协调性和趋同性。最终，在实现内容协商一致的基础上，各自按照法定程序分别通过地方性法规或者地方政府规章。

(3)立法清理协同

法规清理本就是立法协同的重要组成部分，在区域合作的背景下，其往往牵一发而动全身，影响整个区域的立法协调性。以往京津冀环境协同立法只局限于立法内容上的磋商，对于清理环节并未给予足够的重视。故改良后的立法联席会议模式应该吸取教训，将法规清理纳入协同立法的过程中来，随着协同立法的出台，应进行配套的专项法规清理活动，将法规清理的启动时间、清理标准、处理方式等事项予以统一，并在法规清理完结之后开展定期交流，分享清理成果，总结区域立法的得与失。

4. 冲突解决机制规范化

目前，京津冀环境协同立法对于立法的冲突解决机制并未给予足够重视，为区域立法的常态化运行埋下了隐患。立法联席会议改良模式试图通过相关制度设计，将这一问题化解于无形。作为由区域协同立法所带来的新课题，区域立法冲突是指在区域协同立法之后引起的法律体系不协调的状态，既包括区域立法内部体系的不协调，也包括区域立法与地方立法之间的不协调。在立法联席会

① 焦洪昌、席志文：《京津冀人大协同立法的路径》，载《法学》2016年第3期。

议改良模式下,联席会议作为整套机制的运作枢纽,主要通过如下方式进行调和:首先,依据法理解决,即联席会议通过既有的效力位阶原则、新法优于旧法原则,以及特别法优于普通法原则等基本法理予以解决;其次,通过协商解决,在依据法理无法解决的情况下,立法联席会议可以通过召开特定协商会议进行专门讨论,经过协商处理的结果是有制度约束力的,除有例外,区域内各地立法机关都应该予以遵守;最后,提请中央解决,通过协商途径依旧不能化解冲突的,立法联席会议可以根据立法冲突类型将议题提请国务院或人大常委会进行裁决。区域立法冲突的根源在于利益的不协调,而通过上述制度设计可以最大限度调和利益纠纷,实现区域利益的最大化。

(二)立法联席会议改良模式的运行价值

首先,立法联席会议改良模式消解了法的合目的性与法的安定性之间的冲突。长期以来,在谈及区域协同立法时,始终没有处理好这对关系,致使二者处于一种矛盾和悖谬状态之中。在立法联席会议改良模式的语境下,法的安定性犹存。这种模式建构并不打破现有体制框架,也不改变现有行政区划,而是探索以立法联席会议为载体,建立立法协调的专门机构,搭建京津冀协同立法平台,更好地整合立法资源、融合立法制度、破除京津冀环境协同治理的困境。同时,法的合目的性也已实现。立法联席会议改良模式立足于协调功能的发挥,本着公平高效的原则,在不触动现有宪法体制的前提下,对实践中松散的联席会议进行调试和改善,促使区域协同立法获得制度上的实效性和约束力,成功满足了当前京津冀区域立法协同的现实需求,真正实现了京津冀区域利益和整体利益的最大化。

其次,立法联席会议改良模式具备区域协同立法的普遍适用性。本文所提倡的京津冀立法联席会议协同模式并非一种例外状态,而是可以相互引用和借鉴的。这种普适性一方面表现在不同区域之间。立法联席会议并非京津冀区域所特有,作为区域协同立法过程中最为重要的合作机制,几乎所有区域都将之作为解决区域协同问题的首选,无论是长三角、珠三角还是东北工业区,在实践中都有过不同的尝试。虽然各个区域有不同的背景特色,但是对于文中改良的立法联席会议模式是可以进行参考适用的。其另一方面表现在不同领域之间。本文将立法联席会议局限到环境领域的立法协同,主要出于对当前京津冀地区的现实考量,但这并不影响这种模式在其他经济领域、文化领域进行立法协同。总之,在立法联席会议具备实效性之后,作为区域立法合作的主要协作机制,这种改良模式具备当然的普适性。

最后,立法联席会议改良模式推动了地方立法研究理论的不断深化。区域立法联席会议改良模式作为区域一体化过程中一种新型的立法协调机制,极大地拓宽了地方立法的研究领域,也促使我国立法法研究不断深入。其一,立法联席会议改良模式促使地方立法形式多元化。这种模式介于传统中央立法和地方立法之中,以解决跨区域问题为宗旨,是一种非常规形态的地方立法形式,经过这种模式所产生的立法成果与传统的法律、法规、规章之间也存在差异,由此推动了地方立法形式的多元化。其二,立法联席会议改良模式促使地方立法程序研究不断深化。立法联席会议改良模式贯穿整个区域协同立法的全过程,主张区域内各个主体相互配合,共同参与立法的各个阶段,随着主体的增多,相关程序也趋于复杂和异化。由此也就导致地方立法的规划、起草、表决、公布,以及后期的清理评估等立法程序不同以往,这些都需要相关理论研究作为支撑。总之,这些新型的研究素材,极大地推动了地方立法理论研究的更新换代。

四、结语

本文在对京津冀区域环境协同立法现状考察之余,通过相应的模式选择与制度设计,探索出一条高效合法的区域协同立法模式,即立法联席会议改良模式,并以此来充分回应当前京津冀区域环境协同的立法需求。经过分析,现有的立法模式存在诸多弊端,而欧盟的中央统一立法模式、美国的行政协议立法模式及区域委员会立法模式亦不足以满足法的安定性、合目的性和实效性要求。因此,本文将视角置于现实中普遍适用的区域立法联席会议,通过对现有立法联席会议进行创新设计,将其性质专门化,并就协同立法类型、协同立法环节、协同立法冲突解决机制进行系统的规划和设想,从而消解了当前京津冀区域环境协同立法的内在张力,有效推动了三地区域立法合作与环境治理水平的不断提升。因此,有足够理由相信,随着京津冀区域环境协同立法的有序进行,立法联席会议改良模式的作用将会不断彰显。

京津冀协同发展下互联网金融监管制度研究

朱振洁*

京津冀一体化作为国家的重大发展战略,需要区域金融的大力支持,互联网作为一种全新的大众媒体,把京津冀区域连成一个整体。互联网金融是传统金融行业与互联网相结合的新兴领域,是"互联网 + 中国"的先行者通过互联网实现资金的融通,是大势所趋,是符合时代发展规律的。互联网金融就是传统金融业和互联网企业相结合,运用互联网技术和信息通信技术等,借助构建网络中介平台,实现资源最优配置的全新金融模式。互联网金融的无边界性也必然能助推北京市、天津市和河北省三地金融体系突破地域性限制,实现产业融合发展。

一、京津冀互联网金融协同发展的现状

京津冀金融一体化作为京津冀协同发展战略的重要组成部分,能够更好地解决制约区域经济发展的深层次问题,是提升和完善京津冀区域均衡发展和创新的需要,是促进首都经济圈、环渤海经济圈,以及整个华北经济区发展的重要战略。在新时代,互联网将中国和世界连成

---

* 河北经贸大学法学院2016级经济法专业硕士研究生。

一个整体,互联网金融也就应运而生。京津冀区域实现互联网金融协同发展是具有可行性的,京津冀区域聚集了大量的金融资源和网络技术资源,拥有丰富的人力资源、强大的经济活力、先进的管理水平等众多优势,为京津冀协同发展背景下互联网金融创新提供了良好的平台。北京市中关村是我国规模最大的电子信息产业基地,集中了科研、贸易和生产的大量机构,天津有较强的科研开发能力,河北省境内高等院校数 118 所,形成了京津冀互联网金融快速发展的强大支撑。①

近年来,北京市、天津市和河北省三地在互联网金融领域逐渐展开合作:2015 年 6 月"2015 京津冀'互联网 + 金融'创新论坛"在河北石家庄举办,此次论坛积极探索了在"互联网 + "行动计划、"京津冀协同发展"的国家战略部署下,"互联网 + 金融 + 京津冀"如何顺势而为,走出一条可持续发展的创新之路。2015 年 10 月大唐电信与天津矿产资源交易所签订"互联网 + 金融"战略合作协议,标志着京津冀地区首家面向互联网金融领域的创业创新孵化基地正式成立,能够推动京津冀区域内中小企业在互联网金融领域的创新发展,加快实现传统金融企业的转型和发展。2016 年 9 月京津冀互联网金融研究中心在 2016 第三届互联网金融企业社会责任峰会上正式揭牌成立。京津冀互联网金融研究中心秉持"互联、共享、普惠"的理念,专注于互联网金融行业创新发展,加强行业组织、企业和政府主管部门之间的联系与沟通,促进行业之间的交流与合作,有效聚合产业力量,助推京津冀区域经济发展。

二、京津冀互联网金融监管现状

京津冀区域内,互联网金融呈现出规模巨大、发展速度快等优势,在推动京津冀区域经济发展的同时也带来了许多风险。在京津冀经济协同发展的背景下,如何对京津冀区域互联网金融平台违法行为进行监管?这是保护京津冀区域数以千万计互联网金融参与者利益、控制金融风险的关键所在。

我国是典型的机构监管的金融监管模式,京津冀区域亦是如此。随着我国金融业的不断改革,中国人民银行开始将自身的监管职能逐渐分离出来,形成了

① 参见张文芳:《京津冀金融一体化发展的途径分析》,首都经济贸易大学 2016 年硕士学位论文,第 21 页。

在党中央、人民政府的领导下,“一行三会”的监管格局。中国人民银行主要负责制定和执行金融宏观政策,从宏观上调控货币政策,由中国银监会、证监会及保监会负责金融行业的日常监管。京津冀区域采用机构监管模式往往重视互联网金融风险控制而轻视互联网金融创新,重视监管效果而轻视监管成本,重视监管机构的作用而轻视行业组织的自律,由此造成了互联网金融监管投入产出比低下,不能起到良好的监管效果。京津冀三地均采用机构监管这种模式确实是为互联网金融营造了较为宽松的监管环境,使互联网金融行业在京津冀区域得到了爆发式的增长。与此同时,问题平台集中爆发,给京津冀区域的社会公众带来了伤害,互联网金融行业遭受质疑声不断高涨。

2016 年伊始,互联网金融监管从宽松状态逐渐加强,规制力度趋于严格,从单纯的机构监管开始向功能监管转变,但依然是侧重于政府规制为核心的监管制度。2016 年 1 月,多地收紧互联网金融工商登记注册,北京甚至直接叫停互联网金融注册登记,但天津和河北并未采取同等的监管措施,只是很多在北京受到限制的互联网金融企业转向了天津和河北进行工商登记注册,进而借助互联网技术的跨界性在北京地区开展互联网金融业务。随后,有关部门先后出台多项网贷相关意见、通知、办法、司法解释等规则,特别是 2017 年上半年又连续开展专项治理行动,但这种以政府规制为核心的监管效果依然不佳。根据网贷之家公布的网贷行业的数据可知,截至 2018 年 5 月,北京地区累计转型及停业平台数达 247 家,累计问题平台数 169 家,天津和河北两地的累计转型及停业平台数和问题平台数比较少,但也出现了平台跑路等问题。

因此,本文基于法经济学的视角对京津冀协同发展背景下的区域性互联网金融监管体系进行探索,从法律监管、行政监管和行业监管三个层次构建京津冀互联网金融监管框架。

三、互联网金融监管的法经济学理论基础

法经济学分析的宗旨是在坚持“正义、公平、秩序”的前提下来注重效率和效益,波斯纳认为法律的制定与实施应以追求社会效用最大化。根据法经济学的逻辑,社会效率是经济意义上最大的公平,效益是法律制度追求的重要目标,交

易成本的高低可以作为评价一项制度好坏的标准。科思认为,[①]国家提供行为规范有两个目的:一是界定竞争与合作的基本规则,使监管者的租金最大化;二是降低交易费用使社会产出最大化。这两个目的之间也存在持久冲突,这意味着监管制度可能是有效率的,也可能是无效率的。当政府矫正手段能够以较低的成本和较高的收益促成当事人经济福利改善时,这种矫正手段才是正当的。由于法律的内在不完备,以及行政监管机构的无效率不可避免,一些非正式交易行为可能无法通过法律和行政机制来完成。交易主体为了长远利益而通过信誉机制及失信惩戒机制自觉履行交易行为的行业自律监管是法律监管和行政监管的重要补充,以此来实现财富的最大化。因此,鉴于不同的监管目标,京津冀区域引入机构监管和功能监管并重的理念,从法律原则监管、行政规则监管和行业自律监管三个层面构建互联网金融监管框架,以最大限度提升监管效用。三个层次之间呈现出递进及互补关系,越来越接近于社会效用最大化的目标。

第一,以法律监管为基础。对互联网金融监管而言,监管效用最大化时的法律监管力度是最优的。从互联网金融机构的角度来看,法律对交易的力度越强,其运营成本越高,金融的服务效率就越低。从互联网金融消费者的角度来看,接受金融服务会带来效用增加,同时隐私信息共享带来效用减损。在法律监管的初期,隐私保护水平较低,当法律监管增加时,隐私保护带来的正面效用大于压制金融服务带来的负面效用,但随着法律监管的增加,超过一定的界限时,隐私保护带来的正面效用小于压制金融服务带来的负面效用,进而互联网金融法律最优监管力度降低,此时,便违背了法经济学的社会效用最大化的目标。[②] 因此,法律监管应当作为最基础的京津冀互联网金融行业的监管措施,在追求互联网金融的效率和保护消费者权益的公平之间寻找一个平衡,通过完善相关的立法对京津冀区域互联网金融实现最优监管。第二,以行政监管为核心。由于京津冀区域的互联网金融机构与行政监管者之间存在监管信息不对称,后者可能无法得知金融机构的违法信息,金融机构不可避免地存在"机会主义"倾向。监管者不尽职,或处罚力度较小,将激发互联网金融机构采取机会主义行为,降低社会整体福利。因此,当立法者将监督权向执法者转移时,应建立对监管者行之有

---

① See R. H. Coase, "The Problem of Social Cost", *Journal of Law and Economics*, 1960(3):1 - 44.

② 参见曲振涛:《论法经济学的发展、逻辑基础及其基本理论》,载《经济研究》2005年第9期。

效的奖惩制度,从制度层面保障监管效用的最大化。第三,以行业自律为关键。互联网金融的行业自律监管以产权确定下的权利交换机制为基础。法经济学的社会成本理论表明,任何一种权利的起始配置都会产生高效率的资源配置,也都需要社会交易成本并影响收入分配,关键是如何选择一种成本较低的权利配置形式和实施过程。随着互联网金融机构生产能力的提升,生产一单位的金融产品给金融机构带来的收益会大于金融消费者因隐私信息共享带来的利益受损,若法律明确隐私信息的产权归属并允许互联网金融机构和金融消费者就隐私信息进行契约交易,通过内部补偿的形式进行交易改进,社会整体效用水平也会获得提升。现实中的法律规范和行政执法也很难给予契约双方足够的交易自由,在追求社会效率的同时,还要考量完全自由交易带来的负面影响。

四、构建京津冀互联网金融监管制度的建议

学术界有很多的学者认为,我国的互联网金融行业已经朝着全球化的趋势不断地发展,行业的经营模式开始从分业经营向混业经营转变。相应地,京津冀地区对互联网金融监管应该从分业监管和机构监管向混业监管和功能监管转变。但笔者并不完全赞同这种建议,在混业经营发展的趋势下,要想实现京津冀互联网金融的协同发展,就要求京津冀区域要在现有的机构监管的体制下,引入功能监管,并注重机构监管和功能监管之间的协调和合作,正如有的学者指出,功能监管是我国在现有的机构监管体制上进行补充的一个较好的选择,且符合习近平总书记所倡导的五大发展理念,符合国家的大政方针。① 机构监管是一种纵向的监管,是一种审慎监管,侧重于从整体上把握金融机构的经营活动,防范系统性的风险;而功能监管是一种横向的监管,是一种行为监管,是针对具体的金融业务的基本功能的种类而进行的监管,同种类型的业务适用于统一的监管准则,由统一的监管机构进行监管,这就极大地提升了监管的统一性。所以,京津冀区域在协同构建未来的金融监管体制中,要机构监管和功能监管并重,即审慎监管和行为监管两种监管模式协调发展,从而更好地促进京津冀区域互联网金融行业的健康快速发展。

(一)以法律监管为基础

构建以法律监管为基础的京津冀互联网金融监管制度,需要充分平衡效率

① 参见彭炜:《中美金融监管比较及功能监管适用性分析》,载《金融经济》2015年第10期。

和公平之间的关系。目前，我国并未出台专门的法律对互联网金融进行全面的监管，大多都是以行政法规、规章和通知等形式对互联网金融的发展进行限制，京津冀三地更是未实现在互联网金融监管领域的协同立法。这些规范性文件设计的领域较为局限，缺乏监管的基本原则，不能充分地保护消费者的合法群益。同时，针对互联网金融的某一个特定领域，又管制得太过严厉，从某种程度上将会限制该领域的金融业务和金融产品的创新。

1. 京津冀协同立法理念需统一

对互联网金融的法律监管，需要在金融机构效率和消费者的保护方面进行平衡，制定出最优的法律监管制度。同时，京津冀区域在互联网金融领域进行协同立法时，进行金融安全与创新的博弈中，要以金融安全为前提，摒弃“先创新、再整治”的做法，在金融创新的过程中要树立事前、事中金融安全理念。北京、天津和河北在地方立法层面要消除互联网金融创新的地方保护主义思想，追求地方经济发展的前提是要树立全局的金融安全理念，对于仅追求地方金融利益，放任金融风险向外蔓延的地方法规要进行废止。京津冀互联网金融领域协同立法要加快进程，针对同一问题，只有三地适用同样的法律准则，才能使法官在裁判时保持统一，确保纠纷得到公平公正的解决，从而推动京津冀区域经济的平稳、健康发展。

2. 行业准入和退出标准需统一

互联网金融行业的准入门槛和退出机制在京津冀内地区的标准并不统一，很多互联网金融机构在北京无法获得市场准入的资格，可能会去天津或者河北进行工商注册，利用互联网的无边界性再在北京开拓市场。就第三方支付而言，根据我国《非金融机构支付服务管理办法》的相关规定，第三方支付机构如果想在全国范围内从事互联网支付的业务，最低的注册资本限额为 1 亿元人民币，如果想在全省范围内从事互联网支付业务，最低的注册资本限额为 3000 万元人民币。这种以从事支付业务的范围为依据制定的准入门槛标准和互联网本身的开放性是相冲突的，第三方支付通过互联网为用户提供跨地域的支付服务，为用户提供了很大的便利，但这种划分标准将会降低规模较小的第三方支付的便捷优势。笔者建议，对第三方支付机构的市场准入标准的划分能够突破京津冀地域的限制，使全国各地域尤其是在京津冀区域内的支付市场准入门槛具备统一的标准，第三方支付机构在经过资格审查，满足这个统一的标准之时，便可以在京津冀区域内展开互联网支付业务。另外，在京津冀互联网金融的协同立法过程中，应当针对互联网金融机构在退出市场之时，存在的大量的客户资金应当如何处置，用户合法权益应当如何保障，倘若因为第三方支付机构的过错而给用户带来损失应当如何赔偿等一系列问题，制定统一的法律规范。

3. 京津冀明确统一的法律责任

《关于促进互联网金融健康发展的指导意见》中明确指出了为借贷双方的直接借贷提供信息服务，但未具体地规定义务主体违反义务时如何承担民事责任。笔者建议，京津冀地区应以协调的发展理念为主要指导思想，将《关于促进互联网金融健康发展的指导意见》中关于义务和责任的相关规定和《合同法》及新出台的《民法总则》相结合，在协同立法的文件中应明确规定，交易双方可以通过协议的方式约定当双方违反应尽的义务时应当承担的民事责任，哪些行为属于违法行为，哪些交易应属于无效的。同时，应当明确京津冀区域互联网金融平台和他人恶意串通引发的合同关系无效或者刻意隐瞒借款人的虚假信息等类似的欺诈情况等导致的合同关系是否有效，被认定为无效后，受害方应当如何维护自己的合法权益等。京津冀区域针对互联网金融行业如若能够设置统一的违法交易行为的责任承担方式，将有助于司法审判者秉持统一的标准，作出更加公平、公正的裁决，使每一个人都能感受到司法的公平正义。

（二）以行政监管为核心

构建以行政监管为核心的京津冀互联网金融监管制度，需要建立监管行政主体的激励机制，并加大处罚力度。另外，京津冀地区对互联网金融领域实施协同监管应当适当加大对监管机构的效用激励，这样可能会取得更好的效果，促进监管主体更加尽职尽责，互联网金融机构的违法概率便会降低。因此，当立法者将监督权向执法者转移时，应建立对监管者行之有效的奖惩制度，从制度层面保障。

1. 京津冀建立统一监管机构

京津冀区域要建立统一的互联网金融监管机构——京津冀互联网金融监管机构，并由该监管机构负责协调北京、天津和河北三地的互联网金融行业的监管工作。京津冀互联网金融监管机构采取统一的监管原则、监管目标、监管主体、监管对象和监管方式等，使京津冀区域的互联网金融行业能够有效地调整更加复杂的互联网金融市场之间的法律关系，在保障京津冀区域金融安全的前提下，推动京津冀互联网金融行业的健康和可持续发展。

2. 处理好创新与监管的关系

互联网金融具有创新性，在京津冀区域内的发展模式也越来越多，金融产品和服务种类不断地得到更新换代。在这种背景下，京津冀互联网金融监管机构在对互联网金融进行监管之时，既要坚持原则、守住法律的红线，又要保持监管的灵活性。对于监管中发现的问题要进行认真分析、个别对待，不能完全按照同样的处置标准进行监管，要个别情况个别对待。在监管的过程中，京津冀互联网金融监管机构必须摆脱惯性思维，避免路径依赖的出现，要跟上互联网金融行业创新发展的潮流，给互联网金融行业的发展留下一定的空间，使短期监管和长期监管能够有效地结合，促进互联网金融行业在京津冀区域内健康快速发展。

3. 监管应具适度性和透明性

京津冀互联网金融监管机构应适度监管互联网金融平台对风险防范的措施，避免互联网金融平台触犯非法集资等犯罪的边缘。互联网金融平台可以通过风险准备金和本金担保等机制合理地分担风险。另外，京津冀互联网金融监管机构对互联网金融平台进行监管时要坚持透明性原则。监管过程中的低透明度往往会导致风险的积累，京津冀互联网金融监管机构要坚持透明的监管原则，接受上级部门、互联网金融从业者、互联网金融消费者及社会各行各业的监督，确保京津冀互联网金融监管机构对京津冀互联网金融行业的监管更加公正、公平，切实保护互联网金融从业者和消费者的合法权益。

（三）以行业自律为关键

近年来，京津冀互联网金融监管从“三无”时代已步入“严格监管”时期，形成了以“政府中心规制”监管模式，起到了一定的监管效果。但由于互联网金融平台和产品的多样性与易变性，政府机关对其认知和规制存在一定的局限性，导致政府监管相对滞后，影响了京津冀区域互联网金融行业的发展。此时，要充分考虑利用行业信息优势，建立政府与行业主体协商、对话和合作机制，使行业组织发挥有效的监管作用。

1. 成立京津冀互联网金融协会

可以面向京津冀区域成立京津冀互联网金融协会，并针对互联网金融的各个领域成立专门的社会组织。这些社会组织作为社会监督平台，在京津冀互联网金融协会的协调下通过行业自律加强规范和监督，尽快构建京津冀互联网金融行业的金融机构征信体系和个人消费者征信体系。关于京津冀互联网金融各个领域的管理细则，京津冀互联网金融协会可以在中国互联网金融协会的指导下，由其他与各个领域相关的行业协会和自律组织在内的各种社会组织中的会员秉持着协调的发展理念，共同协商、探讨进行制定，从而实现各个互联网金融行业协会和其他自律组织的自律性规范及其与监管规则的完美对接。

2. 构建区域行业信用信息平台

京津冀互联网金融协会担当起建立京津冀区域互联网金融信用信息平台的职责，通过收集—筛选—发布平台信用信息，使其成为公众举报和获取有关京津冀区域注册成立的互联网金融平台有效信息的集散器。对此，在实施统一的行业信用评级标准。无论是互联网金融信用评价体系中指标的设置，还是信用档案评价方法和标准的建立，都是一个均衡各方利益诉求的协商过程。[①] 因此，京津冀互联网金融协会应该保证建立在有效的协商机制之上，从专业性的角度出发，针对不同领域制定信用评级标准，使不同地区人们对同样的交易类型的认知、评价形成统一的观念，从而建立一个稳定统一的声誉市场。当然，仅仅依靠京津冀互联网金融协会这一个行业组织，难以完成对京津冀区域内所有互联网金融机构或平台的信用级别评定，需要其他地区的互联网金融协会和各个领域专业委员会共同参与，共同搭建起信用信息平台，从而更好地为京津冀区域互联网金融行业的健康发展服务。

3. 信息披露流通应当持续有效

在"信息爆炸的时代"，公众通常不是缺乏信息而是被信息负荷过量所累。在声誉机制中，不仅要求信息发布主体发布相关的行业信用信息，更要求这些信息能够被社会公众所察觉和接受。京津冀区域互联网金融行业的信息披露需要通过既有一定权威性又被公众所熟知的途径发布，京津冀互联网金融行业协会应当建立自己的网站，在网站上开通京津冀互联网金融平台信用信息披露窗口，专门对平台信用信息进行披露。但包括互联网金融消费者在内的大多数社会公众都没有浏览行业协会的官方网站的习惯，所以信息披露应当适当地拓展传播渠道，针对不同的消费群体，选择不同的传播途径，尽可能地以对公众而言最便捷、最常用的接受模式进行信息流通。例如，京津冀互联网金融协会在进行信息

① 参见唐璐：《作为食品安全治理的声誉机制的研究》，山东大学2016年硕士学位论文。

披露时可以考虑和百度网页、新浪微博、网易新闻、微信公众号、QQ 看点、今日头条等平台进行合作,还可以和全国性和地区性的晚报、日报等报纸合作发布。

总之,京津冀互联网金融监管制度要引入功能监管,坚持机构监管和功能监管并重的监管理念,以法律监管为基础,运用效率公平原理,充分平衡金融服务效率和消费者保护之间的关系;以行政监管为核心,运用激励机制,对行政监管主体的尽职进行奖励;以行业自律为关键,运用产权界定的原理,借助行业协会尽快搭建互联网金融行业的征信系统,从而实现监管的社会效用最大化。

区域法治背景下的京津冀劳动人事争议预防机制构建[①]

薛长礼*

2016年2月全国第一个跨省市区域"十三五"规划——《"十三五"时期京津冀国民经济和社会发展规划》发布,意味着酝酿、探索多年的京津冀一体化协同发展进入了实质性实施阶段。这一战略是立足国家宏观布局,结构性推进京津冀环渤海区域政治、经济、社会文化整体性发展的重大举措,旨在实现京津冀优势互补、互利共赢,发挥一体化的整合和综合优势,在促进区域发展的同时,打造经济增长点,带动北方地区发展。在这一背景下,构建京津冀地区和谐劳动关系,对于协同发展战略的实施无疑具有重要意义。鉴于和谐劳动关系构建是一个系统性工程,已有的研究成果更多关注劳动关系的纠纷解决,本文尝试从预防机制的视角,探讨京津冀一体化建设和谐劳动关系问题,为京津冀劳动人事争议预防机制

① 本文为国家社科基金项目"我国劳动就业公共服务法治保障体系研究"(项目编号:13BFX140)、北京市社科基金项目"北京市和谐劳动关系协调机制构建与劳动权保护研究"(项目编号:15FXB026)、中央高校基本科研业务费专项资金资助项目"供给侧结构性改革中的劳动法制问题研究"(项目编号:PTRW1814)的阶段性研究成果。

* 北京化工大学文法学院副院长,教授。中国社会法学研究会常务理事,中国法学会立法学研究会理事,北京市法学会学术委员会委员。主要研究方向:劳动法、社会保障法和法理学。

建设提供理论支持和政策制度设想。

一、京津冀劳动人事争议预防机制的问题化建构

中共中央、国务院《关于构建和谐劳动关系的意见》所指出,我国“劳动关系矛盾已进入凸显期和多发期,劳动争议案件居高不下”。2016 年全国劳动人事争议调解仲裁机构共处理争议 177.1 万件,同比上升 2.9%;涉及劳动者 226.8 万人,同比下降 2.1%;涉案金额 471.8 亿元,同比上升 29%;办结案件 163.9 万件,同比上升 1.8%;案件调解成功率为 65.8%,仲裁结案率为 95%。终局裁决 10.4 万件,占裁决案件的 28.4%。[①] 这一组数据表明在经济运行进入新常态、供给侧结构性改革深化的背景下,劳动人事争议高发已成为我国和谐劳动关系建设面临的突出问题。破解劳动人事争议高发难题,是构建和谐劳动关系的当务之急。随着全面依法治国的推进,我国劳动关系调整模式和治理机制正在发生转变,经历从事后救济向事前预防、事中化解、事后救济并重,从短期治标向长效标本兼治转变。劳动人事争议预防是构建和谐劳动关系的源头,源头治理,关口前移,从源头减少、消除劳动人事争议,化解劳动关系纠纷矛盾,保障劳动者与用人单位合法权益,是京津冀和谐劳动关系建设的必然要求。遵循依法治理、综合治理和源头治理的原则,结构性推进京津冀劳动人事争议预防机制建设,形成京津冀有效处理劳动人事争议制度体系和实践模式,是京津冀协同发展构建和谐劳动关系的出发点和落脚点。

劳动人事争议预防调解是国内和国际劳动法学界普遍关注的主题。国内关于劳动人事争议预防机制的研究主要关注、讨论诸多热点和难点问题,完成了一定数量、一定深度的研究成果。一是劳动人事争议预防调解立法问题,建立事前、事中、事后三重立法保障。我国《劳动法》《劳动争议调解仲裁法》等法律法规对劳动争议预防作出了概括式规定,但立法的侧重点倾向于劳动争议的事中处理、事后救济,建构了比较完备的仲裁、诉讼多元救济机制,劳动争议预防机制没有在立法中得到充分的制度表达。[②] 二是立足预防,完善政府、工会和用人单

---

① 参见人力资源和社会保障部:《2016 年度人力资源和社会保障事业发展统计公报》,载中华人民共和国人力资源和社会保障部网:http://www.mohrss.gov.cn/SYrlzyhshbzb/zwgk/szrs/tjgb/201705/W020170531358206938948.pdf,最后访问日期:2017 年 7 月 10 日。

② 参见李雄:《我国劳动争议调解制度的理性检讨与改革前瞻》,载《中国法学》2013 年第 4 期;王蓓:《我国劳动争议协商制度失灵的反思与对策》,载《社会科学研究》2015 年第 1 期;孙德强:《劳动争议协商制度的欠缺及其再构建》,载《中国劳动关系学院学报》2014 年第 2 期。

位三方协商机制,协调劳动关系矛盾,促进劳资共赢、社会和谐,尤其是建立合法用工、劳资协商、抱怨管理、劳动关系预警“四位一体”的系统性预防机制。三是劳动人事争议预防公共政策问题,在立法基础上,结合经济社会发展中暴露出的劳动关系深层次矛盾,及时制定具有时效性、针对性的公共政策,形成具有有效性和创新性的中国“大调解”体系。以“大调解”为特色的劳动人事争议预防公共政策体现了“预防为主、基层为主、调解为主”的价值指归和柔性机制的制度弹性。四是围绕实践工作中劳动争议预防调解的创新做法,形成有效工作机制,探究预防调解机制的完善和整合,增强劳动关系治理能力。人力资源和社会保障部实施的“劳动争议预防调解工作示范企业”活动,北京市开展的“六方联动机制”,北京市总工会以“购买服务”的方式聘用专业律师调解劳动争议等,在实践中发挥了极为有效的作用,成为国家治理谱系的新类型。

需要注意的是,劳动人事争议预防机制同样成为国外实务界与学术界共同关注的主题,贡献了不同视角的学术成果多元预防机制,比较成熟的是劳动争议三角式内部争议解决(internal dispute resolution,IDR)程序,主要机制是设立以劳动争议纠纷预防和调解为主的常设性机构,居中调处处于萌芽状态或初露端倪的劳动争议纠纷。IDR 程序更多地突出了以下特点:一是将劳动人事争议预防与处理有机结合。美国企业雇员出现不满时,首先启动申诉程序,由管理层与工会协商,之后在企业内部无法达成一致解决意见时才会外力干预,比如自愿选择仲裁。德国则通过“自愿联合解决争议机制”解决争端问题。英国的咨询调解仲裁服务委员会(Advisory Conciliation and Arbitration Service,ACAS)是政府出资设立的独立组织,是自愿解决纠纷机制的枢纽机构,企业通过内部协商、咨询、调解、仲裁解决劳动争议。二是凸显劳动人事争议解决的企业主体性,通过企业内部的管理层与工会协商解决劳动争议。美国、日本等国家的不当劳动行为制度有助于劳动争议的解决。尽管各企业之间 IDR 程序的构造有较大差异,但其内部纠纷解决程序有大致相同的功能预设。企业规模不同,是否设立工会等不同因素都会影响 IDR 的具体样态。比如,工会的有效运行是预防劳资争议的重要机制,在未设立工会的企业中,往往由各种形式的申诉机制代替劳资平等对抗的调解程序,成为 IDR 的首选样式。在设有工会的企业中,垂直式 IDR 程序被设置为劳动争议内部调解的前置程序,担负事前预防功能,及时地发现、安抚劳动者的抱怨和抗议,避免进一步演化为激烈冲突。[①]

如前所述,国内外劳动法学界均对劳动争议预防机制作出了不同视角的研究。我们不难发现,国外对劳动争议的解决侧重企业内部协商机制,侧重"利益争议";而国内劳动争议预防机制侧重企业和外部力量,争议焦点集中在"权利争议"。在我国劳动争议呈多发态势,集体劳动关系矛盾深层化,在争议从权利争议向利益争议转化、个别争议向集体争议转化的背景下,实有必要借鉴国外的经验,展开劳动人事争议预防机制建设的深度研究,以集体协商和集体合同制度为中心,扩展劳动人事争议预防机制的覆盖范围。

在这样的理论和制度背景下,京津冀协同发展战略的实施既是对京津冀和谐劳动关系建设的推动,也对京津冀协同发展提出了新的课题。根据《2015年中国劳动统计年鉴》,2014年京津冀受理劳动争议案件96,107件,劳动者当事人数106,444人。其中北京市受理63,395件,劳动者当事人数63,395人;天津市受理16,302件,劳动者当事人数20,746人;河北省受理16,410件,劳动者当事人数22,303人。[②] 在近10万件劳动争议案件的背后,凸显了京津冀地区劳动关系显性化问题,折射出劳动关系领域隐性问题的严重,以及和谐劳动关系构建的急迫性。2015年12月河北省颁发了《关于构建和谐劳动关系的实施意见》,2016年7月北京市发布《关于进一步构建和谐劳动关系的实施意见》,其中均将预防劳动人事争议作为构建和谐劳动关系的重要举措。2016年2月《"十三五"时期京津冀国民经济和社会发展规划》发布,京津冀协同发展步入实质性运行轨道。在这样的宏观背景下,"京津冀劳动人事争议预防机制建设研究"具有突出的理论意义和现实意义。

第一,这一研究有助于推进京津冀协同发展,构建区域和谐劳动关系。随着北京市、天津市、河北省不同功能定位的推进,京津冀经济一体化发展会带动区域经济结构调整,实现区域经济、产业转型,政策互动、资源共享,要素市场一体化是发展趋势,在产业结构调整、淘汰落后产能过程中不可避免地会出现企业重组、企业合作与并购等。据统计,中关村多家企业、高校积极与天津、河北开展合作,用友软件等476家企业在河北设立分支机构1029家,神州数码等393家企业

① 参见龙娟:《企业内部劳动争议解决程序的反思与建议——基于国外IDR程序的建设经验》,载《中国劳动》2015年第7期。

② 根据《2015年中国劳动统计年鉴》统计计算。

在天津设立分支机构503家。企业合作发展既为京津冀经济一体化带来活力，也产生潜在的劳资利益博弈乃至冲突。劳动关系是否和谐既关涉劳动者切身利益，也影响京津冀协同发展的进程。为此，开展京津冀劳动人事争议预防机制建设研究，对构建京津冀和谐劳动关系，推进京津冀协同发展极为重要。

第二，这一研究对探索我国劳动关系调整由“权利争议”向“利益争议”延伸具有理论意义。我国的经济社会发展进入劳动争议多发、劳动关系深层次矛盾日益显露的时期，为此中共中央、国务院颁布《关于构建和谐劳动关系的意见》，提出构建和谐劳动关系的指导意见。京津冀地区每年仲裁、诉讼的劳动争议纠纷案件10余万件，主要采取的是事中处理、事后救济的调整模式。本课题的研究在探索京津冀地区通过预防机制避免、化解潜在的劳动争议同时，尝试为劳动关系调整由“权利争议”向“利益争议”延伸提供理论支撑，进而开发出立足我国现实的“利益争议”理论框架。

第三，这一研究有助于整合京津冀劳动人事争议预防机制模式，维护用人单位与劳动者的合法权益。北京市的“六方联动机制”、天津市的“四方联动机制”等实践中的做法为劳动人事争议预防机制建设提供了极为有益的探索。本课题在梳理三地不同做法，总结其运行问题的基础上，提出整合京津冀劳动人事争议预防机制的思路，切实维护好企业和劳动者的合法权益。

二、京津冀劳动人事争议现状初步检视

随着京津冀协同发展战略实施对京津冀区域劳动关系的结构性影响，以及和谐劳动关系构建之于京津冀协同发展的意义的凸显，需要对京津冀劳动人事争议现状作出初步判断，为构建劳动人事争议预防机制奠定基础。更为重要的是，京津冀劳动人事争议预防机制的构建需要厘清两个前提性问题：一是分析京津冀协同发展战略实施对京津冀区域劳动关系的结构性影响，以及和谐劳动关系构建之于京津冀协同发展的意义；二是检视京津冀地区劳动争议类型、发生原因等，为针对性的劳动人事争议预防机制建设奠定基础。京津冀协同发展始于20世纪80年代提出的京津冀一体化，2014年成为国家发展战略，此后进入快速发展时期。为此，基于《中国劳动统计年鉴》和相关数据，通过对2013～2015年京津冀三地劳动人事争议状况的分析，结合实地调研，对京津冀劳动人事争议现状、类型及其成因作出整体性评判。

第一,京津冀劳动人事争议案件数量居高,且呈现增长态势和高上诉率。2013~2015 年,京津冀劳动人事仲裁机构受理劳动争议案件分别为 92,350 件、96,107 件、107,303 件,劳动者当事人数分别为 101,129 人、106,444 人、118,099 人,无论是案件数还是涉案劳动者人数,均呈逐年增加态势(见表 1)。需要指出的是,京津冀三地受理劳动人事争议案件数占同期全国案件比例分别为 13.9%、13.4%、14.5%,超出同期 GDP10% 左右的比例。作为与劳动人事仲裁相衔接的人民法院审理情况,同样折射了劳动人事争议的上述特征。2012~2014 年,北京市三级法院共审结一审劳动争议案件 58,170 件,二审 20,381 件。劳动人事争议的区域分布特征明显,城市功能拓展区和城市发展新区是劳动人事争议高发区域,约占同期一审案件的 77%,首都功能核心区和生态涵养发展区占 23%。①

表 1　2013~2015 年京津冀劳动争议案件受理情况

单位:件,人

地区	2013 年		2014 年		2015 年	
	案件总数	劳动者当事人数	案件总数	劳动者当事人数	案件总数	劳动者当事人数
北京	65,051	65,051	63,395	63,395	71,303	71,303
天津	12,352	14,432	16,302	20,746	19,221	23,463
河北	14,947	21,646	16,410	22,303	16,779	23,333
合计	92,350	101,129	96,107	106,444	107,303	118,099

第二,京津冀集体劳动争议案件呈现上下波动,总体增长。2013~2015 年,劳动人事仲裁机构受理集体劳动争议案件分别为 914 件、891 件、1059 件,案均人数分别为 22.8 人、20.3 人、19.8 人(见表 2)。与此同时,人民法院受理的集体劳动争议案件反映出的问题更为突出,值得关注。根据中国裁判文书网的数据,2014 年河北省辖区共有 2453 份劳动争议裁判文书。统计结果显示,涉案的 1464 家用人单位中,有 286 家企业需要应对的是 5 人以上员工的诉讼。其中,需要同时面对 10 人以上员工诉讼的企业有 32 家;需要同时面对 100 人以上员工诉讼的企业有 4 家,4 家企业皆为建筑类企业。最为突出的案例是衡水市故城县人民法

① 参见赵岩、金曦:《北京高院发布近三年劳动争议案件审理情况》,载北京法院网:http://bjgy.chinacourt.org/article/detail/2015/04/id/1603787.shtml,最后访问日期:2017 年 1 月 2 日。

院案号为(2014)故民二初字第1067号民事判决,涉案员工人数高达1623人。①高比例的群体性、集体性诉讼发生率,彰显了集体劳动争议的严重性,尤其是在经济下行和结构调整过程中,伴随产业转型升级、供给侧结构性改革可能引发一定数量的岗位流失和裁员,需要用人单位进一步规范劳动用工,对集体劳动人事争议设立预警机制。

表2 2013～2015年京津冀集体劳动争议案件情况

单位:件,人

地区	2013年		2014年		2015年	
	集体劳动争议案件数	集体劳动争议劳动者当事人数	集体劳动争议案件数	集体劳动争议劳动者当事人数	集体劳动争议案件数	集体劳动争议劳动者当事人数
北京	578	14,852	507	10,615	660	13,399
天津	69	1705	133	3487	181	3923
河北	267	4268	251	3993	218	3637
合计	914	20,825	891	18,095	1059	20,959

第三,京津冀劳动人事争议原因多元,纠纷类型呈现多样化趋势,劳动报酬问题最为突出,尤以经济补偿金、支付工资、社会保险、2倍工资、加班、年休假工资及劳动关系认定等方面为甚。《中国劳动统计年鉴》将劳动争议原因归结为三类:劳动报酬、社会保险和解除终止劳动合同,由于缺少对三个类型进一步细化的数据,只能从类型角度分析劳动人事争议的原因。通过数据(见表3)我们可以看出,劳动报酬引发的劳动争议占绝对多数,2013～2015年分别为44,180件、47,631件、59,297件,与同期受理的劳动人事争议案件总数比较,所占比例分别为47.8%、49.6%、55.3%,这意味着大约半数的劳动人事争议案件由劳动报酬引起。在诉讼阶段情况同样反映了劳动报酬是最为凸显的争议诱因。最高人民法院《民事案件案由规定》将劳动类案由分为劳动争议和人事争议,劳动争议具体分为劳动合同纠纷、社会保险纠纷、福利待遇纠纷。根据威科先行法律信息库数据统计结果,2016年北京市劳动人事争议案件14,220件。其中,属于劳动争议案由的13,910件,占97.8%;属于人事争议案由的314件,占2.2%。劳动争

① 参见德创劳动法团队:《劳动争议案件大数据报告》。

议与人事争议案件数量总和是14,224件,比实际总数14,220多4件,即有可能有4件案件同时被归属于劳动争议案件与人事争议案件。在劳动争议案由中,劳动合同纠纷是劳动争议案件的主流,占86.7%;社会保险纠纷、福利待遇纠纷相对是次要原因。在劳动合同纠纷中,追索劳动报酬纠纷占73.5%,属于劳动合同纠纷的最主要诱因。

表3 2013~2015年京津冀劳动争议案件争议原因情况

单位:件

地区	2013年			2014年			2015年		
	劳动报酬	社会保险	解除终止劳动合同	劳动报酬	社会保险	解除终止劳动合同	劳动报酬	社会保险	解除终止劳动合同
北京	34,711	5436	170	35,473	3040	148	44,533	2318	162
天津	5701	974	2525	7908	1358	3366	9485	1171	4470
河北	3768	5288	2159	4250	5507	3075	5279	5076	2867
合计	44,180	11,698	4854	47,631	9905	6589	59,297	8565	7499

第四,京津冀劳动人事争议的处理结果表明,调解在劳动争议处理中发挥了重要的秩序作用,及时定分止争平抑劳资冲突,节约司法资源,并揭示了预防调解具有更大的规范作用空间。无论是案外调解还是仲裁调解,其要旨都在于由第三方主持,基于双方当事人的同意达成解决纠纷协议。2013~2015年京津冀劳动人事仲裁机构受理的案件,案外调解与仲裁调解合计占同期劳动人事受理案件的比例分别为62.4%、66.2%、60.5%(见表4)。

表4 2013~2015年京津冀劳动争议案外调解与仲裁调解数情况

单位:件

地区	2013年		2014年		2015年	
	案外调解	仲裁调解	案外调解	仲裁调解	案外调解	仲裁调解
北京	6630	32,474	10,901	29,774	8357	31,677
天津	3739	6913	5086	8223	5076	10,477
河北	5543	6061	5569	8037	4633	8599
合计	15,912	45,448	21,556	46,034	18,066	50,753

综合分析,京津冀劳动人事争议预防机制建设面临的劳动关系主要问题包

括以下几个方面:一是可预测劳动人事争议与不可预测劳动人事争议并存。京津冀协同发展过程中,因经济产业结构调整、供给侧结构性改革而淘汰过剩产能会导致企业合并、分立、股权变更、重组、破产、关闭、停业、搬迁等,劳动人事争议发生前会有一定的征兆,可以预测;另有一些劳动人事争议,主要是"利益争议",预测困难。为此,京津冀劳动人事争议预防机制需要有效解决"权利争议"和"利益争议"、"可预测争议"与"不可预测争议"问题。二是国有企业的"身份性"劳动人事争议与非公企业劳资关系制衡机制失衡引发的劳动人事争议并存。一方面,京津冀协同发展与国企混合改革并行,京津冀地区国企集中,国企改革中"身份性"劳动人事争议是劳动关系面临的主要问题;另一方面,引发劳动争议案件的企业类型主要集中于非公有制企业。以北京市为例,2012 年国有、集体企业发生案件占总数的7%,非公有制企业发生的案件占总数的93%。非公有制企业中股东作为企业财产的最终所有者,行使重大问题决定权,而劳动者作为企业生产中最主要的生产要素,被严重边缘化,加之非公有制企业工会发挥作用不理想,制约了劳动者劳动权的有效保护。三是利益性群体劳动人事争议呈上升趋势,群体性劳动人事争议处理难度不断提高。针对群体性劳动人事争议,现行的集体争议处理机制调整内容狭窄,集体劳动争议处理过程中的不同处理方式衔接不畅,出现非制度化争议行为解决方式多元化要求与单一化处理的矛盾,集体劳动争议处理机制有待完善。四是劳动争议案件的起诉主体仍然以劳动者为主,劳动者在劳动关系中仍处于弱势地位。北京市高级人民法院公布的数据表明,在涉诉用人单位中,以非公有制企业为主,占75%以上,其中又主要集中在建筑、服务等劳动密集型企业,其次为个体经济组织、国有企业事业单位等。五是新型劳动人事争议的情况不断出现。由于京津冀,尤其是北京市处于全国经济社会发展的前沿,一些不同于建筑、餐饮、工厂等劳动密集型企业发生传统的劳动争议的情况不断出现,涉及金融服务、科技研发等技术密集型企业的新型劳动人事争议特征明显,企业高管、特殊技术人才提出股票期权、高额培训费用、竞业限制等主张,涉案标的额普遍较高,个案诉讼请求标的额最高达到 1500 万元,结案标的额最高达 600 万元。①

① 参见赵岩、金曦:《北京高院发布近三年劳动争议案件审理情况》,载北京法院网:http://bjgy.chinacourt.org/article/detail/2015/04/id/1603787.shtml,最后访问日期:2017 年 1 月 2 日。

三、京津冀劳动人事争议预防机制建设路径构想

在全面推进依法治国的进程中，京津冀劳动人事争议预防机制的基本出发点是立足区域法治，打破地域壁垒，从立法、执法和司法角度整合资源，协同机制，构建区域一体化的和谐劳动关系。2016 年 7 月 11 日北京市人力资源和社会保障局、天津市人力资源和社会保障局、河北省人力资源和社会保障厅联合发布的《京津冀跨地区劳动保障监察案件协查办法》即一个积极探索与尝试。

京津冀劳动人事争议预防机制建设的基本思路是，京津冀协同发展中，构筑劳动主权和资本主权并重的双重法律架构，改变公司主权资本单一化的状况，实现企业发展与维护职工权益的双赢。为此，重点探索立法、执法、司法和公共政策一体化的机制建设。

第一，整合立法和公共政策，统一执法尺度，确立京津冀协同发展的劳动标准。一是以区域法治为目标，改变分立立法的现状，基于京津冀协同发展构建和谐劳动关系，其中基础性的保障即劳动人事争议预防机制。中共中央、国务院颁布《关于构建和谐劳动关系的意见》后，北京市、天津市和河北省均颁发了地区性和谐劳动关系的规范性文件，3 个文件均立足地区提出了和谐劳动关系构建的基本原则和具体政策，内容多有交叉重叠。在经济社会发展一体化，京津冀劳动力市场一体化发展的前提下，碎片化、区隔化立法不仅无法形成制度合力，更有可能成为区际和谐劳动关系，乃至劳动人事预防机制构建的障碍。完备的法律规范及其统一适用既可以保证劳动争议纠纷的及时化解，又可以逆向形塑劳动人事争议的预防机制。京津冀三地人大及人大常委会可以通过联合立法、分别通过的方式，制定“京津冀就业促进条例”“京津冀人力资源市场管理条例”，同时在工作时间、工资增长指导、社会保障等领域，统筹制定区域性劳动标准，形塑京津冀劳动秩序，同时为劳动人事争议预防提供法制保障。二是统一京津冀仲裁、法院裁判标准，统一执法尺度。如前所述，北京市、天津市和河北省的法院、仲裁机构在审理劳动人事争议疑难案件时，根据《劳动合同法》《社会保险法》《劳动争议调解仲裁法》等法律法规和最高人民法院司法解释，先后颁布劳动争议案件适用法律的指导意见，这些法律意见对于北京、天津、河北地区劳动人事争议的预防发挥了积极的作用，是极为重要的司法规范。尤其是北京市高级人民法院独立或联合北京市劳动人事仲裁委员会出台 4 个规范性文件，在全国具有重大

影响和示范效应。京津冀三地仲裁、司法裁判尺度不一致影响了京津冀劳动力自由流动的法律保障。因此,京津冀三地法院和仲裁机构应立足京津冀协同发展,重新审视、梳理三地审理劳动人事争议案件的法律适用规范,消除歧义,统一尺度,形成区域之间的“同案同判”。更为重要的是,这种统一的执法标准能发挥公共政策的制度功能,引领企业和劳动者劳动关系的法治化建构。

第二,京津冀劳动关系三方协调机制的一体化建构。一是设立京津冀劳动关系三方协调机制工作委员会,作为京津冀劳动关系协调的常设机构,推动三地之间的企业协商和行业性协商。同时,延伸委员会的工作职能,强化委员会的劳动保障立法促进职能、工资集体协商政策倡导和能力建设职能、集体劳动争议处理三方协调职能,综合保护用人单位与劳动者的合法权益。二是建立京津冀劳动关系三方协商机制推广示范制度。京津冀三地政府充分发挥在三方协商机制中的引导作用,引导劳动者与用人单位通过协商机制来解决劳动人事争议,为劳动关系双方进行协商营造良好的外部氛围和环境,劳动者与企业通过理性协商,追求劳动者与企业的共同利益最大化,将劳资双方的对抗和冲突转化为基于共同利益的合作,进而将可能的劳动人事争议解决在萌芽状态。天津市经济技术开发区、北京亦庄经济技术开发区的诸多企业通过集体协商,化解劳动关系矛盾,取得了明显成效。但也有大量民营企业没有开展集体协商,或者集体协商流于形式,没有形成有效协调机制,劳动人事争议容易发生,不利于劳动关系的稳定,也不利于企业的健康发展。京津冀劳动关系三方协商机制推广示范制度的关键是将天津市经济技术开发区、北京市亦庄经济技术开发区等典型的集体协商企业经验推广至京津冀,引领京津冀三地三方协商机制的建立。三是建立京津冀行业性三方协商机制。随着北京市疏解非首都功能的推进,京津冀三地产业转移、产业升级对行业性协商机制的要求日益提高,行业性协商具有组织和技能优势,有利于为劳动者争取与企业平等的协商地位。京津冀三地宜在传统的劳动人事争议频发的建筑行业和制造业,以及以新兴的隐含新型劳动人事争议的科技行业、分享经济行业为切入点,建立行业性三方协商机制,为劳动者争取更好的职业环境、合理的劳动报酬,并规范行业的竞争秩序。

第三,发挥政府作用,以行政法治为出发点,建立京津冀行政执法的联动机制。一是开发京津冀三地多方联动机制的制度资源,发挥制度合力作用,健全劳动人事争议预防机制。在京津冀协同发展过程中,京津冀三地在探索多方联动机制、[①]构造和谐劳动关系、及时预防化解劳动人事争议纠纷方面形成了颇为有效的地方性做法。然而,这些"地方性知识"在京津冀一体化协同发展中完全可以共享制度资源,预防劳动人事争议的发生,引导劳动人事争议进入协商、谈判程序,以合理程序为劳动人事纠纷提供预防与化解的制度保障。为此,京津冀三地应立足现行较为成熟的多方联动机制,定位三地政府在预防劳动人事争议方面的职责,进一步开发多方联动的制度资源,充分发挥多方联动的政府效能,结合企业调解组织、社会组织的力量,形成"劳动人事争议预防调解"的有效机制。二是实现京津冀劳动保障监察协同执法,维护京津冀劳动秩序。2016年7月,北京市人力资源和社会保障局、天津市人力资源和社会保障局、河北省人力资源和社会保障厅联合发布《京津冀跨地区劳动保障监察案件协查办法》,无疑具有重要意义;但这一办法仅仅规范了京津冀跨地区劳动保障监察案件的协查,没有形成京津冀劳动保障监察协同办案的一体化机制。为此,应立足京津冀一体化发展趋势,加强劳动保障监察工作,保障国家劳动法律、法规、规章的贯彻实施。京津冀劳动监察部门应加强对用人单位劳动法的检查,引导用人单位合理、合法用工,在提高劳动者的法律和维权意识的同时,对劳动投诉案件及时调解处理。京津冀劳动保障监察部门应按统一执法尺度,开展对劳动合同订立履行、工资、社会保险缴纳、职业标准与安全卫生方面的监察活动,对用人单位违反劳动标准、劳动法的行为及时纠正与惩处。京津冀劳动保障监察部门应加强人力资源市场综合管理。北京、天津、河北的人力资源服务业快速发展,三地共有各类人力资源服务机构3000余家,仅北京市就有北京市人才服务中心、智联招聘、FESCO等人力资源服务机构1119家,其中公共服务机构400家,经营性服务机构719家,从业人员近1.5万人,年营业收入1000亿元。通过开展劳动保障监察,对非法职业中介机构进行查处,加大对用人单位发布虚假招聘信息和非法用工行为的惩处,为京津冀人力资源市场健康有序发展提供保障。

第四,发挥政府作用,建立企业外劳动者利益诉求查询表达机制,促进劳资

---

① 2009年北京市总工会牵头与市人力资源和社会保障局、司法局建立了劳动争议调解"三方联动"机制,形成了"政府指导,工会牵头,各方联动,重在调解,促进和谐"的工作格局。2010年,市信访办、市高级人民法院和市企联进入联动机制,形成了劳动争议调解"六方联动"机制。此后,联动机制的参与者不断扩大,为及时有效地预防、调解劳动争议纠纷发挥重要作用。2009年天津市总工会、市高级人民法院、市司法局、市人力资源和社会保障局联合建立劳动争议四方联动调解机制。河北省建立了"链条式"职工维权服务模式,将劳动人事争议预防纳入链条的第二环节。

双方沟通。一是建立劳动法律法规宣传长效机制，使企业和劳动者明晰劳动权利和义务、违法侵害劳动者权益的法律责任等，引导企业合法、规范用工。二是建立劳动人事争议法律援助制度，政府购买公共法律服务，为企业和劳动者提供专业律师的法律咨询、法律服务等，通过法律援助，强化劳资双方沟通。三是建立劳动人事案例指导制度。借鉴北京市人力资源和社会保障局发布劳动人事争议典型案例、北京市海淀区人民法院发布劳动人事争议案例白皮书等做法，京津冀人力资源和社会保障机构联合发布年度典型劳动人事争议案件，法院系统发布劳动人事争议案例年度白皮书，提示劳动人事争议法律风险，防范潜在劳动人事纠纷，引导依法开展劳动关系和人力资源管理。

第五，建立京津冀区域性工会和行业性工会，发挥行业工会和区域工会作用，以工资集体协商制度建设为重点，开展工资集体协商、集体合同签订和履行等工作，保护劳动者权利和利益。京津冀协同发展的结果会形成产业布局的重新调整，产业布局调整不可避免地影响劳动者利益。因此，京津冀区域性工会和行业性工会的组建需注意以下两个问题：一是以劳动者的意志为基础，组建京津冀区域性工会和行业性工会，发挥区域性、行业性工会的制度功能和政策功能，[①]以区域性、行业性工会为平台，建立各种形式的职工、工会与企业行政"沟通对话"机制。值得注意的是，京津冀区域性、行业性工会的建立，应充分体现劳动者的意愿。根据我国《工会法》的规定，"工会是职工自愿结合的工人阶级的群众组织"，京津冀区域性、行业性工会应尝试组建工会的新路径，不仅仅考虑党政主导，同时应赋予劳动者工会会员选举权，使京津冀区域性、行业性工会真正在京津冀产业升级转型过程中履行"维护职工合法权益的基本职责"。二是行业性工会的行业突破。我国现行《工会法》《劳动法》《劳动合同法》并无明确的行业性工会的法律规范，《工会法》只是明确几个行业可以成立产业工会，《劳动合同法》明确了几个行业性集体合同，京津冀协同发展中却涉及装备制造、石化、医药、电子信息、生物医药、新能源、新材料、环保、物流、金融、会展、交通运输业等产业，行业工会的成立可能突破传统的行业限制。

第六，完善劳动人事争议治理机制，将预防与调解相结合，构造劳动争议处

① 参见李雄：《我国劳动争议调解制度的理性检讨与改革前瞻》，载《中国法学》2013年第4期；王蓓：《我国劳动争议协商制度失灵的反思与对策》，载《社会学研究》2015年第1期；孙德强：《劳动争议协商制度的欠缺及其再构建》，载《中国劳动关系学院学报》2014年第2期。

理“预防—调解”机制，通过机制建设和效能提升，发挥街镇调解、人民调解等第三方调解组织的社会功能，有效处理萌芽状态的劳动关系矛盾。北京市的“预防—调解”机制值得在京津冀推广。2011 年北京市和 16 个区县、经济技术开发区全部建立劳动争议调解中心，341 个街道乡镇建立劳动争议调解室，建立覆盖服务、交通运输、建筑、工业（国防）四大产业的产业劳动争议调解中心，职工 5000 人以上的局总公司和企业集团建立劳动争议调解委员会 106 家，职工 100 人以上的企业建立劳动争议调解委员会 12,286 个。这些调解组织充分发挥调解柔性解决冲突的优势，创新工作机制，通过政府购买服务的方式，公开招聘优秀律师事务所专职律师承担调解，以“尽量不伤和气”的方式解决各类劳动人事争议，成效显著。仅 2011 年 1～11 月，北京市各级劳动争议调解中心共受理劳动争议案件 29,868 件，结案 28,950 件，调解成功 22,035 件，涉及金额 1.26 亿元，调解成功率为 76.1%。京津冀劳动人事预防机制建设可以开发北京市的制度资源，创新“预防—调解”工作载体，发挥调解在劳动人事争议处理中的基础性作用，形成区域工作模式。

新时代粤港澳大湾区协同立法机制建设刍议①

叶一舟*

习近平总书记在党的十九大报告中指出:“要支持香港、澳门融入国家发展大局,以粤港澳大湾区建设、粤港澳合作、泛珠三角区域合作等为重点,全面推进内地同香港、澳门互利合作,制定完善便利香港、澳门居民在内地发展的政策措施。”同时,习近平总书记在报告中还强调:“必须继续坚持‘和平统一、一国两制’方针,推动两岸关系和平发展,推进祖国和平统一进程。”可见,“一国两制”在实践中不仅被证明是解决历史遗留的香港、澳门问题的最佳方案,而且和国家全面统一、中华民族伟大复兴的宏伟事业有着紧密的联系。可以说,这正是“一国两制”迈入新时代后的新精神和新航向。在此意义下,建设粤港澳大湾区便不仅是经济层面的事情,还是一个涵盖法律、政治、经济和文化等多个方面长期协作的系统工程。因此,随着“一国两制”迈进新时代,粤港澳大湾区所肩负的历史重任需要通过相应的立法体制建设来完成。详言之,不但粤港澳大湾区的各项发展目标及政策

① 本文是中山大学青年教师培育项目“行政长官的忠诚义务法制化研究”(项目批准号:17wkpy65)的研究成果。

* 法学博士,中山大学粤港澳发展研究院副研究员。

措施需要通过科学、完善的立法予以落实，从坚持全面依法治国及国家治理能力和治理体系现代化的角度出发，粤港澳大湾区的建设也离不开立法体制的建设。

为此，本文接下来将以新时代中国特色社会主义思想和基本方略为指引，从粤港澳大湾区建设对协同立法机制建设的实践需求出发，重点结合当前粤港澳三地在法律冲突和协调方面的问题，对粤港澳大湾区立法体制建设的必要性做基本阐述。随后，本文将对香港、澳门回归以来所凸显出的法律文化、法律传统冲突及多元立法权协调等主要问题进行梳理和分析。最后，本文将结合前面两个部分的内容，对粤港澳大湾区协同立法机制的建设提出两条初步建议，即在建设路径上以政府推动为主、社会演进为辅；在范围上，从具体的大湾区共同事务出发逐步拓展至一般性的大湾区共同事务。

一、建设粤港澳大湾区协同立法机制的制度文明需求

是否有建设粤港澳大湾区协同立法机制的必要？这是一个需要首先回答的问题。而在本文看来，我国在制度文明方面的发展决定了粤港澳大湾区的建设需要在区域协同立法上进行具有创新性的探索。申言之，在国家的未来发展大局中，粤港澳大湾区不仅需要在物质文明的层面上做出贡献，亦需要在制度文明上为新时代国家建设提供独特的智慧与经验。其中，粤港澳大湾区应在协同立法方面加强建设，以建构并逐步完善粤港澳大湾区的协同立法机制为制度建设的重点。粤港澳大湾区欲实现人、资金与货物的流通，就离不开一个统一、协调的法律制度。在现代国家的治理体系中，法律治理是最为重要的一种方式，任何政策、协议最终都要通过法律规范的形式予以落实和保障。对于法律治理而言，立法是一切法律治理运作不可缺失的前提基础。没有立法，便无法可依，也就难言法律治理。近年来，区域协同发展在我国现代化建设大局中的地位与重要性已越发突出。不仅京津冀、长江经济带的协同发展被纳入为国家重大发展战略的组成部分，党的十九大之后，国家更是已经确立了 9 个城市群中心城市。粤港澳大湾区的建设对于国家的区域发展战略而言，同样具有独特的意义。党的十九大报告中指出："要支持香港、澳门融入国家发展大局，以粤港澳大湾区建设、粤港澳合作、泛珠三角区域合作等为重点，全面推进内地同香港、澳门互利合作。"国务院 2018 年政府工作报告，更是把粤港澳大湾区的建设纳入推进区域协调发展、塑造区域发展新格局的战略之中。

然而,与京津冀、长江经济带不同,粤港澳大湾区自身的特点决定了制度建设的重要性与困难性。从另一个方面来讲,在粤港澳大湾区的建设过程中,加强制度创新的探索对于提升我国治理能力与治理体系的现代化有难以替代的作用。国家的现代治理是一种理性之治,依赖的是国家运用规则和制度驾驭各种冲突因素的能力。而区域协同发展的未来新格局必然对区域法制一体化提出更新、更高的要求。众所周知,“一国两制”、大陆法系与普通法系并存、三个独立关税区是粤港澳大湾区的特点,因而决定了规则协调和制度对接尤为重要。尤其是粤港澳三地之间的法律冲突,在很长一段时间里都是阻碍粤港澳三地一体化发展的重要问题。由于香港特别行政区和澳门特别行政区拥有不同于内地的法律制度和法律传统,因此在事项上的法律规定都迥异于内地。如此一来,既造成了纠纷解决方面的规范协调问题,实际上也为港澳两个特别行政区同胞融入内地发展制造了制度壁垒。尽管在香港和澳门回归祖国后,国家各部门及政府机关就内地与港澳两个特别行政区间的法律协调与衔接问题做出了多番努力,也取得了一定成果,但效果并不十分明显。在港澳两个特别行政区与内地签订的政府间协议中,基本上都缺乏行之有效的纠纷解决机制的规定,在性质上更接近于合作共识而非规范性框架,离法律意义上的规范更是相去甚远。而另外,司法机关的协作也举步维艰,特别是内地与香港特别行政区之间的司法协助,一直处于难以突破的“瓶颈”之中。

曾有学者设想,粤港澳之间的法律合作可以分为4个阶段。在第一阶段,主要采用个案协助和分别立法的模式来灵活处理具体的问题;第二阶段以第一阶段积累的共识和经验为基础,根据宪法性原则与双边协议,形成初步的制度性合作;基于第二阶段的建设成果,第三阶段将以示范法及中央统一立法为基本模式;最终,在最后阶段,将实现实体法一体化。① 遗憾的是,内地与港澳之间的法律合作仍处于上述学者设想的第二阶段。目前,所依赖的个案协调机制,由于其缺乏制度性与体系性,难以与粤港澳大湾区的建设需求匹配。实际上,粤港澳三地在法律合作上的困难在很大程度上折射出国家现代治理能力亟须提高的方向和空间。粤港澳大湾区恰好为提升国家在这方面的现代治理能力提供了绝佳的

① 参见王仲兴、郭天武主编:《内地与港澳法律体系的冲突与协调》,中山大学出版社2009年版,第314~329页。

平台。申言之,粤港澳地区的法律合作,除了涉及制度差异,更深层次的问题是如何通过规范制定的方式弥合法律传统、意识形态与多元价值之间的裂隙。此种能力对于我国实现全面统一、继续扩大对外开放、引领全球化合作而言,具有至关重要的作用。申言之,根据国内外其他区域协同发展的经验来看,粤港澳大湾区的建设想要顺利、高效地进行,必须要求大湾区具有配套机制妥善协调多元立法主体之间的关系。与我国其他协同发展的区域相比,粤港澳大湾区具有两个突出的特点:第一,香港特别行政区和澳门特别行政区实行"一国两制",保留了原有的大部分法律制度和法律传统,与内地的法律制度之间存在许多差异之处。第二,与京津冀和长三角地区基本形成的"一超多强"局面不同,粤港澳大湾区内有广州、深圳两个内地一线城市及香港特别行政区、澳门特别行政区两个国际化城市,4 个城市在地理上又相互靠近,因而在协调地方发展与资源分配方面有更大的需求。倘若说其他区域的协同发展已经在实践上证明了区域协同立法的必要性,那么这种必要性在粤港澳大湾区未来的建设中只会有过之而无不及。

此外,从"一国两制"进入新时代的角度来说,粤港澳大湾区亦须尝试建立起区域协同立法机制。"一国两制"进入新时代,为港澳的发展指明了新方向。其中,促进港澳同胞融入国家发展大局是主要内容之一。在现代国家中,每一个自然的人都在法律制度的层面上对应着一个规范人格。因此,人的流动必然会涉及法律关系的产生和变化。如果没有恰当的统一规范安排,港澳同胞来到内地将会寸步难行,更遑论长期生活。过去多年来的经验表明,法律制度的不协调,是阻碍港澳同胞到内地长期生活或从事经营活动的主要因素之一。这方面的阻碍,大到刑事程序、知识产权保护标准,小到日常的个人出行或就业,不一而足,难以在此详述。更为重要的是,习近平总书记在香港回归 20 周年庆祝大会的讲话中指出,"香港从回归之日起,重新纳入国家治理体系"。在香港回归初期,对于国家恢复对香港行使主权,以及在香港实施"一国两制"的深层意义,一直存在多种说法。一时间,诸如"区隔论""冻结论"等试图捉住现象背后之本质的说法纷纷出现。习近平总书记的论断因此起到了正本清源的作用,准确把握了香港回归的本质意义。申言之,香港回归不仅是领土意义上的回归,更在于重新被纳入以中国的国家主权为核心所建立的规范体系之中。而粤港澳大湾区则为港澳在治理意义上与内地增强联结提供了极佳的契机。从长远来看,这也关系到实现国家统一之后,治理模式的选择问题。因此,粤港澳大湾区的协同立法,应是必须被考虑的事项。

总而言之，无论是从我国的内部发展布局还是从对外参与国际间合作的角度来看，粤港澳大湾区的建设都不应停留在单纯的经济合作或单纯追求经济体量上的增进，而是要重点实现制度文明的创新。在所有制度文明的创新中，又应以立法制度的创新为首要任务。以法律规范的制定来吸收不同主张，弥合差异，是提升国家治理能力与治理体系现代化程度的关键。这同时也是粤港澳融合所亟须推进的工作方向，即以规范的一体化及制度的肯认来实现粤港澳三地的互融互通，促进区域的共同发展、共同繁荣。广东处于改革开放的最前沿，粤港澳大湾区同时也是"一国两制"得到创造性运用的地方，在大湾区的建设过程中探索协同立法之道，并尝试建立起一套配套的区域协同立法机制，无疑能为我国新时代的发展提供宝贵的制度文明积累。所以，无论是基于发展的现实需求还是基于制度的前瞻性建设，都有必要建设粤港澳大湾区的协同立法机制。

二、建设粤港澳大湾区协同立法机制的理论基础

立法协作或立法协调是在我国区域一体化建设过程中产生出来的一个概念，其并非源于我国《立法法》的明确规定，而是诞生自地方治理的实践经验。进入21世纪以来，区域一体化发展已经成为我国现代化建设的一大特色，并且日益扮演着重要的角色。然而，正如有学者所指出的，尽管我国的区域一体化发展势头强劲、成果喜人，但同时也面临着诸多协调方面的问题，从而给区域一体化进程制造了许多壁垒和阻力。[①] 为了打破区域间合作与协同发展的制度壁垒，提高区域一体化的效率，以地方立法主体为中心的区域立法协调、合作机制便应运而生。[②] 所以，除去不同学者在具体语词使用上的不同，区域立法协作或立法协调实际上指的就是区域一体化中的不同地方立法主体为了保障区域协同发展的顺利、高效，在制定相关法律法规时进行协商与合作。

关于我国区域协同立法的理论研究，学界已有了许多富有教益的探讨。在本文看来，对于区域协同立法而言，区域法治概念当属相关讨论的一个基本范畴。唯有区域法治的概念得以成立，并从法学的角度在中央与地方的简单二元

---

① 参见陈俊：《我国区域经济一体化中地方立法协调的模式和样本》，载《江汉大学学报》（社会科学版）2013年第5期。

② 参见王春业：《自组织理论视角下的区域立法协作》，载《法商研究》2015年第6期。

结构里填充入另一层富有内涵的范畴,区域协同立法才得以具备最为坚实的理论基础。在探讨法治发展的问题时,公丕祥教授明确提出了"区域法治发展"的概念。他指出,"区域法治发展的概念不仅是可能的,也是必要的",而且正是由于国家法治发展与区域法治发展之间的内在一致性与差异性,区域法治发展与国家法治发展在互动的过程中获得了旺盛的生命力。① 在回应个别学者对"区域法治"概念所提出的商榷意见时,②公丕祥进一步明确、完善了区域法治概念的内涵。详言之,区域法治的概念涵盖"特定行政区域和跨行政区域的广阔的法治生活领域,并且以特定行政区域中的法治生活现象作为主导性的研究对象",其与国家主权意义上的法治及我国的单一制现状并行不悖。③

实际上,区域法治的概念确实能很好地适用于粤港澳大湾区的现实。与京津冀、长三角等区域不同,粤港澳大湾区最大的一个特点便是国家在香港特别行政区和澳门特别行政区实施"一国两制"。曾有学者指出,"中国作为单一制国家的主权最明显地体现在中央立法权上……虽然港澳享有高度自治,但是自治的法源还是在中央那里……然而,'一国两制'还是以特有的方式体现了中国单一制的多元色彩"。④ 此处所言的我国单一制的多元色彩或者多元的单一制,固然描绘出了当前状况的基本特点。可是,"一国两制"如何以特有的方式体现了我国单一制的多元色彩?这种单一制的多元色彩背后是怎样的一种法理逻辑?相关论者却未能言及。在本文看来,"一国两制"在维持主体秩序的性质不变的同时容许例外的合法存在,是其最本质的特点,也是其内在的法理逻辑。倘若从任何一种僵化、教条的逻辑来思考这一现象,那么这种事实性的例外是断然无法在理论层面得到存续空间的。因此,这也是"一国两制"最具开创性的地方。正如邓小平对香港基本法起草委员会所说的那样,"世界历史上还没有这样一个法,这是一个新的事物"。⑤ 然而,允许例外乃至主动制造例外的目的是希望最终能

---

① 参见公丕祥:《区域法治发展的概念意义——一种法哲学方法论上的初步分析》,载《南京师大学报》(社会科学版)2014 年第 1 期。

② 相关内容参见张彪、周叶中:《区域法治还是区域法制——兼与公丕祥教授讨论》,载《南京师大学报》(社会科学版)2015 年第 4 期。

③ 参见公丕祥:《还是区域法治概念好些——也与张彪博士、周叶中教授讨论》,载《南京师大学报》(社会科学版)2016 年第 1 期。

④ 张千帆:《国家主权与地方自治——中央与地方关系的法治化》,中国民主法制出版社 2012 年版,第 26 页。

⑤ 《邓小平文选》(第 3 卷),人民出版社 1993 年版,第 215 页。

消除此种例外,使港澳能融入国家的一体化秩序之中。从原本只注重于特别行政区自身的法治发展,逐步过渡到跨行政区的法治发展,进而为我国多元化的单一制注入更丰富的内涵,充实中央与地方之间的制度空隙。粤港澳大湾区的提出,恰恰契合了上述逻辑,大湾区协同立法机制正好能对上述发展进程提供新的推动力。

三、建设粤港澳大湾区协同立法机制的现实作用

首先,根据世界范围内其他区域协同发展的经验,区域协同发展必然需要区域的协同立法来加以保障。从宏观上来讲,区域协同发展必然要求不同行政区域间的人、物与资金实现高度畅通的流动,从而也对不同行政区域间的法规协调提出了更高的要求。对于实现不同行政区域间的法规高度协调而言,个案协调的方式固然是一个常备选项,但始终存在缺乏系统性及低效率的问题,难以适应经济高速发展的势头。因此,寻求一个协同立法的机制为区域的协同发展提供法律上的基本保障,就成了关键。以著名的美国旧金山湾区的发展经验为例,协同立法机制对其发展就曾起到了关键的作用。在20世纪初期,当旧金山湾区的概念被初步提出并着手开展建设时,曾遭遇到很多的阻力。一方面,湾区内的各大城市都有自己的发展方案,在发展目标、政策和法规等方面存在冲突;另一方面,在土地利用、环境保护和交通等方面因缺乏统一规划和管理而带来的矛盾,极大地制约了湾区内的经济跨界融合发展。为此,经过数十年的努力探索,旧金山湾区内的各个地方政府联合成立了一个"湾区政府协会"(Association of Bay Area Governments,ABAG)。湾区政府协会"是一个联合加州湾区多个地方政府的区域规划机构,主要负责和处理湾区土地利用、住房、环境质量、经济发展等方面的跨界协调治理工作"。[①] 它虽然是一个政府间自愿联合组成的组织,因而在权限上受到限制,但为旧金山湾区的发展起到了历史性的推动作用。在湾区政府协会下设的诸多机构中,立法和政府组织委员会所承担的职能之一就是向湾区政府协会推荐立法方案或计划。[②] 虽然这不同于由一个统一的立法机构直接进行立法,但实际上仍可在一定程度上实现区域协同立法的效果。

---

① 陶希东:《全球城市区域跨界治理模式与经验》,东南大学出版社2014年版,第102页。

② 同上书,第104~105页。

其次,全面落实国家发展规划与港澳政策,也必然需要区域协同立法机制予以实现。2017 年的政府工作报告首次提出“要推动内地与港澳深化合作,研究制定粤港澳大湾区城市群发展规划”,党的十九大报告进一步强调,“要支持香港、澳门融入国家发展大局,以粤港澳大湾区建设、粤港澳合作、泛珠三角区域合作等为重点,全面推进内地同香港、澳门互利合作,制定完善便利香港、澳门居民在内地发展的政策措施”。随后,国务院港澳办等部门又出台了《关于在内地(大陆)就业的港澳台同胞享有住房公积金待遇有关问题的意见》等新的一批政策措施。可见,粤港澳大湾区的建设不仅是“一国两制”进入新时代的重要组成部分,而且是新时代国家重大发展战略之一。为了更好地落实这一全局性的部署,就必须有一个能够协调各地立法主体的顶层设计。例如,同样作为国家重大发展战略的京津冀协同发展,在 2015 年的时候就已经提出了要在立法方面进行顶层设计的要求,并明确指出,“加强京津冀立法工作协同,是整合区域立法资源优势、增强地方立法总体实效、推动区域协同发展的迫切要求”。[①] 尽管在地缘特征及所涉及的法律问题上,粤港澳大湾区与京津冀地区之间存在不少差异,但京津冀地区的协同发展作为先行者为粤港澳大湾区的未来建设提供了宝贵的参考经验。尤其是粤港澳大湾区涵盖了两大法系、三个法域,以及省、设区的市、经济特区与特别行政区多元立法权并立,更需要有一个协同立法的机制以更全面、高效地落实国家的发展规划及相关政策。

最后,为了消除粤港澳各地之间的制度壁垒,平衡各地发展利益,也必然需要有一个区域协同立法机制予以规范和协调。习近平总书记在庆祝香港回归祖国 20 周年大会上的讲话中提出,要“为香港同胞到广阔的祖国内地发展提供更多机会,使大家能够在服务国家的同时实现自身更好发展,创造更加美好的生活”。要让港澳同胞顺利地融入祖国内地,获得更广阔的发展空间,那么就要注意避免两个方面的问题:一方面,要避免各地完全根据自身的需求与意愿制定政策或安排事务,导致地方利益冲突,造成资源浪费;另一方面,要避免因为制度壁垒而增加港澳同胞到内地发展的阻力。通过一个统一、协调的立法机制来规范区域协同发展,避免地方利益冲突,从而提高发展效率的做法,在国际上不乏成功的先例。其中,德国的斯图加特地区就是一个比较好的例子。以斯图加特市

① 《关于加强京津冀人大立法工作协同的若干意见》。

为中心的斯图加特地区内有179个地方政权，在20世纪90年代以“斯图加特区域联盟宪章”为规范基础成立了斯图加特区域联盟，并设有区域议会作为决策机构，决定区域规划的核心内容。[①] 建立斯图加特区域联盟的主要目的就是要整合区域内各个地方政权的力量，由联盟编制的发展规划是“地方政权制定地方规划必须遵循的上位规划”。[②] 在此，值得注意的是，规划在德国的法律体系中具有法律规范性，[③]编制和决定区域规划的行为因而在一定程度上具备立法行为的属性。而实践证明，粤港澳大湾区的建设也需要有一个立法机制的顶层设计予以规范和协调各项重要活动。例如，耗资千亿元的港珠澳大桥在设计中没有连接深圳，深圳又另外进行百亿元的深中通道建设。倘若粤港澳大湾区有一个立法机制的顶层设计，为大湾区内各地政府的重大合作项目规划提供一个系统完善的法律框架，规范决策程序，促使决策更加科学，那么将能节省许多资金和资源。此外，对于打破制度壁垒、为港澳同胞融入内地减少阻力而言，区域协同立法机制也能起到重要的作用。

四、建设粤港澳大湾区协同立法机制的路径选择与范围拓展

与京津冀、长江经济带、旧金山湾区等区域不同，由于“一国两制”的制度设计，香港和澳门是具有高度自治权的特别行政区，拥有自己的立法权。根据《香港特别行政区基本法》第17条及《澳门特别行政区基本法》第17条的规定，特别行政区“立法机关制定的法律须报全国人民代表大会常务委员会备案”，但“备案不影响该法律的生效”。与我国《立法法》对地方立法权的规定不同，香港和澳门两个特别行政区拥有的立法权更为全面和自主，因而使粤港澳大湾区在立法权限划分的层次上存在复杂性。由此，也决定了粤港澳大湾区的协同立法并不是在一个上位立法权直接领导下的工作。那么，粤港澳大湾区的协同立法需要采取怎样的建构路径才能适应大湾区的特点？这是一个亟须回答的问题，关系到相关机制是否真的能落实建设。

---

① 参见唐燕：《德国大都市地区的区域治理与协作》。中国建筑工业出版社2011年版，第42~49页。

② 同上书，第48页。

③ See Johann Jessen, "Regional Governance and Urban Regeneration: The Case of the Stuttgart Region, Germany", in *Sustainable City Regions: Space, Place and Governance*, Tetsuo Kidokoro, Noboru Harata (ed.), pp. 232-233.

在基本路径的模式选择方面,从粤港澳大湾区的现实条件出发,可采取以政府推进为主、社会演进为辅的紧密型区域立法合作机制。根据国内外各区域协同发展的经验,区域立法合作机制的建立可以在政府推进型与社会演进型、松散型与紧密型的组合之间进行选择。政府推进型的进路与社会演进型的进路之间的区别在于,前者是依靠国家权力自上而下推动进行的,而后者则主要依赖于社会自身的演进发展。这两种进路各有优劣。政府推进型的进路由于目标明确及措施具有强制性的特点,因而往往具有更高的效率。但社会演进型所发展出来的协同立法机制却能更贴合社会真实需求及本土资源。① 同样,松散型的立法协调与紧密型的立法协调也是各具特点、各有利弊。松散型的立法协调主要依赖于立法主体间的信息交流或协商等方式来实现立法统一。而紧密型的立法协调与松散型的立法协调很不一样,其试图通过常态化、制度化的方式促进不同立法主体的立法权自我调整,从而形成更具实效立法协调机制。②

粤港澳大湾区的协同立法若采取以政府推进为主、社会演进为辅的路径,具有以下好处:首先,借助我国政治体制的优势,以政府为主的推进可以有效地绕开"旧金山湾区陷阱"。虽然旧金山湾区是世界上区域协同发展的典范,而且其自下而上的发展模式具有极高的借鉴价值,然而这种模式也有其难以克服的缺陷。正如前文所言,旧金山湾区通过数十年的艰难探索,最终才到达建立湾区政府协会这一步。而且,这样的一个协会组织其实在统筹协调湾区建设的事务上,所能起到的作用仍十分有限。即便在今天,要在湾区内建设大型的、跨行政区域的公共设施项目,依然困难重重、举步维艰。之所以如此,在根本上是由美国的政治制度所决定的。在我国却不会受到类似因素的影响。尽管粤港澳大湾区有"一国两制"的因素,但全国人大及其常委会保留了解释基本法的权力,而且中央政府拥有全面管治权。因此,在推动三地协同立法工作方面,中央政府可以起到关键作用。通过中央政府和地方政府两个层面的努力,政府推进的路径将会起到主要作用,可作出更具规划性与执行力的安排,切合大湾区高速发展的现实需要。其次,社会演进作为辅助则能充分反映社会各界的立法需求,发挥民主立法的作用。为此,可安排粤港澳三地的高校、科研机构、工会及社团等机构与团体

---

① 详细讨论参见王春业:《我国经济区域法制一体化研究》,人民出版社2010年版,第108~110页。

② 同上书,第128~135页。

建立非官方的立法交流与合作组织，为大湾区的立法工作提供建议。

在协同立法的范围方面，可循序渐进地从具体性的大湾区共同事务进展到一般性的大湾区共同事务。之所以强调大湾区的共同事务，是因为区域协同立法并不是要取代各自地方的立法。对于这一点，已经有学者总结，“我国区域一体化进程中地方立法协调的领域，尽管空间较大，但通常还须将协调之域，限定于区域一体化发展中具有共性的跨地区事项的领域”。[①] 而从具体事务出发，逐步拓展到一般性事务，则有利于在实践中积累经验，为最终建成行之有效的协同立法机制打下牢固基础。例如，港珠澳大桥的三地共管问题，便属于具体性的大湾区共同事务。当前，由于缺乏一个有效的机制制定港珠澳大桥三地共管的规章制度，大桥正面临着三地三管的割据局面，从而导致大桥面临失去现实意义的风险。反过来说，若采取三地协同立法的思维来解决大桥目前在管理方面的问题，将会为大湾区未来解决类似问题提供宝贵的经验。

五、结语

粤港澳大湾区的建设是国家新时代发展战略的重要组成部分，因而必须从具有全局性和前瞻性的视角出发予以思考。审视过去多年的实践经验，粤港澳三地的共同发展虽然取得了不俗的成绩，但在治理层面上却难言做出了独特贡献或有所创新突破。作为改革开放的最前沿，以及“一国两制”最先被运用的地方，这对粤港澳而言不啻为一种遗憾。因此，在粤港澳大湾区真正落实建设之际，应从全新的视野看待大湾区的事业，而不囿于旧有的思路和观点。在大湾区共同事务的管理上，探索协同立法的解决方式，无论在理论上还是实践上，都将为我国的现代化事业做出有特殊价值的贡献。本文只是对相关内容的初步探索，望将来与学界同仁再商。

---

① 陈俊：《区域一体化进程中的地方立法协调机制研究》，法律出版社2013年版，第195页。

试论粤港澳大湾区区域立法的理论建构[①]

朱最新*

一、问题的提出

2017年香港回归20年之际,国务院总理李克强在政府工作报告中提出了建设粤港澳大湾区城市群的战略规划。2018年习近平总书记在党的十九大报告中进一步明确要以粤港澳大湾区建设等为重点,全面推进内地同香港、澳门互利合作。粤港澳大湾区城市群(以下简称粤港澳大湾区)是由广州、佛山、肇庆、深圳、东莞、惠州、珠海、中山、江门九市和香港、澳门两个特别行政区形成的城市群,是继日本东京湾区及美国纽约湾区、旧金山湾区之后的世界第四个大湾区。粤港澳大湾区发展战略,不是一种概念游戏,而是过去近40年粤港澳前店后厂的经贸格局升级成为港澳与珠三角九市协调发展的全方位对外开放的国家战略。这为粤港澳城市群未来的发展带来了新机遇,也赋予了新使命。[②] 然而,粤港澳大湾区发展

---

① 本文系国家社科基金项目"区域府际合作治理的行政法问题研究"(项目编号:14BFX036)的阶段性成果。

* 广东外语外贸大学广东省地方立法研究评估与咨询服务基地常务副主任,法学院教授,博士。研究方向:行政法学、区域法治与地方立法。

② 参见谭敏:《"粤港澳大湾区"写进政府工作报告》,载《广州日报》2017年3月6日第A6版。

战略既不是跨国的区域合作战略,也不是在同一个政治经济体制下运行的区域协调发展战略,而是在坚守"一国两制"前提下的区域协调发展战略。区域协调发展首先要求区域内形成整合,达到和谐统一。区域内形成整合,达到和谐统一必须法制先行。"一国两制"前提下粤港澳大湾区协调发展的一大"瓶颈"就是由法律差异性引发的区域内法制冲突,从而导致区域协调发展的社会成本增加。法制冲突的本源在于立法。建立健全区域立法,解决区域内的法制冲突,减少粤港澳大湾区协调发展的合法性制度阻碍,是抓住粤港澳大湾区发展战略带来的新机遇,完成新使命,在坚持"一国两制"基础上充分发挥粤港澳大湾区比较优势,实现区域协调发展最可靠、最长效的制度选择。因而,在现有"一国两制"框架下,如何进行区域立法,以及如何实现区域立法,为粤港澳大湾区协调发展创造良好的法制空间,是推进粤港澳大湾区协调发展亟待解决的重大理论和实践难题。

二、区域立法的概念界定

区域,是一个客观上存在的、抽象的、人们观念上的空间概念,它往往没有严格的范畴和边界及确切的方位,可以是地球表面上任何部分。① 因而,不同视角下人们对"区域立法"的含义有不同的解读。概括起来,区域立法界定主要有4种观点:(1)立区域法说。即区域立法,是指上级立法主体针对其行政区内特定区域进行的立法活动。如日本国会1950年制定《北海道开发法》。又如广东省人大常委会2011年制定《广东省实施珠江三角洲地区改革发展规划纲要保障条例》。(2)区域共同立法说。区域立法,是区域内的立法主体对区域公共事务的共同立法,形成一致的管理规则。② 它"是指在特定区域范围内,由不同的立法主体所进行的地方合作立法"。③ (3)区域立法协作说。即区域立法,"是指特定区域内各有关地方立法机关,就区域性社会事务的管理、公共服务的提供或共同利益的追求等,在平等自愿的基础上进行立法合作,开展与区域性法文件的制定、

① 参见罗瑞芳:《区域一体化与区域立法问题探讨》,载《理论导刊》2014年第12期。

② 参见王腊生:《地方立法协作重大问题探讨》,载《法治论丛》(上海政法学院学报)2008年第3期。

③ 刘莘主编:《区域法治化评价体系与标准研究》,中国政法大学出版社2013年版,第11页。

修改或废止等有关立法活动的总称”。[①] (4)综合说。即区域立法,包括立区域法和区域合作立法,“是指以省级行政区或特定城市为基本构成单位,以经济、社会的全面且协调发展为主要目标的区域主体在现有的立法体制框架内制定、修改、认可或废止,以法规和规章等为主要形式的规范性法律文件的活动,中央立法机关进行的有关区域发展和其他社会问题的立法也可以被视为区域立法的范畴”。[②] 在我国,“立区域法”,无论是中央立法,还是省级地方立法,除立法结果调整范围有所不同外,其立法主体、程序等基本一致。将这种立法纳入区域立法会混淆中央立法、省级地方立法与区域立法的异同,从而难以凸显区域立法的定位和属性。同时,立法的实质是为社会建立规则。区域协调发展需要统一的区域性规则。但区域协调发展是合作,并不是合并。区域协调发展需要统一的区域性规则,也需要各具特色的地方规则,更需要有助于区域协调发展并与区域内其他地区地方规则协调统一的合作性地方规则。另外,“立法是指由国家特定机构,依据特定职权和程序,制定、认可、变动表达国家意志的行为规范的活动”。[③] 当代区域协调发展强调的是政府主导,社会组织、私人部门共同参与的合作治理。认可理应是区域合作治理的必然要求,是区域立法的重要一环。基于此,我们基本赞同区域立法协作说。因而,本文所说的区域立法,是指不同行政区域的地方立法机关,就区域性公共事务,在平等协商、互利共享基础上开展的制定、认可、变动区域性规则、合作性地方规则的活动的总称。

三、粤港澳大湾区法律供给与区域立法的必要性

“法律的需求决定法律供给,当人们在经济生活中对法律这种社会调整手段产生需要并积极谋求法律秩序对其利益的维护时,就必然要求法律供给发生。”[④] 粤港澳大湾区协调发展离不开法治的推动和保障。良法是善治之前提,法治的推动和保障来源于法律规范的支撑,粤港澳大湾区协调发展的需求必然涉及法律规范供给问题。粤港澳大湾区协调发展相关法律制度的产生取决于粤港澳大

① 陈光:《区域立法协调机制的理论建构》,人民出版社 2014 年版,第 21 页。

② 丁同民等:《法治区域构建论:中原经济区法治建设研究》,黑龙江人民出版社 2011 年版,第 312 页。

③ 刘星:《法理学导论:实践的思维演绎》(修订本),中国法制出版社 2016 年版,第 329 页。

④ 冯玉军:《法律供给及其影响因素分析》,载《山东大学学报》(哲学社会科学版)2001 年第 6 期。

湾区的法律供给能力,而法律供给能力又取决于法律生产要素,即立法权的配置情况和现实状况。

根据宪法及港澳基本法、立法法等法律的规定,粤港澳大湾区法律供给的配置情况和现实状况如下:(1)中央立法。从理论上讲,我国是一个单一制的国家。中央立法是统筹全局、具有最高权威性和至上法律效力的立法。由中央立法为粤港澳大湾区协调发展提供法律规范供给在理论上是较为理想的一种选择。然而,港澳基本法划分了中央与特别行政区的权限,并分别在第18条明确规定,全国性法律除列入基本法附件三者外,不在特别行政区实施。而列入基本法附件三的法律仅限于有关国防、外交等国家事务的法律,并不包括有关区域性公共事务的法律。而且,粤港澳大湾区的地理环境、人文环境、经济发展、区位优势等都具有独特性,粤港澳大湾区协调发展的法律需求也具有区域特色。"作为中央立法,它既要充分考虑东部现代化问题,又要兼顾西部开发以及东北老工业基地振兴问题,是很难同时满足每个区域法制建设特殊要求的。"①(2)特别行政区立法。根据港澳基本法的规定,港澳享有立法权,只要不与基本法关于中央管理的事务及中央和港澳特别行政区关系的条款相抵触,都可以制定法律。这当然包括制定有关粤港澳大湾区协调发展的合作性地方规则。然而,正如奥尔森强调:"如果一个集团中的所有个人在实现了集团目标后都能获利,由此也不能推出他们会采取行动以实现那一目标,即使他们都是有理性的和寻求自我利益的。"②也就是说,港澳有权制定,但并不一定会制定有关粤港澳大湾区协调发展的合作性地方规则。而且,根据港澳基本法的有关规定,特别行政区制定的法律只在特别行政区有效,并不能约束有关粤港澳大湾区的其他城市,更不能单独制定有关粤港澳大湾区协调发展的区域性规则。(3)广东地方立法。广东地方立法包括广东省人大和政府立法、广州等7个设区的市的人大和政府立法,以及深圳、珠海两个经济特区立法。根据《立法法》的相关规定,广东地方立法可以进行执行性立法、职权性立法和先行性立法。在我国法律和行政法规中,包含着区域合作的相关规定,如我国《环境保护法》第20条规定,国家建立跨行政区域的重点区域、流域环境污染和生态破坏联合防治协调机制;跨行政区域的环境污染和生态破

① 王春业:《自组织理论视角下的区域立法协作》,载《法商研究》2015年第6期。

② [美]奥尔森:《集体行动逻辑》,陈郁等译,上海三联书店、上海人民出版社2004年版,第2页。

坏的防治可以由有关地方人民政府协商解决。而对地方性事务进行职权性立法,以及根据本地方的具体情况和实际需要进行先行试验性立法中也是可以提供一些有关粤港澳大湾区协调发展的合作性地方规则的。但广东地方立法同样存在规则只在本行政区域内有效,不能单独制定区域性规则等难题。而且,广东地方立法提供粤港澳大湾区法律供给还要受到《立法法》规定的不抵触原则的限制。

粤港澳大湾区与日本东京湾区及美国纽约湾区、旧金山湾区不同,它是"一国两制三法域"的大湾区。粤港澳大湾区之间政治经济体制不同、法域不同,其法制之间的冲突与矛盾必然众多。"未来的粤港澳大湾区作为一个经济体,各城市间从竞争变为协同,将面临生产力空间如何更加合理布局,减少重复建设;产业链如何合理分工,形成优势互补;城乡差别如何消除二元结构,在高房价时代如何留住人才;营商环境如何更有利全面开放,成为世界资本最强吸引力的经济圈,成为世界最佳宜商宜业宜居的生活生态圈。"①为解决这一系列问题,对合作性地方规则的需求将全面而广泛,对区域性规则的需求也将日益增多。而且作为一个"一国两制三法域"的大湾区,粤港澳大湾区的法律需求呈现出自身的特殊性,有鲜明的"量身订制"的个性需求。而对这种个性化的法律需求,地方立法主体是最清楚的。这恰如有学者所指出的,"在区域合作过程中,遇到哪些问题,需要什么样的法制,通过什么样的法制路径来解决,只有处于该地域范围内的立法主体更清楚"。② 而中央立法、特别行政区立法、广东地方立法都无法单独满足粤港澳大湾区协调发展的这种法律需求,特别行政区立法、广东地方立法在平等协商、互利共享基础上开展的区域立法便呼之欲出,成为一种现实需求、发展的必然。

四、粤港澳大湾区区域立法的基本原则

立法基本原则是立法者在立法活动中必须始终遵循的准则,是指导立法工作的最核心最本质的要求。③ 在我国当前立法体制下,区域立法没有一个科学的

---

① 粤港澳大湾区研究院:《〈粤港澳大湾区建设报告(2018)〉发布会在广州举行》,载广东省社会科学院:http://www.gdass.gov.cn/MessageInfo_6413.shtml,最后访问日期:2018 年 5 月 19 日。

② 参见王春业:《论地方联合制定行政规章》,载《中国行政管理》2011 年第 4 期。

③ 黄龙云主编:《广东地方立法实践与探索》,广东人民出版社 2015 年版,第 26 页。

法律定位,其作用有赖于地方立法机关的积极推进、平等协调和大胆创新。因而明确区域立法基本原则是推进和规范区域立法的重要前提。粤港澳大湾区区域立法的基本原则是不同行政区域的地方立法机关,就区域性公共事务,制定、认可、变动区域性规则、合作性地方规则中必须始终遵循的基本行为准则。根据粤港澳大湾区"一国两制三法域"的区域特点和立法基本原则,粤港澳大湾区区域立法的基本原则概括起来主要有以下三个方面。

(一)遵守"一国两制"的原则

"一国两制"是中国的一个伟大创举,是保持港澳长期繁荣稳定的最佳宪制安排。粤港澳大湾区区域立法必须遵守"一国两制"的原则:一是区域立法必须牢固树立"一国"意识,坚守"一国"原则。任何危害国家主权安全、挑战中央权力和港澳特别行政区基本法权威、利用港澳特别行政区对内地进行渗透破坏的活动,都是对底线的触碰,都是绝不能允许的。① 二是区域立法必须尊重"两制"的差异,在严格依据宪法和基本法办事的前提下,推进粤港澳大湾区的和谐相处、相互促进、相互借鉴、共同合作,实现粤港澳大湾区协调发展。

(二)遵循粤港澳大湾区协调发展规律的原则

马克思曾说过:"立法者应当把自己看成一个自然科学家,他不是在创造法律、发明法律,而仅仅是在表达法律,他把精神关系的内在规律表现在有意识的现行法律之中,如果一个立法者用自己的臆想来代替事物的本质,那么我们应该责备他极端任性。"②"立法,不像通常理解的那样,是人力所能做到的事情。不变的理性才是真正的立法者,理性的指示才是我们应该研究的。社会的职能不能扩展到制定法律而只能解释法律;它不能判定,它只能宣布事物的本质所已经判定了的事情,而这种事情的正确是从当时的情况中自然产生的。"③粤港澳大湾区是"一国两制三法域"的大湾区,地理环境、人文环境、经济发展、区位优势等都具有独特性。其协调发展既有区域协调发展的一般共性,又具有自我特色和独特的发展规律。粤港澳大湾区区域立法必须遵循粤港澳大湾区协调发展规律,

---

① 参见习近平:《在庆祝香港回归祖国20周年大会暨香港特别行政区第五届政府就职典礼上的讲话》,载新华网:http://www.xinhuanet.com/politics/2017-07/01/c_1121247124.htm,最后访问日期:2018年5月20日。

② 马克思:《马克思恩格斯全集》(第1卷),人民出版社1995年版,第347页。

③ [英]葛德文:《政治正义论》,何慕李译,商务印书馆1982年版,第150页。

“量身订制”,因地制宜提供粤港澳大湾区协调发展的法律供给。

(三)坚持平等互信、协商共赢的原则

粤港澳大湾区协调发展是区域内生产要素自由流动、优化配置,实现珠三角九市和港澳之间优势互补、共同繁荣的历史过程,需要坚持平等互信、协商共赢的原则:一是坚持平等原则。粤港澳大湾区区域立法主体是行政级别各不相同的主体,但区域立法中必须地位平等。因为任何形式的“不平等”都可能导致区域合作的“公地悲剧”,从而使区域协调发展难以取得其应有效果。① 二是坚持共赢原则。“人们奋斗所争取的一切,都同他们的利益有关。”②粤港澳大湾区协调发展实质上也是一种特殊的利益博弈,必须“坚持在法治轨道上统筹社会力量、平衡社会利益、调节社会关系、规范社会行为,依靠发展解决各种社会矛盾和问题”。③ 只有以共赢为终极目标,才能真正推动粤港澳大湾区协调发展。三是坚持互信原则。互信是粤港澳大湾区协调发展的基础。区域立法主体只有在互相信任的气氛中才有可能真实地表达出自己的意愿,区域立法才可能真正开启。“没有任何互信的利益博弈必然走向博弈惨局,而建立在互信基础上的利益博弈才有可能是双赢的。”④四是坚持协商原则。协调性是区域立法的基本属性,也是区域立法存在并发挥作用的根基。⑤ 粤港澳大湾区是“一国两制三法域”的大湾区,其区域立法涉及的地方立法主体更具特色,其所调整事项不仅跨行政区划,而且跨法域。其区域立法更需要通过协商寻求合作性地方规则,通过协商构建公认的区域性规则。由此可见,平等互信、协商共赢是粤港澳大湾区区域立法的不二法门。

五、粤港澳大湾区区域立法的制度设计

区域立法的制度设计,学界研究并不多。但从有关研究来看,主要有机制论

① 参见朱最新著:《府际合作治理的行政法问题研究》,人民出版社2017年版,第11页。

② 马克思:《马克思恩格斯全集》(第1卷),人民出版社1972年版,第82页。

③ 中共中央宣传部编:《习近平总书记系列重要讲话读本》,人民出版社2016年版,第87页。

④ 刘祖云:《政府间关系:合作博弈与府际治理》,载《学海》2007年第1期。

⑤ 陈光:《论我国区域立法协调的必要性与可行性》,载《齐齐哈尔大学学报》(哲学社会科学版)2009年第5期。

和机构论之争。机制论者主张通过建构立法协调机制来实现区域立法；[①]机构论者主张设立某种形式的区域立法机构或立法协调机构来实现区域立法。[②] 事实上，任何机制要取得实效都需要机构去实施，任何机构要完成其职责、使命都需要机制来保障。因此，基于粤港澳大湾区是"一国两制三法域"的客观现实，为满足其"量身订制"的个性需求，粤港澳大湾区区域立法应当在解决立法主体合法性的前提下，建立机构与机制相统一的以区域立法协调工作机制为基础，以开放协调的示范法机制为引领的多元化区域立法制度。

（一）中央授权：粤港澳大湾区区域立法的合法性前提

粤港澳大湾区协调发展是在一个国家框架下，两种不同社会制度，三个不同法域，并且市场经济发达程度不一、社会建设发育程度不同的 11 个城市群之间的协调发展，是一个世界性的新生事物，没有现成的经验可以借鉴。制度创新，尤其是法律制度创新是粤港澳大湾区成为可持续发展的、兼具经济活力和环球竞争力城市群的法治保障。然而，粤港澳大湾区区域立法却存在合法性难题：(1)港澳区域立法的合法性困境。区域立法的前提是具有区域合作权。港澳基本法对特别行政区政府是否具备与内地区域合作权没有作出具体而明确的规定。有人认为，港澳特别行政区与内地的区域合作权可从港澳特别行政区政府的外事权中引申而来。[③] 这种观点是值得商榷的，理由有二：一是从立法体例来看，有关港澳特别行政区政府外事权的规定都是单列在"对外事务"一章中，而内地政府与港澳特别行政区政府的关系则是在第二章中央与港澳关系中加以规定。因而，内地包括在《香港特别行政区基本法》第 151 条、《澳门特别行政区基本法》第 136 条规定的"各地区"之中的推导是不符合基本法精神的。二是从基本法第七章"对外事务"的相关规定来看，港澳特别行政区政府的外事权，主要包括参加外交谈判、国际会议、国际组织的权力，签订国际协议的权力，与境外互设官方、半官方机构的权力，签发特区护照和旅行证件的权力等，并没有包括与内地合作的权力。基本法对港澳两个特别行政区区域合作权的立法缺失，造成了

---

① 参见陈俊：《区域一体化进程中的地方立法协调机制研究》，法律出版社 2013 年版，第 122～163 页；宣文俊：《关于长江三角洲地区经济发展中的法律问题思考》，载《社会科学》2005 年第 1 期。

② 参见王春业：《区域行政立法模式研究》，法律出版社 2009 年版，第 2 页；叶依：《长三角政府协调：关于机制与机构的争论及对策》，载《现代经济探讨》2004 年第 7 期。

③ 参见杜玉琼编著：《区域经贸合作的法律问题研究》，四川大学出版社 2008 年版，第 80 页。

区域立法中港澳的合法性困境。(2)广东区域立法的合法性困境。宪法、地方组织法有关国务院职权与内地各级政府职权的规定不仅非常抽象,而且高度重叠。也就是说,目前我国没有任何法律法规对中央与地方的权限作出明确划分。"由于目前中央与地方职权的划分任务并没有完成,两者的权限仍然处于模糊阶段,中央可假以'遵循中央的统一领导'为由干涉地方事务,扩大中央集权,侵犯地方自治权",①地方也可假以"发挥地方的主动性、积极性"为由侵蚀中央权力。这种法治现状对港澳与内地府际合作而言,似乎意味着内地各级政府可以与港澳特别行政区政府协商任何有利于区际合作的事项,但也似乎意味着没有中央政府的批准或默许,内地各级政府不能与港澳特别行政区政府协商任何事项。同时,根据《立法法》的规定,地方立法必须遵守不抵触原则和法律保留原则。粤港澳大湾区协调发展是在不同政治经济体制下协调发展,是具有探索性、创新性的历史过程,必然或多或少会涉及经济制度,财政、海关、金融和外贸制度及仲裁制度等各方面的相互借鉴、扬长避短。然而,在我国现行法律体系中,不仅《立法法》明确规定基本经济制度,财政、海关、金融和外贸制度及仲裁制度等属于法律保留事项,而且各单行法律也从不同层面和角度划定了珠三角九市发展的法律框架。这一切就造出了广东区域立法的合法性困境。

为解决粤港澳大湾区区域立法上述合法性难题,应当由全国人大常委会作出授权决定,为粤港澳大湾区区域立法提供合法性前提:(1)在遵守宪法和基本法的前提下,授予广东省、珠三角九市、港澳特别行政区粤港澳大湾区区域合作权,从而解决粤港澳大湾区区域立法的主体合法性难题。这一授权遵守了宪法和基本法,但与《地方各级人民代表大会和地方各级人民政府组织法》《立法法》等法律还存在一定的不协调。这种不协调状况将会给区域合作权行使带来诸多不便,但不会影响"一国两制"的大政方针,而且可以为未来中央与地方关系的法治化提供可供参考的经验。(2)在遵守宪法、基本法和授权决定的前提下,授予广东省和珠三角九市立法机关变通法律的权力,以鼓励其进行区域立法创新,为促进粤港澳大湾区协调发展提供法律保障,为中国区域法治建设提供示范区。(3)为防止广东省、珠三角九市滥用变通法律权,维护国家的统一和中央权威,应当同时建立粤港澳大湾区区域立法的备案审查制度。

---

① 陈广汉、黎熙元主编:《当代港澳研究》(第8辑),中山大学出版社2013年版,第34页。

（二）区域立法协调工作机制：粤港澳大湾区合作性地方规则产生的制度选择

合作性地方规则是地方立法机关制定的与区域协调发展相一致的地方性法规、规章等的总称，是区域协调发展的基础性法律。在主体上，它与一般地方立法并无区别。其区别于一般地方立法的最大特征在于立法结果的区域协调性。俗话说："鞋子合不合脚，只有穿鞋的人知道。"地方性规则是否具备合作性、协调性，只有参与区域合作的主体才最清楚。而立法过程的协调性在一定程度上决定了立法结果的合作性、协调性。因此，建立健全粤港澳大湾区区域立法协调工作机制是粤港澳大湾区合作性地方规则产生的制度选择。为此，我们应当通过粤港澳大湾区立法机关签订区际协议，搭建粤港澳大湾区区域立法协调工作机制：(1)通过区际协议明确承担区域立法协调的具体工作机构。区域立法协调工作机构是区域立法协调工作机制运行的承载者。根据其本身职责定位，区域立法协调工作机构应当明确由粤港澳大湾区立法机关的法制工作机构，如珠三角九市人大常委会法工委、市政府法制办，以及我国香港特别行政区立法会联席事务委员会、香港特别行政区政府律政司等来承担。(2)建立健全区域立法协调工作机制。区域立法协调工作程序机制主要包括区域立法信息交流与共享机制、区域内立法动态通报机制、区域合作性地方规则制定征求意见机制、区域立法协调工作机构年度例会机制等。通过一系列机制的建立健全，有利于减少地方立法中相互间的矛盾与冲突，同时提高粤港澳大湾区立法机关之间的相互信任，从而实现合作性地方规则的可持续制度供给。

（三）开放协调的示范法机制：粤港澳大湾区区域性规则构建的路径选择

合作性地方规则是区域协调发展的基础性法律。但这并不意味着区域协调发展不需要统一的区域性规则。相反，区域性规则对合法性地方规则起着主导、引领作用，是推动区域协调发展不可或缺的法律供给。实践中，区域性规则一般是通过中央立法或区域统一立法来制定的。然而，基于"一国两制"的体制约束，中央立法、区域统一立法无法为粤港澳大湾区协调发展提供必要的区域性规则。而通过区域立法协调工作机制为粤港澳大湾区协调发展提供必要的区域性规则，在理论上具有可能性。但由于如奥尔森所言，即使是有理性的和寻求自我利益的人实现了集团目标后都能获利，也不能推出他们会采取行动以实现那一目标，因而通过区域立法协调工作机制为粤港澳大湾区协调发展提供必要的区域性规则在实践中是难以实现的。

“他山之石,可以攻玉”。域外区域性规则供给的经验无疑为我们寻求符合粤港澳大湾区“量身订制”个性需求的区域性规则提供了另外的视角。在美国,根据美国宪法的规定,各州享有贸易领域的立法权,各州分别制定适用于本州的商业法律,从而常常会造成各州间法律的冲突与不协调。为解决此类难题,美国经常、广泛地采用示范法的统一方式,即在美国统一州法全国委员会、美国法学会、美国律师协会等官方、半官方或民间组织提供的不具有法律效力的示范法基础上,各州立法机关采用相同或类似的实体法,从而求得法律的统一。[①] 在欧盟,为克服硬法治理的弊端,开始运用开放协调机制。开放协调机制包含基准设定、最佳实践、定期评价和共同学习 4 个基本要素,大致遵循以下步骤:在欧盟层面设立共同指导方针、目标和评价基准;为达到目标,成员国根据欧盟指导方针在国内制订各自的年度行动计划,通常由常设机构进行过程监督并作出相应评估;在定期同行评价程序中,对这些计划执行情况进行评价;最后,对指导方针和总体结果进行回顾,评出最佳实践,倡导其他成员国共同学习。如果必要,欧盟委员会对指导方针作出适当调整,并对各成员国提出相应政策建议,以推动下一年度的循环执行。[②] 借鉴美国、欧盟经验,结合粤港澳大湾区实际,我们可以寻找到构建粤港澳大湾区区域性规则的可行路径——开放协调的示范法机制:(1)粤港澳立法机关协调设立粤港澳大湾区区域立法合作委员会,其成员由粤港澳立法机关分别推荐的法律专家组成。(2)粤港澳大湾区区域立法合作委员会就共同关心的议题拟定示范法,或者对粤港澳三地的商会、行业协会等社会组织拟定的示范法予以认可,从而形成粤港澳大湾区区域性规则的示范法。在这一过程中,要特别强调公开和公众参与,一方面,保证区域立法合作委员会运作过程透明和示范法的科学性;另一方面,有助于粤港澳大湾区立法机关及时获取示范法真实有效的信息,有助于示范法获得公众的认可,推动示范法的实现。(3)粤港澳大湾区立法机关以示范法作为立法时的指南,借鉴或采纳示范法,在各自制度框架下寻求适合自己市情、区情的立法,以便更好地实现示范法的目标。(4)由区域立法合作委员会对粤港澳大湾区立法机关借鉴或采纳示范法进行过程监督并作出相应评估,评出最佳立法实践,倡导其他立法机关共同学习。如果必要,区域

---

① 参见王春业:《区域合作背景下地方联合立法研究》,中国经济出版社 2014 年版,第 117 页。

② 朱最新:《区域一体化法律治理模式初探》,载《广东行政学院学报》2011 年第 3 期。

立法合作委员会可以对示范法作出适当调整,并对粤港澳大湾区立法机关提出相应政策建议,形成粤港澳大湾区立法机关之间互相学习、相互借鉴和积极创新的良好氛围,形成示范法与粤港澳大湾区地方立法的良性循环互动,为粤港澳大湾区区域协调发展持续提供良善的区域性规则。

粤港澳大湾区立法协调研究

柳建启*

党的十九大报告指出："要支持香港、澳门融入国家发展大局，以粤港澳大湾区建设、粤港澳合作、泛珠三角区域合作等为重点，全面推进内地同香港、澳门互利合作。"国务院2018年政府工作报告也指出，"实施粤港澳大湾区发展规划，全面推进内地同香港、澳门互利合作"。粤港澳大湾区的建设被纳入推进区域协调发展、塑造区域发展新格局的战略之中。在粤港澳大湾区建设中，经济合作和法律合作应该是相伴相随同时推进的。立法协调是法律合作的重要组成部分，有效的立法协调有助于化解大湾区的法律冲突，为经济合作的推进提供制度保障。反之，立法协调的止步不前甚至冲突隔阂，都将最终阻碍经济合作的深化、提高经济合作的成本。尤其是在存在天然法律冲突的粤港澳三地之间，更应努力推进经济合作和立法协调齐头并进和良性互动。

一、粤港澳大湾区立法协调的必要性

（一）立法引领和推动改革需要立法协调

粤港澳大湾区作为国家重点支持的改革试验区，近

* 广东技术师范大学法学与知识产权学院教师，法学博士。研究方向：法学理论。

年来取得了长足的发展。大湾区的 11 城 GDP 之和从 2014 年的 81,720.8 亿元增长到 2016 年的 93,526.1 亿元(约合 1.4 万亿美元),占全国 12%,2017 年粤港澳大湾区实现 GDP101,843 亿元(约合 1.6 万亿美元),大湾区实现经济总量"四连增"。2012~2016 年 5 年间,粤港澳大湾区的进出口总额基本维持在 8 万~9 万亿美元的水平线,占全国(含港澳)进出口总额 40% 左右。① 粤港澳大湾区作为国家战略,不仅是一个经济项目,更是国家全面走向现代化的综合改革试验区。"凡属重大改革都要于法有据"是新一届中央领导集体部署全面深化改革的根本要求。这不是为改革设置障碍,而是要"把立法决策与改革决策更好地结合起来","从法律制度上推动和落实改革举措,充分发挥立法在引领、推动和保障改革方面的重要作用"。② 我国的立法与改革决策关系的演进大体包括三个阶段:在以前的经验主义立法理念指导下立法确认改革成果、在过去的工具主义立法理念指导下立法服务于改革、在现代法治主义立法理念指导下立法引领和推动改革。③

在深化改革进程中,立法不应仅是消极地适应改革与确认改革成果,亦须积极主动地因应改革发展,"立法不仅仅是对实践经验的总结,更要通过立法转化顶层设计、引领改革进程、推动科学发展;立法不仅仅是对实践的被动回应,更要对社会现实和改革进程进行主动谋划、前瞻规划和全面推进"。④

在此基础上,改革决策经法定程序进入立法视域,由立法机关根据社会现实和改革进度做好立法规划,最终通过科学和民主的立法程序将改革决策转化为法律规定和法治主张。特别是,"重大改革都要于法有据",这不仅是因为改革必须依法进行,更是因为此类改革往往涉及广泛的公民利益和社会公益,稍有不慎会引发诸多不特定的负面影响。因此,必须经过立法这一民意聚合途径来确保理性、渐进地推行改革,维护社会的稳定与安全。在改革决策转化为法律过程中,立法应注重协调平衡各种利益。

(二)建立粤港澳大湾区立法协调机制是建设现代法治社会的必然要求

立法是建设现代法治社会的基础性环节。现代法治社会首先离不开一整套

---

① 参见粤港澳大湾区研究院:《〈粤港澳大湾区建设报告(2018)〉发布会在广州举行》,载广东省社会科学院:www.gdass.gov.cn/MessageInfo_6413.shtml,最后访问日期:2018 年 9 月 20 日。

② 石佑启:《论立法与改革决策关系的演进与定位》,载《法学评论》2016 年第 1 期。

③ 同上。

④ 王乐泉:《论改革与法治的关系》,载《中国法学》2014 年第 6 期。

内在和谐、结构严谨的法律体系,而法律体系的建立则完全依赖于完善的立法体制,其中立法协调机制是立法体制不可或缺的组成部分。立法是一项十分复杂的系统性工程。一个良法体系要求通过立法创设出的法律规范之间互相和谐,相辅相成。但是现实中,各部门立法之间存在冲突,地方立法与中央立法之间,以及地方立法与地方立法之间或多或少都存在一定的矛盾。因此,我们客观上需要建立完善的立法协调机制,来解决法律体系中的矛盾和冲突,从而为实现现代法治奠定坚实的立法基础。粤港澳大湾区的立法主体比较复杂,有两个特别行政区、两个经济特区,不仅涉及"一国两制",还涉及几个法域,这些特点决定了粤港澳大湾区各主体之间的立法不可避免存在矛盾和冲突,这些矛盾和冲突将导致地方立法体系的混乱,影响粤港澳大湾区现代法治社会的进程。在粤港澳大湾区建立立法协调机制,协调各行政区域的立法,配合全国的法治建设,是粤港澳大湾区立法工作的重要任务。

(三)立法协调是粤港澳大湾区经济一体化的必然选择

粤港澳大湾区在现行制度框架内,是由两个特别行政区和9个独立的市所组成,每个政府都是相应区域内的利益代表或主体。在法治前提下,这种行政区划和利益主体不能任意改变。同时,行政区划的变革,也并不是地方政府所具有的职责范围,而是中央政府的权限范围。地方政府无论多么积极,没有中央政府的决策,行政区划的改变都是不可能的。粤港澳大湾区经济要一体化,中央立法难以满足粤港澳大湾区经济一体化的需求,但又必须有法制的保障,在行政区域和利益主体不能改变的前提下,这项任务只能由各独立的地方立法主体通过立法协调来完成。同时,粤港澳大湾区各立法主体也只能在自己的权限范围内推进经济一体化的进程。由于利益冲突和现行立法体制的原因,我国地方立法之间的横向冲突颇多。为了化解法律冲突,为了给粤港澳大湾区经济一体化提供法律保障,为了"立法共赢"的目标,各立法主体之间只能采取协调的方式了。

(四)粤港澳大湾区建设中的具体问题亟待立法协调解决

目前,粤港澳大湾区各地政府间存在明显的政策法规差异。除各地的户籍制度、就业制度、住房制度、教育制度、医疗制度、社会保险制度等存在差异外,在招商引资、外贸出口、土地批租、税收优惠措施、人才流动等方面,各地竞相制定优惠政策,竞相压价,抢项目,搞地方保护。这些问题不仅造成资金、人才、技术、知识、信息等可流动要素流转不畅,难以形成整体优势,还造成区域间低水平的重复建设,产业、产品结构类同和无序竞争,带来资源、财力、人才的严重浪费。这既损害了国家和区域的整体利益,也影响了粤港澳大湾区的经济发展。立法协调有助于打破大湾区内各地方的制度壁垒、协调地方有序竞争、解决具体问题,从而保障中央政策在粤港澳大湾区有效落实。

二、粤港澳大湾区立法协调取得的成果及存在的挑战

(一)立法协调取得的成果

迄今为止,粤港澳三地立法协调取得了丰硕成果。从最早的《关于建立更紧密经贸关系的安排》(Closer Economic Partnership Arrangement,CEPA)、《粤港合作框架协议》和《粤澳合作框架协议》,到最新的《内地与香港 CEPA 投资协议》,均是在“一个国家”框架下推进粤港澳三地合作发展的有力措施。

2016 年 6 月 1 日正式实施的《内地与香港 CEPA 服务贸易协议》成为首个内地全境以准入前国民待遇加负面清单方式向香港特别行政区全面开放服务贸易领域的自由贸易协议,标志着内地全境与香港特别行政区基本实现服务贸易自由化。2017 年 6 月 28 日签署生效并于 2018 年 1 月 1 日正式实施的《内地与香港 CEPA 投资协议》更是内地首次以“负面清单”方式签署的投资协定,据此,内地在市场准入方面再次单独对香港采用“负面清单”开放方式,使香港特别行政区继续保持内地对外开放的最高水平。2017 年 7 月粤港澳三地签署《深化粤港澳合作 推进大湾区建设框架协议》,协议提出完善创新合作机制,促进互利共赢合作关系,打造宜居宜业生活圈和粤港澳深度合作示范区的规划方案。

立法协调成果大致可分为以下四类:第一类,经过中央政府或上级政府批准的区域合作协议。这类区域合作协议通常以附款的形式主动寻求中央政府的批准。其中包括经过中央政府及其部门批准的区域合作协议,如《泛珠三角区域外经贸合作备忘录》在缔结之前取得了国务院港澳事务办公室的批准,《海关积极参与和推动泛珠三角区域合作的十项措施》获得了海关总署的批准。① 第二类,经过中央政府或上级政府备案的区域合作协议。这类区域合作协议在实践中并不多见,如《泛珠三角经济圈九省区暨重庆市道路运输一体化合作发展 2003 年

① 参见《海关积极参与和推动泛珠三角区域合作的十项措施》导言“为使海关更好地参与、支持和推动泛珠三角区域合作,确保货畅其流,守法便利,经泛珠三角九省(区)海关共同研究并报海关总署批准”。

议定书》以附件的形式主动寻求交通部的监督，而监督形式为备案。① 第三类，经过中央政府或上级政府参与的区域合作协议。这类区域合作协议在前言、附款或新闻报道中体现中央政府或上级政府参与，参与的形式主要包括：其一，中央政府及其部门作为区域合作协议缔约主体的参与。如中央政府与香港缔结了《内地与香港关于建立更紧密经贸关系的安排》。② 其二，中央政府或上级政府对区域合作协议缔结过程的参与。如科技部和八省区主管科技的省领导对《泛珠三角区域科技创新合作框架协议》的指导和支持。③ 水利部珠江水利委员会牵头组织签订了《泛珠三角区域水利发展协作倡议书》。其三，中央政策对区域合作协议的指导性参与。如原国家工商总局的工作部署对《泛珠三角区域工商行政管理机关推进社会主义新农村建设合作协议》的指导。④ 国家领导人的重要指示和理论对《泛珠三角区域合作发展规划纲要(2006－2020年)》的指导。⑤ 第四类，完全地方自主的粤港澳府际协议。这类区域合作协议涉及交通、能源、贸易、农业、投资、旅游、就业服务、科教文化、环境保护、信息合作、水利发展、法律服务、体育交流、行政界线管理、价格协作、食品药品监管、工商质监执法及公共卫生等诸多领域。广东省与香港特别行政区共同签订了《深化实施CEPA、共同推进粤港服务业合作步伐协议》《关于推动粤港两地企业开展节能、清洁生产及资源综合利用工作的合作协议》《关于加强粤港信息化合作的安排》《2007－2008年粤港知识产权合作协议》《关于对供港塘鱼运输工具加施检验检疫封识的协议

---

① 参见《泛珠三角经济圈九省区暨重庆市道路运输一体化合作发展2003年议定书》第8条规定："本协定书一式十一份，十方各执一份，报交通部一份，各方签字后生效。"

② 2003年6月，中华人民共和国商务部安民副部长代表中央政府，与香港特别行政区财政司梁锦松司长，共同签署了《内地与香港关于建立更紧密经贸关系的安排》文本及有关磋商纪要。参见中华人民共和国商务部台港澳司网：http://tga.mofcom.gov.cn/article/zt_cepanew/tzxy/201706/20170602600661.shtml。

③ 参见《泛珠三角区域科技创新合作框架协议》导言部分，"在科技部的指导和支持下，经过充分讨论，达成如下框架协议"。该协议的附款部分"各省区科技部门应主动向主管省领导汇报，建议由广东省政府邀请八省区主管科技的省领导，于11月底共同签订'泛珠三角'区域科技创新合作协议"。

④ 参见《泛珠三角区域工商行政管理机关推进社会主义新农村建设合作协议》导言部分"围绕国家工商总局提出的'发挥工商行政管理职能，推进社会主义新农村'建议"。

⑤ 参见《泛珠三角区域合作发展规划纲要(2006－2020年)》导言部分"有利于落实中央提出的科学发展观……根据胡锦涛总书记关于做好泛珠三角区域发展战略规划的重要指示精神……特制定泛珠三角区域合作发展规划纲要"。

书》等规范性文件，[①]为双方进一步在经贸、环境保护、知识产权保护等方面的合作打下法律基础。同时，广东与澳门特别行政区也签订了诸多合作协议，如《粤澳旅游合作协议》《粤澳双方共同推进中医药产业合作项目协议》《粤澳文化合作项目协议》《粤澳教育交流与合作协议》《粤澳体育交流与合作协议》《粤澳城市规划合作框架协议》《关于成立珠澳合作专责小组的备忘录》《粤澳应急管理合作协议》8项合作协议。2009年粤澳双方在《珠江三角洲地区改革发展规划纲要(2008－2020年)》和《横琴总体发展规划》的框架下加大粤澳合作的力度，签署了《关于贯彻落实全国人大常委会决定、推进横琴岛澳门大学新校区项目的合作协议》，粤澳合作取得了突破性进展。

不难看出，我国实践中的绝大多数区域合作协议系地方政府自主签订，并没有出现中央政府的全程主导、事中参与或事后监督等现象。由此看来，我国区域合作主要是地方政府的自主权，体现的是地方对中央法律和政策的主动回应和执行。[②]

(二)立法协调存在的挑战

1. 粤港澳三地分属于三个法域，缺乏法律冲突的协调机制

由于历史原因，香港地区被英国管治100多年，香港法律体系属于英美法系。澳门被葡萄牙管治期间适用葡萄牙法律。港澳回归后，根据港澳基本法的规定，除列于基本法附件三的全国性法律外，其他全国性法律不在港澳特别行政区实施，香港和澳门继续保留原有的不与基本法相冲突的法律制度，实行高度自治，享有行政管理权、立法权、独立的司法权和终审权。据此，港澳特区在民商事、行政管理和刑事法律方面自成独特的法律制度，与内地法律存在全方位的法律冲突。这势必会阻碍粤港澳三地一体化发展进程。尽管国家各部门及广东地方政府就内地与港澳间的立法协调取得了一定成果，但依然面临一些挑战。其一，在府际协议中，基本上都没有设置行之有效的纠纷解决机制，在性质上更接近于合作共识而非规范性框架，离法律意义上的规范更是相去甚远。其二，司法机关的协作进展缓慢。特别是内地与香港特别行政区之间的司法协助，一直处

① 参见符启林、罗晋京：《粤港澳经济一体化和法律保障机制初探》，载《政法学刊》2008年第4期。

② 参见何渊：《论区域法律治理中的地方自主权——以区域合作协议为例》，载《现代法学》2016年第1期。

于难以突破的“瓶颈”之中。[①] 由于法律冲突而可能引发的合作困难问题,目前已经在多个事件中凸显。例如,内地与香港特别行政区高铁“一地两检”问题,引发香港特别行政区部分人士对两地执法权行使及其冲突的高度关注和讨论,使一项有利于香港特别行政区发展的基础设施建设问题演化成为政治问题。[②] 港珠澳大桥环境影响评估报告引发香港特别行政区法院司法复核案,特别行政区政府虽最终获得胜诉,但诉讼仍然导致大桥香港段工程进度暂停,造价增加。[③]

2. 大湾区内立法主体多,权限不一

大湾区内立法主体众多,而且权限不一,一直缺乏解决法律冲突的协调机制。从立法层面看,随着《立法法》的修正,大湾区相对独立的立法主体增至12个,有特别行政区立法权、有经济特区的立法权、有设区的市的立法权,这些巨变使大湾区的立法及其权限错综复杂,急需统一的冲突法规范予以协调。[④]

粤港澳三地政府权限不一,具体表现在以下两个方面:第一,行政管理权限不同。依据港澳基本法的规定,港澳特别行政区都享有行政管理权和全国人大及其常委会及中央人民政府授予的其他权力,依照基本法有关规定自行处理港澳特别行政区的行政事务。而依据宪法的规定,国务院统一领导全国地方各级行政机关的工作,规定中央与省、直辖市的国家行政机关职权的具体划分,并有权改变或撤销地方各级国家行政机关的不适当的决定和命令。可见,广东政府不具有自行处理本地区行政事务的权力,必须服从国务院的统一领导。第二,立法权限不同。依据港澳基本法的规定,港澳特别行政区都享有立法权。港澳特别行政区立法机关制定的法律虽然必须报全国人大常委会备案,但备案不影响法律生效。而且只有该法律涉及中央管理事务及中央和特别行政区关系时,全国人大常委会才有权将有关法律发回而使之立即失效。全国性法律除列于基本

---

① 参见叶一舟:《粤港澳大湾区协同立法机制建设刍议》,载《地方立法研究》2018年第4期。

② 参见《袁国强:“一地两检”并不会破坏“一国两制”》,载香港大公网:http//news. stnn. cc/hongkong/2015/1215/268707. shtml,最后访问日期:2018年9月12日。

③ 参见《港珠澳大桥环评复核香港政府胜诉》,载中华人民共和国国务院新闻办公室官网:http://www. scio. gov. cn/zhzc/8/3/Document/1017813/1017813. htm,最后访问日期:2018年9月20日。

④ 参见邹平学、冯泽华:《改革开放四十年广东在粤港澳法律合作中的实践创新与历史使命》,载《法治社会》2018年第5期。

法附件三者外,不在港澳特别行政区实施。广东省虽然也享有立法权,但其范围有限:我国《立法法》第8条规定的事项只能制定法律,广东省无权进行创制性立法;在行使立法权时,不得与法律、行政法规相抵触;地方性法规、政府规章如与部门规章冲突,由国务院作出裁决。粤港澳大湾区建设虽被纳入中央顶层设计,但如何跨越法律和制度冲突进行跨区域的协调,仍面临不少挑战。

3. 跨境府际合作缺乏牢固法律基础

首先,粤港澳的系列府际协议不属于立法法规定的法律渊源,且无政府间的权利义务及其约束措施。我国《宪法》和《地方各级人民代表大会和地方各级人民政府组织法》只授权各级政府管理其辖区范围内的事务,没有明确授权各级政府建立跨行政区域的合作机制。其次,粤港澳的合作联席会议、粤港澳联络协调会议虽经国务院批准,但在《宪法》《立法法》《地方各级人民代表大会和地方各级人民政府组织法》《香港特别行政区基本法》《澳门特别行政区基本法》等法律上无明确依据,任何一方不遵循协议理论上亦可不承担法律责任,加之国务院是否有此权限存在法理上的模糊。

粤港澳区域合作一直以建立协调机制为重点。在CEPA签订前,广东省与香港特别行政区、澳门特别行政区建立了非正式的会议机制,由三地官员参加高层会晤,形成了粤港合作联席会议和粤澳合作联席会议的定期会晤机制,并设立联络办公室作为常设机构,同时根据合作的需要,会议还设立了若干专责小组,以研究和处理改善粤港和粤澳在贸易、经济、基建、水陆空运输、道路、海关旅客等事务上的协调与合作问题。就法理上而言,该协议体现出"软法"的特点,并不具有强制性的拘束力。[①] "软法"不是法,协议不具有拘束力,只是指导协议方各自域内的立法,并对内地和特别行政区公权力机关的合作及行使权力提供指引。[②] 另外,粤港、粤澳合作联席会议缺乏宪法依据。我国《宪法》和《地方各级人民代表大会和地方各级人民政府组织法》只有授权各级政府管理其辖区范围内的事务,并没有授权地方政府之间及内地地方政府与香港、澳门等特别行政区之间建立跨行政区划的合作机制。

---

① 参见罗豪才、宋功德:《认真对待软法——公域软法的一般理论及其中国实践》,载《中国法学》2006年第2期。

② 参见朱孔武:《粤港澳大湾区跨域治理的法治实践》,载《地方立法研究》2018年第4期。

三、国外立法协调经验借鉴

(一)美国州际法治协调

在美国,各州享有立法权,常常会造成州际法律的冲突与不协调。为解决此类难题,美国广泛地采用示范法的统一方式,即在美国统一州法全国委员会、美国法学会、美国律师协会等官方、半官方或民间组织提供的不具有法律效力的示范法基础上,各州立法机关采用相同或类似的实体法,从而求得法律的统一。[①]另外,美国的州际协定也是解决州际法律纠纷的一种重要手段。“州际协定是州之间有约束力的协议。它由所涉及的各州的代表签署,并且由签约各州的立法机关批准认可。州际协定对签约各州及其公民具有约束力。”[②]可见,州际协定缔结主体是州政府,但是要经过立法机关的批准认可,使之具有法律上的约束力。

美国的州际协定产生于殖民地时期,用于解决边界纠纷。后来,为了解决州际资源的分配和城市规划的协调,广泛运用州际协定并使之进一步发展,收到了较好协调州际法制的效果。州际协定的广泛运用,又影响到了联邦政府和地方政府的权威,使联邦政府和地方政府积极参与其中,形成了联邦、州及地方之间的协调机制。正式的和非正式的行政协议已经日益成为大量州际合作行为的基础,特别是处理行政合作方面,它们比起州际协定,更具有独到之处。

在美国,州际协定与行政协议之间并不是取代关系,而是互补关系。从实践来看,涉及州际关系的重要程度决定了各州到底采用州际协定、正式的行政协议,还是非正式的行政协议。对于涉及重大政治问题的,刚性的州际协定机制是不错的选择,对于涉及简易的行政问题或紧急问题的,柔性的行政协议机制似乎更有用武之地。

美国旧金山湾区作为国际著名的湾区,内部法律冲突主要通过“湾区政府协会”(Association of Bay Area Governments,ABAG)来协调处理,“湾区政府协会”是一个联合加州湾区多个地方政府的区域规划机构,主要负责和处理湾区土地利用、住房、环境质量、经济发展等方面的跨界协调治理工作。[③] 在湾区政府协会下设的诸多机构中,立法和政府组织委员会所承担的职能之一就是向湾区政府

---

① 参见王春业:《区域合作背景下地方联合立法研究》,中国经济出版社2014年版,第117页。

② 丁国卿:《我国区域立法协调问题研究》,厦门大学2009年硕士学位论文,第29页。

③ 参见陶希东:《全球城市区域跨界治理模式与经验》,东南大学出版社2014年版,第102页。

协会推荐立法方案或计划。虽然没有直接进行立法，但实际上仍可在一定程度上实现区域协同立法的效果。

美国每个州际协定的条款中规定必须有该协定的执法机构，该机构是依照州际协定，经过协商设定的长期性的行政实体（有会员单位、行政人员和雇员）；通常采取委员会形式，一般情况下由每个州选举出相同人数的代表组成，每个代表拥有相同的表决效力，有时候也吸收联邦政府代表或者联邦政府职能部门的官员参加。①

如果违反州际协定构成违约，可以得到司法救济，缔约州之间由协定的解释、实施或者权利义务的确认等引起的诉讼通常都在美国联邦最高法院进行。如果一成员州擅自违反协定的规则，对另一成员州造成损害，受害州有权向联邦最高法院提起要求赔偿的诉讼。

（二）德国区域治理中的法制保障

德国是一个典型的法治国家，具备严谨的法治传统。德国城市间的联合始于中世纪。立法者在 19 世纪末开始通过立法赋予地方合作以法律形式。最早关于地方联合的立法以普鲁士及萨克森地力泊治条例为代表。1873 年萨克森的地方条例已经包含关于自愿性及义务性公法人及其解散的规定，还包括关于法人章程、财务等十分详尽的规定。1939 年 7 月 7 日德国制定了第一部全国性的关于地方合作的统一成文法典，即《目的事业公法人法》。第二次世界大战以后，这部法律随各州的重新建立而失效，地方合作的立法权重新回到各州手中。各州随后就地方合作制定了不同的法律。

德国具备十分完备的法律网络。政府架构及地方政府关系的确定都具有明确的法律依据。同时，公共行为对法律认同度和依赖较深。在区域治理中，体现为各种机构的建立都依赖完备的法律基础，具备直接的宪法和法律依据。

（三）日本东京湾区

东京湾区则是受到港口航运业与金融业的驱动。其主要特点是打破各自为战的行政区划格局，实现市场和资源的深度融合。东京湾区的统一规划最早可以追溯至 1956 年日本国会所制定的《首都圈整备法》，该法案的出台在法律层面为东京湾区的开发建设提供了保障。类似的专门性、补充性法律还包括 1958 年

---

① 参见崔卓兰等：《地方立法实证研究》，知识产权出版社 2007 年版，第 502 页。

的《首都圈市街地开发区域整备法》、1959 年的《首都圈建成区限制工业等的相关法律》、1966 年的《首都圈近郊绿地保护法》及 1986 年的《多极分散型国土形成促进法》等。在构建湾区法律保障体系的同时,日本分别在 1960 年、2006 年、2011 年和 2014 年推出了《东京规划 1960——东京结构改革的方案》《10 年后的东京——东京将改变》《2020 年的东京——跨越大震灾,引导日本的再生》《创造未来——东京都长期愿景》等专项湾区规划,通过具有延续性、可调整的统一规划实现经济的深度融合。①

东京湾的环太平洋区位优势,在日本工业化和现代化进程中已被发挥到了极致。但日本国土面积狭小,区域经济发展不均衡,这就促使日本政府较早意识到国土综合利用的重要性。明治维新以后,日本经济发展依次经历了"产业立国""贸易立国""技术立国"3 个重要阶段。为消除经济发展的二元结构问题,从 20 世纪 60 年代开始到 21 世纪初,日本政府先后制定了 5 次国土开发政策。分别为 1950 年制定的《国土综合开发法》、1956 年制定的《首都圈整备法》、1968 年制定的《中部圈整备法》、1977 年制定的《第三次全国综合开发计划》、2000 年制定的《国土审议会令》。② 可见,日本以立法的形式实现国土的统筹协调开发利用,避免地区之间的盲目建设。

综合上述美国、德国、日本协调处理区际法律冲突的经验,结合粤港澳大湾区的实际,从参照系功能与所需要解决任务的一致性、参照系环境的相同性来说,我们可以借鉴美国的州际法治协调做法,这一做法以尊重现行宪政框架,通过法解释挖掘法律资源为核心,可以成为我们研究区域经济一体化中法制问题的借鉴。③《美国宪法》第 1 条第 10 款第 3 项规定:"任何一州,未经国会同意……不得与他州或外国缔结协定或联盟。"美国联邦最高法院通过众多判例,阐释了该"协定条款"中的"国会同意",从而为厘清我国地方自主权和中央领导权的法律边界提供了一个可供借鉴的参照标准。

---

① 参见申明浩、杨永聪:《国际湾区实践对粤港澳大湾区建设的启示》,载《发展改革理论与实践》2017 年第 7 期。

② 参见林贡钦、徐广林:《国外著名湾区发展经验及对我国的启示》,载《深圳大学学报》(人文社会科学版)2017 年第 5 期。

③ 叶必丰:《区域经济一体化法制研究的参照系》,载《法学论坛》2012 年第 4 期。

四、粤港澳大湾区立法协调机制构建

如何通过法制建设来保证粤港澳大湾区进一步克服内耗、优化组合,实现共同发展和繁荣?这个更为优越的法制环境,很难通过国家制定统一的区域经济合作法来提供,在我国现行体制下,比较高效可行的做法是构建立法协调机制。

(一)确定立法协调主体的合法性是协调机制构建的前提

粤港澳大湾区区域立法应当在解决立法主体合法性的前提下,建立机构与机制相统一的以区域立法协调工作机制为基础、以开放协调的示范法机制为引领的多元化区域立法制度。① 借鉴美国大湾区的立法经验,粤港澳大湾区立法协调的形式主要是区际行政协议。区际行政协议的缔结主体是三地政府机关及其职能部门。为解决粤港澳大湾区区域立法主体合法性难题,应当由全国人大常委会作出授权决定,为粤港澳大湾区区域立法提供合法性前提:在遵守宪法和基本法的前提下,授予广东省、珠三角九市、港澳特别行政区粤港澳大湾区区域合作权,从而解决粤港澳大湾区区域立法的主体合法性难题。这一授权遵守了宪法和基本法,但与《地方各级人民代表大会和地方各级人民政府组织法》《立法法》等法律还存在一定的不协调。由于《地方各级人民代表大会和地方各级人民政府组织法》关于地方政府的职能和权限方面的规定已经滞后,需要完善。建议在《宪法》和《地方各级人民代表大会和地方各级人民政府组织法》中明确地方政府包括港澳特别行政区政府缔结地方政府间合作协定的权力。②

(二)构建立法协调的运行机制

区域立法协调的各项具体运行机制都是建立在各方共同签订认可的立法协调协议之下的。换言之,各项具体运行机制存在、运行的基础和前提条件是区域内各方以契约的方式,以自愿、平等协商和妥协的方式签订立法协调合作的协议,这方面的经验可以借鉴美国的州际协定。下面根据我国的情况,设计了一些区域立法协调具体的运行机制。

1. 专门委员会运行机制

美国州际协定成效显著的一个重要原因是依据协定设置了专门机构进行工

---

① 参见朱最新:《粤港澳大湾区区域立法的理论建构》,载《地方立法研究》2018 年第 4 期。

② 参见蔡镇顺:《粤港澳经贸合作的法律基础》,载《广东外语外贸大学学报》2013 年第 3 期。

作。目前,我国一些区域合作浮于形式,没有实际效果的很大原因也在于没有设立专门的机构去组织、执行合作方案。进行区域立法协调必须成立一个权威的协调机构,这个机构必须是经过协商设定的长期性的行政实体,来进行综合运作、有力协调。在我国设立委员会制形式的专门机构比较可行。委员会的成员由区域各方的人大、政府派员组成,各方人数均等,每个代表的表决效力相同,有一套稳定的工作制度,有一批专门的工作人员,委员会组织协调工作的开展、形成决策、解决纠纷、执行决定及监督。其他的运行机制都建立在此基础之上。没有专门的执行机关,再精巧的制度设计也是形同虚设。

2. 区域利益补偿和共享机制

整个区域的共同利益,有时一方必须作出让步妥协,可能遭到利益损失。例如,为了形成整个区域产业结构的优化配置,避免重复建设和过度竞争,有些地区需要对本地的产业布局作出调整和让步,同时在环境保护、基础设施建设及土地资源开放等方面,有些地方的利益也会受到损失,这些就需要在平衡各地之间的利益、兼顾效率和公平的基础上,利用税收优惠或补贴等手段,建立起制度化的利益补偿和共享机制。① 这既符合立法协调的利益共赢目的追求,也是立法协调活动能够进行下去的合作基础。

立法协调工作一个非常重要的环节就是立法信息的交流、共享。这不仅是进行立法协调活动的基础,本身还是节约立法资源、避免立法冲突的手段。确定参加立法信息交流的主体,建立多渠道的、多层面的立法信息交流制度。

3. 交叉备案机制

吸取我国《立法法》备案制度的规定,可以考虑建立交叉备案机制。② 交叉备案是指区域内一方有立法权的主体除按照《立法法》的规定进行备案外,还向他方立法主体进行交叉备案,如果发现该立法有可能损害任何一方的利益时,就可以提交区域立法协调专门委员会进行协调。最好是能够采取生效前备案制度,有利于尽早发现立法冲突,避免损害发生。

4. 跟踪评价机制

区域立法协调活动有其特定的原因和目标。为了考核协调活动的运行情

① 丁国卿:《我国区域立法协调问题研究》,厦门大学2009年硕士学位论文,第40页。

② 同上书,第41页。

况,及时发现和解决立法协调过程中遇到的问题,也是为了进一步完善立法协调活动的各项运行机制,有必要对立法协调机制运行情况和协调效果进行跟踪评估。跟踪评价的方式多种多样,可以是进行社会资源有效利用程度的评估,也可以向相关利益主体进行问卷调查,但应当委托第三方进行评价工作。

(三)立法协调的程序机制

粤港澳大湾区行政协议的缔结程序,可以大致包括以下几个步骤:①第一,高层会晤磋商。这一过程的特点是由行政首长进行会面磋商,另外,广东省委书记亦代表党组织也参与其中。第二,召开行政首长联席会议,研究行政协议工作。第三,充分调研、听取民意制订框架协议。第四,文本形成后,向中央政府请示。第五,国务院批示与修改。国务院充分征求国家发展和改革委员会、国务院港澳事务办公室等多个部门的意见,组织力量进行修改完善。第六,国务院审核同意。经粤港澳各方多次反复修改后,国务院正式审核同意该行政协议。第七,行政首长代表行政区签署协议,协议即时生效。

(四)立法协调的争议解决机制

建立"以协商解决方法为主、以法律非强制性规范为辅"的争议解决机制。这种解决机制的架构为:争议发生后,由争议方首先进行协商,如果能够达成一致,则协商解决程序终结。否则,就启动工作组程序,该工作组是专门委员会之下的常设机构,负责独立地提出争议解决方案,该方案不具有最终效力,需由专门委员会最终决定。可见,协商是解决争议的主要方法,法律方法的运用则表现为关于协商解决的实体性与程序性规则。但是,这些规则是指导性、程序性的法律规范,而不是强制性规范。这种争议解决机制的程序如下:第一,先行协商。当争议发生时,争议各方首先应本着友好合作的精神对争议先行协商或谈判。协商也可以邀请第三方参加,但出于友好解决争议之考虑,仅由争议各方参与协商更可取。除此之外,争议各方还可以邀请中立第三方进行斡旋、调停、调查、调解。如果争议方陷入无法协商解决的僵局,则任何一方可以请求启动工作组程序。协商解决方式应规定明确的时限。第二,启动工作组程序。现有的 CEPA 第 19 条第 2 款关于工作组的规定过于简单,应按照 CEPA 的构架,以"CEPA 附件"的形式,在双方协商一致的基础上,由专门委员会具体负责,尽快起草并经

---

① 崔卓兰、黄嘉伟:《区际行政协议试论》,载《当代法学》(双月刊)2011 年第 6 期。

CEPA原双方签署，作为CEPA《补充协议》的新附件，明确争端解决工作组的机构与职能、人员资格及选定、争议受理范围和程序、决定或裁定的作出与执行、处理争议所应适用的法律等一整套程序和方法的具体规定。工作组受理的争端发生于中央政府和香港(澳门)特别行政区政府之间，不包括国民与另一当事方政府之间发生的争议。工作组的成员应主要由经济、贸易、技术、法律等专业人士组成，且这些专业人士不代表任何政府，以独立的专家身份进行工作以保证争端的公正、专业处理。当争议进入工作组程序，工作组应首先对争议进行调查审议，然后提出争议解决方案交给专门委员会。争议各方可以在协商阶段共同选择由工作组之外的中立第三方协调解决争端，在未果的情况下，再进入由工作组担任中立第三方的争端解决程序。需要指出的是，所有中立第三方，包括工作组，他们的作用都只是中立的争端解决方案提出者。所不同的是，工作组作为中立第三方提出的解决方案最终由专门委员会决定是否采纳；而斡旋、调停、调查、调解的中立第三方的解决方案由争议各方决定是否一致同意或接受。第三，由专门委员会最终决定。工作组提交的解决方案对于专门委员会来说只有建议性质，最后能否被采用，则取决于专门委员会协商一致的结果是采用还是舍弃。CEPA第19条第5款规定，“委员会采取协商一致的方式作出决定”，工作组提出的解决方案不应具有强制执行效力。理由：由工作组这个中立第三方提出解决方案，再由联合指导委员“协商一致”作出最终的决定，符合CEPA现有的规定及其精神；且这样的制度设计无须对现有规定进行根本性的改动。更进一步来看，工作组提交的解决方案只是建议性质而不具有强制性，在专门委员会协商一致接受后，再由争议各方信守承诺并执行争端解决方案，这样既能提高CEPA的权威，又能降低CEPA执行的成本，一举两得。

区域生态环境保护协同机制的优化构建

——以粤港澳大湾区为例[①]

古小东[*]

一、引言

基于生态环境的整体性、污染物的移动性及环境利益的一致性，区域生态环境的协同保护意义重大且极为迫切；粤港澳大湾区作为区域生态环境协同保护的研究样本具有一定的典型性。湾区是河流、海洋、陆地三大生态系统交汇的区域，是海岸带的重要组成部分，有着丰富的海洋、生物、环境资源，以及独特的地理景观和生态价值，可以依托其资源环境禀赋打造宜居宜业的环境优势，提升城市发展的质量和人民生活的品质。综观国际上湾区经济发达的地区（如东京湾、旧金山湾和纽约湾）无不拥有良好的生态环境作为依托。

粤港澳大湾区一衣带水、同在一片蓝天，河海和港湾

---

① 本文系国家社科基金“新时代海洋强国建设”重大研究专项项目“陆海统筹背景下我国海洋生态环境协同治理研究”（项目编号：18VHQ014）、中国博士后科学基金面上一等资助项目“我国海洋生物多样性保护法律制度研究”（项目编号：2016M600645）、广东省社会科学界联合会2016年委托课题“粤港澳生态环境协同保护制度研究”、广州市社科规划智库课题“粤港澳大湾区生态保护与环境治理研究”（项目编号：2017GZZK42）的阶段性成果。

* 中山大学海洋科学学院研究员，广东外语外贸大学博士后，法学教授。

亦紧紧接壤,经济和文化自古紧密相连,穹顶之下同呼吸共命运。建设世界一流湾区,必然要求有良好的生态环境,包括大气环境、水环境、土壤环境、海洋环境及生物多样性等。新加坡国立大学东亚研究所所长郑永年教授认为,"粤港澳大湾区不仅是经济发展项目,还是制度创新、制度先进化的项目"。笔者认为,粤港澳大湾区生态环境保护协同机制是"一国两制"下的制度创新与实践,能为粤港澳三地的长期繁荣稳定提供很好的保障。

二、粤港澳大湾区生态环境协同保护现状分析

20 世纪 80 年代的珠江口是最丰产的近海水产区和水生物繁殖区,生物种群最丰富的海区,以及生物优势种群更迭最活跃的海区。[①] 随着珠三角区域的经济发展,污染物入海量剧增,大规模的围海造地、人工填海、养殖及建设港口码头等使伶仃洋正在变浅变小,无序采沙造成海岸侵蚀,珠江口红树林区面积锐减、湿地功能严重退化,局部海域"荒漠化"。[②] 近年来,粤港澳三地采取了一系列的举措协同保护生态环境,并取得了一定的成效。

(一)粤港澳大湾区大气环境质量得到一定改善,优于京津冀、长三角地区

环境指标是分析和评估一个地区或国家环境质量的有效工具,为世界上大多数国家采用。2006~2016 年,粤港澳珠江三角洲区域空气监测网络测得的 SO_2、NO_2、PM_{10}的年平均值分别下降 74%、24%、38%,呈现明显下降趋势(见表 1),表明近年推行的改善大气环境的措施已取得一定成效。

表 1 粤港澳珠江三角洲区域空气监测网络污染物浓度的年平均值

年份	SO_2 (μg/m³)	NO_2 (μg/m³)	O_3 (μg/m³)	PM_{10} (μg/m³)	$PM_{2.5}$ (μg/m³)	CO (mg/m³)
2006	47	46	48	74	—	—
2007	48	45	51	79	—	—
2008	39	45	51	70	—	—
2009	29	42	56	69	—	—

① 参见唐永銮:《广东省海岸带和海涂资源综合调查报告》,海洋出版社 1987 年版,第 1~3 页。

② 参见江璐明、张虹鸥、梁国昭:《环珠江口与环东京湾地区产业发展及环境比较》,载《热带地理》2005 年第 4 期。

续表

年份	SO_2 (μg/m^3)	NO_2 (μg/m^3)	O_3 (μg/m^3)	PM_{10} (μg/m^3)	$PM_{2.5}$ (μg/m^3)	CO (mg/m^3)
2010	25	43	53	64	—	—
2011	24	40	58	64	—	—
2012	18	38	54	56	—	—
2013	18	40	54	63	—	—
2014	16	37	57	56	—	—
2015	13	33	53	49	32	0.791
2016	12	35	50	46	29	0.786

资料来源:2016 年粤港澳珠江三角洲区域空气监测网络报告。

注:由于塔门子站从 2015 年 11 月 30 日至 2016 年 2 月 26 日暂停运作,因而该子站在 2016 年的小时数据获取率不足以作年评价,故 2016 年污染物浓度网络平均值统计计算中未包含该子站数据。

就粤港两地而言,双方均已达到各自的二氧化硫、氮氧化物、可吸入悬浮粒子和挥发性有机化合物的 2015 年减排目标。根据 2015 年排放清单,香港特别行政区主要空气污染物的排放量较 2010 年下降 14% ~45%,珠三角经济区则下降 11% ~25%(见表 2)。香港特别行政区的二氧化硫、可吸入悬浮粒子和挥发性有机化合物,以及珠三角经济区的二氧化硫的减排幅度都远超目标。①

表 2　粤港珠江三角洲地区 2015 年减排结果

污染物	地区	2015 年减排目标#	2015 年实际减排成效#(根据 2015 年排放清单)
二氧化硫	香港特别行政区	-25%	-45%
	珠三角经济区	-16%	-25%
氮氧化物	香港特别行政区	-10%	-14%
	珠三角经济区	-18%	-22%

① 参见香港特别行政区政府环境保护署网:https://www.epd.gov.hk/epd/sc_chi/environmentinhk/air/data/emission_inve.html。

续表

污染物	地区	2015 年 减排目标#	2015 年实际减排成效# (根据 2015 年排放清单)
可吸入 悬浮粒子	香港特别行政区	-10%	-20%
	珠三角经济区	-10%	-14%
挥发性 有机化合物	香港特别行政区	-5%	-14%
	珠三角经济区	-10%	-11%

资料来源:香港特别行政区政府环境保护署网站。

注:#为与 2010 年的排放水平比较。

原环境保护部 2017 年 5 月发布的《2016 中国环境状况公报》表明,中国大陆珠三角地区的空气污染物 SO_2、NO_2、O_3、PM_{10}、$PM_{2.5}$、CO 数据全部优于同期的京津冀地区、长三角地区;广州市的空气污染物数据除 SO_2 劣于北京市、NO_2 劣于上海市、CO 与上海市一致外,$PM_{2.5}$、PM_{10}、O_3 均优于同期的北京市、上海市(见表 3)。

表 3 京津冀地区、长三角地区、珠三角地区 2016 年空气污染物状况

区域	SO_2 ($\mu g/m^3$)	NO_2 ($\mu g/m^3$)	O_3 ($\mu g/m^3$)	PM_{10} ($\mu g/m^3$)	$PM_{2.5}$ ($\mu g/m^3$)	CO (mg/m^3)
京津冀	31	49	172	119	71	3.2
长三角	17	36	159	75	46	1.5
珠三角	11	35	151	49	32	1.3
北京市	10	48	199	92	73	3.2
上海市	15	43	164	59	45	1.3
广州市	12	46	155	56	36	1.3

资料来源:原环境保护部《2016 中国环境状况公报》,2017 年 5 月。

注:表中的珠三角地区仅指广东省的珠三角地区九市,不包括香港特别行政区、澳门特别行政区。

(二)珠江口近岸海域水质差,河口生态系统富营养化,香港地区海水水质受珠江排放影响较大

原环境保护部与中国科学院联合开展的全国生态环境 10 年变化调查评估

表明,2000～2010 年,我国滨海自然湿地的面积减少了 14.9%,大陆自然岸线减少了 8.3%。海洋环境质量方面,2015 年全国入海河流总体中度污染,陆源污染物排海量大。9 个重要海湾中,渤海湾、杭州湾、长江口、闽江口和珠江口 5 个海湾的水质属于差或极差。[①] 原国家海洋局于 2017 年发布的《2016 中国海洋环境状况公报》也显示,2016 年我国近岸局部海域的污染依然严重,污染海域包括渤海湾、杭州湾、珠江口等,主要污染物为无机氮、活性磷酸盐和石油类。珠江携带入海的污染物量大;珠江河口生态系统呈富营养化状态,大亚湾浮游动物密度、大型底栖生物密度和生物量低。

广东省海洋与渔业厅 2017 年发布的《2016 年广东省海洋环境状况公报》表明,2016 年珠江口大部分近岸海域无机氮和活性磷酸盐指标劣于第四类海水水质标准;大亚湾、大鹏湾和川山群岛等海域大部分为清洁或较清洁海域。香港特别行政区环境保护署 2017 年发布的《2016 年香港海水水质》报告显示,除本港沿岸的排放外,后海湾及西北部水质管制区在雨季均受到珠江的排放的影响。同时,后海湾水质管制区全年亦接收源自深圳河的排放。

(三)陆源垃圾和海上违法倾倒废弃物导致近海海洋垃圾污染严峻

海洋垃圾的最大来源是陆上活动。自 2015 年年底特别是 2016 年 8 月以来,广东省海上违法倾倒废弃物呈现“井喷式”增长,有报道称香港特别行政区面向的珠三角水域,大屿山、伶仃岛及万山群岛一带沦为内地垃圾堆填区“被垃圾攻陷”。据广东省海洋与渔业厅统计,2016 年 1～8 月共查获违法倾废 30 宗,比 2015 年同期增长 200%。往年执法中发现的海上违法倾废主要是未办理倾废许可证,或者不按照批准的海域进行倾倒,新发现的违法倾倒废弃物主要为生活垃圾、工业垃圾和建筑渣土。这些垃圾对海洋生物、海洋生态环境的影响大,也是船舶安全的重要隐患,是国际公约和国家法律明令禁止的。

(四)对港澳地区的供水缓解了其淡水资源紧缺问题,保障了港澳地区供水安全

广东省高度重视东江水质保护工作,将其作为“政治水”“经济水”“生命水”。目前,广东省通过东深供水工程每年向港供水约为 7 亿～8 亿立方米,占香

---

① 陈吉宁:《以改善生态环境为新动力 积极打造湾区绿色发展新优势——在湾区城市生态文明大鹏策会上的讲话》,载《中国生态文明》2016 年第 2 期。

港特别行政区总用水量的70% ~80%。东深供水工程自1965年投产以来,已累计对港供水237亿立方米,相当于搬动了1.5个洞庭湖。澳门境内没有河流和大型蓄水设施,少部分来自本地收集的雨水,98%的原水依靠珠海供应,即源自珠江主流的西江。珠海竹仙洞水库对澳供水南系统等在20世纪陆续建成,珠海斗门竹银水库工程总投资近10亿元,于2011年建成。据统计,广东省对澳门特别行政区供水量在20世纪60年代仅为100多万立方米,而2012年全年对澳供水达到0.85亿立方米。

粤港澳之间除了在大气环境污染、水环境污染、海洋环境污染和供水安全领域开展合作,在林业、海洋资源、生物多样性保护等领域也有合作,并取得了一定的成效。

三、粤港澳大湾区生态环境保护协同机制评析

(一)协同机制之特点

1.协同保护的领域较广,以磋商为基础

粤港澳生态环境协同保护的领域较广,以大气环境、水环境尤其是近海海域环境及水资源(安全供水)为主,同时在中华白海豚保护、红树林保护、湿地保护、生物多样性保护、自然保护区、野生动植物保护和贸易、废弃物跨区转移处置、林业科技与灾害防控技术、执法管理、生态旅游等诸多生态环境领域开展了交流合作,并取得了一定的成效。基于不同的目标、利益和诉求,以及不同的政治、法律和行政制度,每一个议题的合作均需要经过多次沟通磋商。

2.组织机构包括联席会议、合作小组、专家小组、专题/专责小组等多种形式

以粤港为例,其组织机构主要包括:

(1)粤港合作联席会议。自1998年起每年一次,轮流在广州市和香港特别行政区召开,由广东省与香港特别行政区政府的行政首长共同主持。其议题内容为两地之间在区域合作规划、基础设施、产业经济、营商贸易、科技创新、生态环境、教育人才等事务上的合作协调,具有宏观指导意义。

(2)粤港持续发展与环保合作小组。1990年成立了"粤港环境保护联络小组",并于1999年更名为"粤港持续发展与环保合作小组"(以下简称合作小组),是粤港两地环境保护领域合作的重要机构,其具体负责两地环保合作事宜的联系。合作小组每年召开会议,主要内容是审议专家小组和专题/专责小组的

年度工作报告,审议粤港两地之间环保合作的年度主要工作成果,并就双方共同关心和需要解决的环境质量、自然资源、生态环境及可持续发展事宜进行交流磋商,议定下一年度的合作计划。

(3)专家小组和专题/专责小组。专家小组的职责是拟定年度工作计划,提出相关的工作建议、方案和合作项目,协调各专题项目的讨论,以及审阅各专题工作成果与报告并向合作小组报告。专题/专责小组有“珠江三角洲空气质素管理及监察专责小组”“林业及护理专题小组”“海洋资源护理小组”“珠江三角洲水质保护专题小组”“大鹏湾及后海湾(深圳湾)区域环境管理专题小组”“粤港清洁生产合作专责小组”“东江水质保护专题小组”“粤港海洋环境管理专题小组”等,专门负责某项具体跨界环境问题的监察、研究、合作交流,并讨论制定应对策略。

3. 政策工具包括法律行政计划协议等多种手段

在政策工具方面,有法律行政计划协议等多种手段形式,内容涉及规划编制、环境治理、信息通报、科学研究、环境宣传等。例如,为保护东深供水水质,广东省人大于1991年制定了《广东省东江水系水质保护条例》(后经多次修改);此外,广东省人大、省政府还先后出台了10余个法规及文件;2011~2017年,东江流域内的广州、深圳、韶关、河源、惠州、东莞6市共拒绝批准约7000个涉及影响东江水质的发展项目,淘汰了1391家重污染企业。2000年粤港政府制定《后海湾(深圳湾)水污染控制联合实施方案》,2003年粤港政府签署《珠江三角洲地区空气质素管理计划》,2009年粤澳政府签署《粤澳供水协议》,2012年粤港两地政府确认了2020年的减排方案,2014年粤港澳三方签署《粤港澳区域大气污染联防联治合作协议书》,2017年粤澳签署《2017—2020年粤澳环保合作协议》等,内容涉及规划编制、环境治理、信息通报、科学研究、环境宣传等多个方面。

4. 以环境设施建设、环保资金投入、科学研究等为支撑

为解决东江水质污染问题,2000年8月广东省政府启动了东深供水改造工程,建设专用输水系统,实现“清污分流”,保障香港特别行政区供水安全,工程历时3年,总投资超过了42亿元。香港特别行政区投入近2亿元为石湖墟污水处理厂建造额外的处理设施,以期改善东江水质;拨款9306万港元为广东省的港资企业提供清洁生产技术支持,推行“清洁生产伙伴计划”。在大气环境方面,2005年11月正式启用“粤港珠江三角洲区域空气监控网络”,并于2015年把空

气质量监测范围扩展至粤港澳三地；开展“粤港澳区域性 $PM_{2.5}$ 联合研究”，为规划改善区域空气质素的策略提供科学基础。

（二）协同机制之不足

1. 各地经济发展水平和人口资源环境承载力不同，区域可持续发展决策的科学性与协同性有待提升

通过对 2015 年港澳珠江三角洲区域人口土地经济的部分数据比较（见表 4），可以看出各城市的经济发展水平、产业结构、人口密度、资源环境承载力不同。广东省珠三角九市人口密度约为 1073 人/km^2，其中深圳约为 5697 人/km^2，比较接近于香港特别行政区的人口密度（约 6740 人/km^2）；人口密度最高的是澳门特别行政区，约为 21,276 人/km^2，是广东省珠三角九市人口密度的 20 倍左右。人均 GDP 最高的也是澳门特别行政区，约合 463,166 元人民币；其次是香港特别行政区，约合 274,920 元人民币；广东省珠三角九市人均 GDP 为 107,011 元人民币，为澳门特别行政区的 1/4 左右。就产业结构而言，广东省珠三角九市的第二产业比重约为 43.58%、第三产业比重约为 54.62%，而香港特别行政区和澳门特别行政区的第三产业比重均在 90% 以上。此外，香港特别行政区和澳门特别行政区均没有一次性能源生产；澳门特别行政区和香港特别行政区的淡水资源紧缺，澳门特别行政区 98% 的原水、香港特别行政区 70% ~80% 的原水依靠广东省供应；香港特别行政区和澳门特别行政区的大部分农产品、水产品从广东省进口。

表 4 2015 年港澳珠江三角洲区域人口土地经济部分数据比较

区域	香港特别行政区	澳门特别行政区	珠三角九市	广州市	深圳市
人口数量	730.57 万人	64.68 万人	5874.27 万人	1350.11 万人	1137.87 万人
陆地土地面积	1080.83km^2	30.4km^2	54,763km^2	7248.86km^2	1997.27km^2
人口密度	6740 人/km^2	21,276 人/km^2	1073 人/km^2	1863 人/km^2	5697 人/km^2
GDP	23,971.24 亿港元（约合 20,084.83 亿元人民币）	3687.28 亿澳门元（约合 2971.21 亿元人民币）	62,267.78 亿元人民币	18,100.41 亿元人民币	17,502.86 亿元人民币

续表

区域	香港特别行政区	澳门特别行政区	珠三角九市	广州市	深圳市
人均 GDP	328,117 港元(约合 274,920 元人民币)	574,790 澳门元(约合 463,166 元人民币)	107,011 元人民币	136,118 元人民币	157,985 元人民币
产业结构	—(第三产业比重为 90% 以上)	0:5.2%:94.8%	1.8%:43.58%:54.62%	1.26%:32%:66.74%	0:41.2%:58.8%

资料来源:(1)香港特别行政区政府统计处网站,香港统计年刊 2016 年版;(2)澳门特别行政区政府统计暨普查局,澳门资料年刊 2016;(3)广东统计年鉴 2016,广州统计年鉴 2016,深圳统计年鉴 2016。

注:"—"表示目前没有找到具体的数据。

有学者对广东省珠三角九市的相对资源承载力进行了分析,研究认为江门、肇庆、惠州的传统综合承载力和绿色综合承载力的排名都是前三名,表明这三个城市经济发展的同时,也注重资源环境的协调发展,耕地面积多而人口较少也是重要的因素,可持续发展程度较高;佛山、深圳、东莞三市的经济高速发展,但资源消耗、环境恶化问题较严峻,且人口多、人均土地面积少、相对自然资源承载力低。① 总体而言,与香港特别行政区和澳门特别行政区相比较,广东省珠三角九市目前的产业经济发展将耗费更多的资源,并将产生更多的污染物、废弃物;同时,由于香港特别行政区和澳门特别行政区经济发展水平更高,其对生态环境的感受和要求也必然更高。另外,香港特别行政区和澳门特别行政区人多地少,人均生态承载力低。

再则,各地的经济发展水平不同,也导致各地的利益诉求及其制定的政策目标可能存在不一致,区际政府之间在生态环境保护的责任承担上可能相互推诿、难以协调。基于环境"公地悲剧"和"经济人假设",以及区域经济产业竞争、地方保护主义、区域政策制度不一致等因素,利益协调较难、磋商合作管理成本较高乃至生态环境部分恶化等问题随之出现。

基于此,区域内各地尚需结合其人口、经济、资源环境的实际状况,合理控制人口、发展绿色产业、科学配置和高效利用资源、减少环境污染,提升发展质量,

① 参见吴丹、黄宁生、匡耀求、朱照宇:《加入质量考量的相对资源承载力研究——以广东珠三角为例》,载《江西农业学报》2014 年第 7 期。

提高区域发展决策的科学性；并充分考虑各地的差异性，协同各地之间的利益与责任，实现区域可持续发展。

2. 生态环境多元共治的治理格局尚需进一步完善

协同理论要求同级政府之间、同级政府的不同部门之间“左右”协同，不同层级的政府之间、不同层级政府的部门之间“上下”协同，以及政府与非政府组织、公众之间的“内外”协同，实现多元主体共管共治。就我国内地的生态环境保护而言，目前的多头管理体制导致藩篱障碍，包括社会公众、企业、相关领域专家在内的公众参与广度深度不够，“内外”联动不足，多元主体参与的责任界限模糊。

2018 年 3 月我国内地为统筹山水林田湖草系统治理组建了自然资源部，为整合分散的生态环境保护职责组建了生态环境部，此在一定程度上解决了长期存在的“左右”的横向职能分散、缺乏有效协调问题；但“上下”的纵向监管乏力，执行力、约束力不足，以及“内外”的公众参与不足问题依然需要进一步解决。

3. 自然资源与生态环境的管理对象分离及陆海统筹不足导致“碎片化”困境

“山水林田湖草”是一个生命体，生态环境具有整体性，自然资源与生态环境之间亦是密不可分。以土地（土壤）为例，其既有资源属性，是自然资源管理的对象，同时也有生态环境属性，是生态环境保护的对象。土地（土壤）是人类赖以生存的最基本自然资源，农产品耕种、畜牧养殖、人类居住用地建设都离不开土地，但其面临着过度使用、流失、滑坡等问题；同时土壤作为重要的生态环境要素，土壤污染将威胁到农产品质量安全和人居环境安全，土壤退化、紧压、密闭亦将影响其在气候调节、水文调节、保障生态系统服务和生物多样性等方面的生态环境功能。然而，我国内地现行的管理体制是自然资源与生态环境分别归不同的部门管理，对象分离，此与资源环境整体性产生矛盾，需进一步协同。

湾区是陆海交汇带，海湾接纳了众多的陆源污染物。海岸带和海洋的生态环境问题，无论是水污染还是固体废弃物污染，绝大部分来自陆地与河流。温室气体导致的海洋酸化、海平面上升等问题均与人类活动密切相关。过度无序的围填海导致自然岸线减少与浪费，既破坏滨海湿地，也破坏流域—河口—近海系统的陆海相互作用过程，进而影响近岸海域的水动力、水环境、生物过程，影响海岸带的生态环境功能,加剧生态环境灾害。① 陆海统筹不足,导致生态环境保护存在割裂、脱节和碎片化的困境。

4. 粤港澳三地的法律、政策、环境标准及行政架构不同,制度政策的实施保障尚需协同强化

粤港澳三地分属三个不同的法域,法律政策乃至环境标准的制定不同。以粤港两地的空气质素标准为例,珠三角九市采用的是2012年原环境保护部修改发布、自2016年1月1日起实施的《环境空气质量标准》(GB 3095—2012);香港特别行政区现行的是2014年1月1日生效的《空气质素指标》。两地的空气环境标准在污染物指标项目的设置、标准状态的定义、污染物指标的浓度限值、是否允许超标次数、实施与更新时间等方面均有不同,总体上香港特别行政区比内地更为严格。

粤港澳三地的行政架构亦有不同,在具体的环境治理和事务执行方面更多依靠磋商、谈判、信息通报,难以形成合力。政策工具多为命令—控制式手段,市场化手段运用较少;以协议计划方案等形式为合作的制度安排为主,体系较为分散,内容不够详尽具体。粤港澳三地生态环境信息的公开程度不一,总体上香港特别行政区和澳门特别行政区比广东省的环境信息披露更全面、充分,更易于公众知晓。概言之,粤港澳三地生态环境保护法律政策的内容制定、实施执行、保障机制等尚需进一步协同强化。

四、粤港澳大湾区生态环境保护协同机制的优化构建

协同机制是近年学者关注和研究的热点之一,相关的概念有协同政府(joined-up government)、②整体政府(whole government)、③全观型治理(holistic governance)、④协同治理(collaborative governance)、伙伴关系合作(partnership working)等。为完善协同保护的机制,拓宽和深化实现环境目标的路径,提升区域生态环境保护的成效,本文结合相关理论,以及可资借鉴的国内外跨区域环境

---

① 参见侯西勇、刘静、宋洋、李晓炜:《中国大陆海岸线开发利用的生态环境影响与政策建议》,载《中国科学院院刊》2016年第10期。

② 参见解亚红:《"协同政府":新公共管理改革的新阶段》,载《中国行政管理》2004年第5期。

③ See Shergold Peter, "Connecting Government: Whole of Government Responses to Australia's Priority Challenges", *Canberra Bulletin of Public Administration*. 2004, 112(June) pp. 11 – 14.

④ 参见彭锦鹏:《全观型治理:理论与制度化策略》,载《政治科学论丛》2005年第23期。

治理之经验,认为应以区域资源环境承载力为基础,实现利益责任协同、保护主体协同、保护对象协同、政策工具协同,即"一个基础、四个协同"。

(一)以资源环境承载力为基础:加强大湾区资源环境承载力的监测、评价和预警,建设"智慧湾区",为可持续发展提供科学决策依据

国土是生态文明建设的空间载体,资源环境承载力(resource environmental bear capacity)是人地关系的重要基础,是经济社会发展的基本前提。应重视利用科学技术解决生态环境问题,加强对大湾区资源环境承载力的监测、评价和预警,完善监测预测体系和信息公开制度,增加监测点和监测因子,推进信息化、智慧化、透明化、常态化、共享化,建设"智慧湾区",将有助于大气、水、海洋、土壤、生物多样性的保护,并为大湾区可持续发展提供科学决策依据。

目前,对资源环境承载力评价的认知不统一、关注重点不同、方法各异,主要有人口论(principleof population)系列、生态足迹(ecological footprint)系列、初级资产账户(net primary production,NPP)系列和其他方法(如综合指数法、比较法等)四大类。[①] 一般认为,土地资源、水资源、能源、水环境、植被、生态等单要素资源环境承载力评价有一定的价值,且需要在时间、空间的维度上进一步拓展研究;区域资源环境的多要素承载力综合评价,并结合区域经济、社会等构建评价指标体系分析研究,以及考虑时间的动态变化、空间的异质性进行综合评价,对区域可持续发展决策具有更重要的指导价值。

(二)利益责任协同:以"命运共同体"思想为指导,结合各地的人口经济资源环境适当考虑"共同但有区别"的责任,合理分配各地的污染负荷量

1. 大湾区环境利益具有一致性,应以"命运共同体"思想指导建设美丽健康湾区

习近平总书记在中国传统"和"文化基础上提出的"命运共同体"思想,既包含了处理国际关系的"人类命运共同体"思想,也包含了处理国内区域关系的"中华民族命运共同体"思想。[②] 应以"命运共同体"思想为指导,建设美丽健康湾区,实现利益责任的协同。

---

① 参见牛方曲、封志明、刘慧:《资源环境承载力评价方法回顾与展望》,载《资源科学》2018年第4期。

② 参见姚满林:《命运共同体思想的四个层次》,载《学习时报》2017年1月18日,第2版。

2. 结合各地的人口经济资源环境等因素，多目标决策计算分配各地的污染负荷量

区域内各地（各主体）之间如何合理分配污染负荷量（或称排污权）是极为重要且有一定争议的问题。有的学者主张，按照区域内各地国土面积作为初始分配排污权的依据；挪威学者则认为，按照区域内各地人口比例来分配初始排污权更能体现伦理学的公平原则，政治上也可接受。① 在大气污染排放领域，我国有学者研究提出，通过引入“平权函数”及“平权排污量”来保证初始排污权分配之现实性与公平性；②亦有学者基于经济最优性、公平性及生产连续性的原则，构建了多目标决策模型对初始排污权进行免费分配。③ 在水污染排放领域，亦有类似的同等百分比削减率分配方法（代表公平性的平权分配）、最小费用分配方法（代表经济效益的经济优化分配）、多目标优化分配方法（兼顾公平与效益）等。一般认为，应结合各地的人口、经济、资源、环境等因素，通过多目标决策模型计算分配排污量有一定的科学性和合理性。

粤港两地关于2020年的减排方案中做了合理的分配（见表5）。④ 日本1973年通过的《濑户内海环境保护特别措施法》对排入濑户内海的工业废水污染负荷量（以化学需氧量COD表示）要求到1976年11月以前降低到1972年水平的1/2。1972年流入濑户内海的工业废水日流量为1345吨，其1/2即约为673吨，且同时对濑户内海有关县的污染负荷极限量进行了分配限制（见表6）。⑤ 该做法取得了很好的效果，对粤港澳大湾区亦有一定的借鉴意义。

---

① See Kverndokk. , S. , “Tradable CO_2 Emission Permits: Initial Distribution as a Justice Problem”, Memorandum 23/1992, Oslo University, Department of Economics.

② 参见王勤耕、李宗恺、陈志鹏、程炜：《总量控制区域排污权的初始分配方法》，载《中国环境科学》2000年第1期。

③ 参见李寿德、黄桐城：《初始排污权分配的一个多目标决策模型》，载《中国管理科学》2003年第6期。

④ 参见香港特别行政区政府环境保护署网：https://www. epd. gov. hk/epd/sc _ chi/environmentinhk/air/data/emission_inve. html。

⑤ 参见于效群、于夫编著：《濑户内海治理经验浅析》，海洋出版社1987年版，第4~5页。

表5 粤港珠江三角洲地区2020年减排目标

污染物	地区	2012年公布的2020年减排幅度#	确立的2020年减排目标#
二氧化硫	香港特别行政区	-35% ~ -75%	-55%
	珠三角经济区	-20% ~ -35%	-28%
氮氧化物	香港特别行政区	-20% ~ -30%	-20%
	珠三角经济区	-20% ~ -40%	-25%
可吸入悬浮粒子	香港特别行政区	-15% ~ -40%	-25%
	珠三角经济区	-15% ~ -25%	-17%
挥发性有机化合物	香港特别行政区	-15%	-15%
	珠三角经济区	-15% ~ -25%	-20%

资料来源：香港特别行政区环境保护署网站。

注："#"为与2010年的排放水平比较。

表6 日本濑户内海有关县污染负荷量分配比例

府县名	1972年发生负荷量(吨/日)	允许的负荷量(吨/日)	与1972年之比
	企业(包括家庭)	企业(包括家庭)	企业(包括家庭)
大阪府	149(227)	74(202)	49.7(89.0)%
兵库县	131(204)	65(138)	49.6(67.6)%
和歌山县	60(70)	41(51)	68.3(72.9)%
冈山县	122(143)	66(87)	54.1(60.8)%
广岛县	100(129)	56(85)	56.0(65.9)%
山口县	358(380)	127(149)	35.5(39.2)%
德岛县	62(70)	41(49)	66.1(70.0)%
香川县	19(28)	18(27)	94.7(96.4)%
爱媛县	124(142)	80(98)	64.5(69.0)%
福冈县	75(96)	49(70)	65.3(72.9)%
大分县	145(161)	56(72)	38.6(44.7)%
共计	1345(1650)	673(1028)	50.0(62.3)%

资料来源：于效群、于夫编著：《濑户内海治理经验浅析》，海洋出版社1987年版，第5页；笔者对部分数据有修改更正。

（三）保护主体协同：完善构建多元共管、联防联控的协同治理格局，强化府际合作，并提升公众的有效参与和监督

设立跨区域的机构有国际上的经验，例如，美国的旧金山湾、田纳西流域、欧洲的莱茵河等。为应对旧金山湾区的环境问题，加利福尼亚州于1965年通过了McAteer-Petris Act，并根据该法案成立了临时性的旧金山湾自然保护与发展委员会（San Francisco Bay Conservationand Development Commission，又译为“旧金山湾养护与发展委员会”）。1969年经过对该法案的修订，确立了旧金山湾自然保护与发展委员会作为专门性部门在保护旧金山湾环境方面的法律地位。① 粤港澳大湾区需完善构建多元共管、联防联控的协同治理格局，强化府际合作，并提升公众参与监督的有效性。笔者具体建议为：

1. 设立“粤港澳大湾区资源环境保护与发展委员会”，作为大湾区自然资源与生态环境保护领域的常设机构。旨在整合与协调自然资源开发利用、生态环境保护与经济社会发展相关主管部门之间的不同目标、计划与行动，促进“左右”“上下”协同。其职责主要包括：(1)大湾区生态系统、资源环境承载力的调查和研究；(2)结合大湾区的实际，根据预定大湾区的发展目标，拟定大湾区的自然资源利用和生态环境保护对策和行动计划，对每个对策或行动计划提出合理有效的建议；(3)协调大湾区11个城市的资源环境承载力预警计划，综合评估大湾区11个城市的行动计划效果，每年向大湾区各城市提出年度评价报告；(4)向中央政府、大湾区各城市、社会公众通报大湾区的资源利用、生态保护、环境治理现状与成效等。

2. 在“粤港澳大湾区资源环境保护与发展委员会”下设立：(1)“粤港澳大湾区资源环境保护与发展理事会”，作为决策咨询机构。理事会成员为相关领域的专家，分别来自政府指派代表、企业代表、社区公众代表，有助于强化决策的科学性；(2)“粤港澳大湾区资源环境保护与发展执行委员会”，作为负责具体某一领域的执行机构，有助于加强执行力、约束力。

3. 鼓励成立有利于大湾区资源环境保护的行业协会等非政府组织。旨在发挥公众的有效参与和监督作用，提升公众参与的广度和深度，促进“内外”协同。

---

① 参见毛仲荣：《美国旧金山湾环境立法的执行体制对我国的启示》，载《经济师》2014年第12期。

（四）保护对象协同：以“山水林田湖草是一个生命共同体”理念为指导，建立实施从山顶到海洋、从天上到地下、陆海统筹的基于生态系统的综合管理模式

“生态系统”概念自英国生态学家坦斯利（A. G. Tansley）于1935年提出以来，生态系统方法（Ecosystem Approach，EA）、基于生态系统的管理（Ecosystem-based Management，EBM）等一直备受生态环境管理研究的关注。其意指基于对生态系统组成、结构和功能的理解，应将人类的经济活动和文化多样性看作重要的生态过程，并融合到一定时空的生态系统经营中，进而恢复或维持生态系统的完整性和可持续性。①《生物多样性公约》缔约方大会作出的2000年V/6号决议具有国际法的法律地位，其指出“生态系统方法是综合管理土地、水域和生物资源，公平促进其保护与可持续利用的战略”。世界环境与发展委员会1987年在海洋管理的报告中也指出，“提倡用生态系统的方法对海洋与海岸带进行规划与管理，必须统筹考虑5类区域，即流域、海岸带陆地、近岸海域、近海海域和公海”。②

应以习近平总书记提出的“山水林田湖草是一个生命共同体”理念为指导，空间综合、系统综合，对多个资源系统信息综合分析，在大湾区实施从山顶到海洋、从天上到地下、陆海统筹、陆海并重的基于生态系统的综合管理模式（integrated ecosystem-based management）。

（五）政策工具协同：综合运用协同优化大湾区环境协议、空间规划、生态补偿、环境标准、绿色金融税收等政策工具

环境和自然资源的政策工具有多种分类。“两分法”将其分为：(1)命令—控制式工具（command-and-control），如法律、法规、标准等；(2)基于市场的工具（market-based instruments），如排污收费、补贴、金融、税收、可交易的许可证制度等。“四分法”将其分为：(1)利用市场，如税费、补贴；(2)创建市场，如产权、可交易许可证、补偿机制；(3)环境规制，如标准、禁令、不交易的许可证、限额、分区

---

① See Leslie H. M., Mc Leod K. L., “Confronting the Challenges of Implementing Marine Ecosystem-based Management”, *Frontiersin Ecology and the Environment*, 2007, 5(10): pp. 540 – 548.

② Jean-Paul Ducrotoy, Siân Pullen, “Integrated Coastal Zone Management: Commitments and Developments from an International, European, and United Kingdom perspective”, *Ocean & Coastal Management*, 1999, 1(42): pp. 1 – 18.

规划；(4)公众参与，如公众参与、信息公开、加贴标签等。[①] 传统的命令—控制式工具是各国普遍使用的主流政策手段，但存在成本较高、经济效益较低、持续性不强等不足；作为经济激励政策的市场化工具有成本较低、效率较高、灵活性较大、长效性等优势，日益成为国内外关注的热点。基于政策工具的互补性，在具体的制定和执行中，经常是“看得见的手”和“看不见的手”多种手段结合、协同优化。

1. 制定“粤港澳大湾区环境协议”，为大湾区的生态环境保护提供法治保障

世界上跨国边界的闭海和半闭海环境治理公约有《保护波罗的海区域海洋环境的公约》等；单一主权国家管辖但又跨省州边界的闭海之治理有日本的《濑户内海环境保护特别措施法》、美国的《切萨皮克湾保护法案》(Chesapeake Bay Preservation Act)等。大湾区环珠江河口位于我国一国领土主权范围内，但三地之间拥有不同的立法权和司法权。制定“粤港澳大湾区环境协议”，将为大湾区的生态环境保护提供法治保障。

2. 完善大湾区的空间规划管理制度、产业政策和生态补偿机制

以粤港澳大湾区的环境承载力为基础，完善基于生态系统的粤港澳大湾区空间规划，构建合理的生产、生活、生态空间，精细化分区管理。在产业政策方面，合理确定产业规模，重视对资源环境友好型产业、先进高端产业、高新技术产业的引导发展。建立完善大湾区及与邻近省份地区的生态补偿机制，明确生态补偿的概念、范围、类型、主体客体、评估标准、补偿方式等，可以协调区域关系、体现社会公平。

3. 制定大湾区统一的环境标准，适度、分步骤提高各城市的环境标准

目前，香港特别行政区、澳门特别行政区与广东省内珠三角九市的环境标准在制定主体、监测项目、指标要求等方面不一致，不利于环境风险的监测统计、评估预警、沟通交流和防控应急，应适时制定大湾区统一的大气环境标准、水环境标准、土壤环境标准等，形成强有力监管的标准基线。

粤港澳大湾区的人口密度大、产业集聚程度高、资源环境压力大，应适度、分步骤提高粤港澳大湾区各城市的环境标准。大湾区的核心城市(如广州市、深圳

---

① [瑞典]托马斯·思德纳：《环境与自然资源管理的政策工具》，张蔚文、黄祖辉译，上海三联书店、上海人民出版社2005年版，第101～106页。

市、珠海市、香港特别行政区、澳门特别行政区)可以先行先试,适度提高环境标准,倒逼大湾区核心城市的产业优化升级,实现产业的绿色化、高端化、特色化,同时提升人居环境质量、吸引高端人才。

4. 推广实施绿色行动计划,逐步禁售燃油车、禁用不可降解的塑料制品和塑料微珠

大力推广绿色工业、绿色交通、绿色建筑,推广普及清洁能源,尤其要加大公共交通、公共建筑领域的节能减排力度。实施蓝天、碧水、清洁土壤、美丽海湾、健康海洋等绿色行动计划,推进大湾区绿色可持续发展。

为保护大气环境、海洋环境,全球多个组织或国家呼吁逐步禁售燃油车、禁用塑料制品。目前已有多个国家公布禁售燃油车时间表,荷兰、挪威是2025年,德国、印度是2030年,英国、法国是2040年。法国已经自2016年7月1日起全面禁用厚度小于50微米的一次性塑料袋,并将在2020年全面禁用塑料杯子、塑料餐具等(可降解制品除外);美国西雅图市已于2018年7月1日开始禁用塑料吸管及塑料刀叉(可降解制品除外)。塑料微珠也在多国禁用,美国国会于2015年通过《无微珠水法案》,日本上议院于2018年6月通过一项减少微珠的法案。为保护大湾区环境,粤港澳可以提前布局,逐步禁售燃油车、禁用不可降解的塑料制品和塑料微珠,起示范带头作用。

5. 重视绿色金融税收的运用,设立"大湾区环境基金"

为推进绿色可持续发展,运用金融税收工具来保护资源环境日益得到重视。从上层制度建设来看,需要完善构建包括银行、证券、基金、保险、金融衍生品及其交易等业务在内的绿色信贷、绿色证券、环境基金、环境污染责任保险、排放权交易等绿色金融制度及环境税收制度。就大湾区而言,目前极具现实性、必要性和可行性的是设立"大湾区环境基金",支持与大湾区的大气、水、土地、化学品、废弃物、生物多样性、气候变化等有关的环境保护活动。

6. 实施GEP与GDP双核算,强化政府环境责任考核约束和监督机制

生态系统生产总值(Gross Ecosystem Product,GEP)核算具有引领绿色发展、协调发展的重要意义。建议在大湾区先行先试,探索实施GEP与GDP双核算,实施自然资源资产核算与管理。充分认识生态系统服务价值的意义,并纳入国民经济核算体系、决策支持体系。强化政府及其领导干部的环境责任考核、环境离任审计等约束机制。

五、结论

资源环境承载力是经济社会可持续发展的基本前提，必须强化资源环境承载力的评价、监测和预警机制，并以此作为区域可持续发展科学决策的基础。应以“命运共同体”思想为指导，结合各地的人口经济资源环境适当考虑“共同但有区别”的责任，实现利益责任的协同。行政架构不同、政府主管部门职责分工不同、社会各参与主体之目的与能力不同等因素，导致生态环境保护的主体之间的协同性、执行力、约束力存在不足，应全面构建“左右”“上下”“内外”多元主体协同共管的治理格局。生态环境具有整体性，“山水林田湖草是一个生命共同体”，建立从山顶到海洋、陆海统筹的基于生态系统的综合管理模式是国际趋势，进而实现保护对象的协同。环境政策工具多样、各有优缺，应多种手段结合、互补；制定区域性的环境保护协议、法案、公约、标准等规范性文件，可以提供很好的法治保障；金融、税收等市场化工具有较好的灵活性、长效性；结合空间规划、公众参与、信息公开、考核机制等手段协同优化区域生态环境协同保护机制。

试论粤港澳大湾区司法文书协助送达制度的完善

康钦春[*]　李文珊[**]

前　言

司法文书送达，是指法院依法将司法文书送交给当事人及其他诉讼参与人的一种诉讼行为，是法院的一项基本的诉讼活动，是连接法院和当事人的一座桥梁。司法文书送达贯穿于诉讼活动全过程，具有重要的意义：一是有利于更好地保障当事人及诉讼参与人的诉讼权利。二是推动诉讼程序。送达贯穿一个案件的全过程，诉讼从开始到完结，案件的一审、二审和再审都是在送达的推动下完成的。三是体现司法权威和公正，相关裁判的落实与执行都需要送达作为前提，没有送达，任何裁判都只是一纸空文，无法落到实处。①

港澳在"一国两制"的政策下回归是祖国强大的体现，港澳的回归给祖国经济发展带来契机，粤港澳大湾区（以下简称大湾区）的建设就是最好的例子。大湾区是指由香港和澳门两个特别行政区，联同广州、深圳、佛山、东莞、惠州、中山、珠海、江门和肇庆（以下统称广东九

---

* 惠州学院地方立法研究院研究员，惠州学院政法学院讲师。

** 惠州学院地方立法研究院研究员，惠州学院政法学院教授。

① 翁里、郑蕾：《论我国域外送达制度的完善》，载《行政与法》2010年第2期。

市）组成的城市群。2019年2月18日中共中央、国务院印发《粤港澳大湾区发展规划纲要》（以下简称《发展纲要》），明确指出要将大湾区打造成世界级城市群，打造成与日本东京湾区、美国纽约湾区和旧金山湾区比肩的世界级湾区。随着《发展纲要》的贯彻实施，大湾区的经济发展将会迎来一个新的高潮，港澳与广东九市之间的经济联系将会越来越密切，而与此同时，港澳与广东九市之间的司法协助亦会越来越频繁。司法文书协助送达是大湾区司法协助重要的一环，但“一国两制三法域”的国情使得大湾区司法文书协助送达复杂化，在实践当中送达难、周期长、效率低等问题突出。① 完善大湾区司法文书协助送达制度不仅关乎大湾区法律制度的建设，更关乎能否实现《发展纲要》建设大湾区的目标。由于内地与港澳之间尚未签订任何关于刑事司法协助的协议，因此本文讨论的司法文书仅指民商事司法文书。

一、大湾区司法文书协助“送达难”的表现

港澳回归之前，被视为域外之地，涉港澳案件司法文书送达制度理论上属于国际司法协助，适用《海牙送达公约》等国际公约，具有较强的外交性。② 港澳回归之后，港澳主权被收回，国际司法协助转变为区际司法协助，《海牙送达公约》等国际公约不再适用。此后，最高人民法院（以下简称最高院）于1998年12月30日通过《关于内地与香港特别行政区法院相互委托送达民商事司法文书安排》（以下简称《安排一》），于1999年3月30日通过《关于内地与澳门特别行政区法院就民商事案件相互委托送达司法文书和调取证据的安排》（以下简称《安排二》）。《安排一》和《安排二》明确了三地的送达机关、委托送达文书的范围、送达文书的要求、送达的执行及送达的依据等事项，成为日后内地与港澳民商事司法文书协助送达总的指导方针。2009年3月9日，最高院颁布《关于涉港澳民商事案件司法文书送达问题若干规定》（以下简称《涉港澳送达规定》），对涉港澳司法文书送达的规定再次予以细化。但经过多年的司法实践，实际执行的效果并不理想。③ 广东九市作为祖国领土不可分割的一部分，与港澳司法文书协助

---

① 参见张淑钿：《粤港澳法律合作二十年：成就与展望》，载《法治社会》2018年第4期。

② 参见成挺进：《关于内地与香港区际法院判决安排的研究》，广东外语外贸大学2008年硕士学位论文，第2页。

③ 参见马进保：《我国内地与港澳的区际司法协助与机制构建》，载《河北法学》2008年第3期。

送达在《安排一》和《安排二》的指导下进行,虽与港澳临近,地理优势明显,但在实际过程中依然存在不少问题,"送达难"的问题突出。

(一)现行送达程序过于烦琐,送达周期长

涉港澳案件绝大部分由基层人民法院和中级人民法院进行一审和二审,但根据《安排一》和《安排二》的规定,基层人民法院和中级人民法院不能直接委托港澳法院送达司法文书,而是必须通过高级人民法院,由高级人民法院与香港高等法院、澳门终审法院进行交涉。《安排一》和《安排二》还规定,委托方出具的委托书需加盖印章并且以中文文本提出或者附有中文译文。此外,还需在委托书中说明委托机关的名称、受送达人的姓名或者名称、详细地址及案件的性质等。

如此规定,也就意味着大湾区各中级人民法院和基层人民法院想要委托港澳法院送达法律文书必须经过以下几道程序:首先要上报到广东省高级人民法院(以下简称广东高院),广东高院与香港高等法院和澳门终审法院交涉成功后,香港高等法院和澳门终审法院下放到各下属法院执行,港澳法院准备好后还要通过广东高院再次返回各基层人民法院和中级人民法院。这一来一回真可谓"过五关斩六将",耗时必定不少。加之上报之前委托材料的准备也是一项"大工程",各种材料都要准备齐全也就意味着要经过层层审批,能否顺利通过审批已是一大疑问,更别提能否顺利上报至广东高院。

烦琐的送达程序,一方面造成送达周期过长,如惠州市中级人民法院反映,由于只能通过广东高院送达,涉港澳案件送达耗时 6 个月不足为期,还不一定能够送达成功,①另一方面增加送达成本,送达的周期长也就意味着案件不能及时审结,诉讼成本加大,还有一些涉港澳送达需要制度特别的送达费用,②这极大地挫伤了广东九市各法院送达的积极性。

(二)受送达主体信息获取难

经过烦琐的审批程序进入正式的送达程序第一步就是获取受送达主体的身份和地址信息。获取港澳居民身份和地址信息难是大湾区司法文书送达的又一大难关。

---

① 载惠州中级人民法院网:http://www.hzzy.gov.cn/web/content/2256 - ? lmdm = 1006,最后访问日期:2019 年 4 月 8 日。

② 冯霞:《我国内地区际民商事送达制度的司法探索》,载《人民司法》2006 年第 8 期。

大湾区在地理上是相互接壤的，凭借这一先天优势，获取港澳居民身份和地址信息相较于国内其他地区来说应该要简单和快捷得多。但实际上并非如此。港澳不实行户籍制度，港澳居民身份证不显示住址，这给广东九市法院确定港澳当事人的住址增加了难度。广东九市公安机关也无关于港澳居民身份信息的数据库，不能随时查询和调取港澳居民的身份信息。在实务中，法院首先会根据原告一方提供的住址信息先寄给被告一方，若邮寄被退回，原告一方仍提供不了确切的住址信息，又联系不上被告一方，法院就会直接采取公告送达的方式。这样，送达效果必定不太理想。

此外，若被告具有双重身份，即被告既有香港身份又没注销内地身份，存在是否能按照我国民事诉讼法规定的送达方式进行送达的问题。在港澳特别行政区还存在一种在粤地不常见的离岸公司，此类离岸公司大多注册在远离大陆的海岛上，如开曼群岛、维尔京群岛、毛里求斯群岛和百慕大群岛等。涉及这些地区，可能需要通过外交途径才能够进行送达，若其与我国没有签订任何互助协议或者参与共同的国际公约或国际条约，送达几乎无从谈起，这些案件只能陷入久拖不结的窘境。①

（三）协助送达效率低

既然是司法协助，又关乎案件的审理和当事人的切身利益，大湾区司法文书协助送达必须注重效率问题。然而，当前大湾区司法文书协助送达效率低下现象十分明显。首先，其体现为送达主体单一，根据我国的诉讼法理论，送达是人民法院在审判活动中的重要职权行为，属于公权力行为，专属于法院，尤其是域外送达，更被赋予司法主权的色彩。② 又根据《安排一》和《安排二》的规定，广东九市只能依赖于广东高院送达涉港澳司法文书，在2013年全国涉港澳司法协助案件案例已突破万件大关，③而在全国范围内，涉港澳案件又被集中于大湾区，广东高院明显“不堪重度”，加之没有专门的送达队伍，依靠法院内部法警的临时调配，送达效率必然不如人意。其次，送法方式单一也是造成送达效率低的重要原

① 载惠州中级人民法院网：http://www.hzzy.gov.cn/web/content/2256－？lmdm＝1006，最后访问日期：2019年4月8日。

② 参见向明华：《留置送达要件的重构——兼域外送达视角》，载《太平洋学报》2009年第8期。

③ 参见张先明：《涉港澳台工作：司法协助突破万件大关》，载《人民法院报》2014年1月13日，第1版。

因之一。当前内地法院向港澳送达司法文书主要是通过“司法专邮”的方式,即所谓的邮寄送达。邮寄送达因其便利快捷和成本低的优势被广泛使用,但实际上邮寄送达在大湾区司法文书送达上起到的作用十分有限。一是邮政部门毕竟不是司法部门,邮政人员也不是司法人员,若港澳当事人拒绝签收司法文书,邮政人员不能采取任何强制措施,采取留置送达的可能性也十分小。① 二是港澳当事人的地址信息原本就难以获取和确认,若送达地址不详或不准确,司法文书邮件最终也只能退回法院。按照我国法律规定,邮寄送达必须有送达回执才算送达完成,故遇到以上情况只能另行其他送达途径,这无疑降低了送达的效率,拖延了案件的审理进度。最后,公告送达公告期过长也是一大问题。根据《民事诉讼法》的规定,公告送达公告期限为3个月,3个月届满后才视为送达完成。但不可忽视的是,公告送达是一种兜底的送达方式,穷尽其他的送达方式都无法送达后才予以适用。通常情况下,尝试其他的送达方式已经经过相当长的一段时间,若还要经过长达3个月的公告期限,送达完成真可谓“遥遥无期”,送达效率低不言自明。

二、大湾区司法文书协助“送达难”的原因

“一国两制”让港澳成功回归祖国的怀抱,也保证了港澳的繁荣不衰。回归20年来,港澳特别行政区在经济上取得傲人的成绩,是世界上最发达的地区之一,这与“一国两制”不无关系。② 与此同时,“一国两制”也直接造成我国“一国两制三法域”的现状,使得广东九市与港澳之间进行司法文书协助送达复杂化,实践中的许多矛盾反映出英美法系、大陆法系和中华法系之间的差异。加上广东九市和港澳的合作程度不同,总体上讲与澳门特别行政区的合作相较于和香港特别行政区的合作更为顺利,与香港特别行政区的司法协助更具挑战性,③这也使大湾区司法文书协助送达更加复杂化。

---

① 参见丁建国:《论民事诉讼中的送达问题》,载《华北水利水电学院学报》(社会科学版)2007年第2期。

② 参见本报评论员:《让区际司法协助之路越走越宽广》,载《人民法院报》2017年6月30日,第5版。

③ 参见冯霞:《内地香港多项民商司法协助创举惠民生》,载《法制日报》2017年7月1日,第4版。

（一）三法域之间的差异

在“一国两制”的政策下，港澳保留高度的自治权，这其中不仅包括资本主义的经济制度，也包括资本主义的法律制度。香港特别行政区在法律制度上主要沿袭英美法系，属于当事人主义的诉讼模式。澳门特别行政区和广东九市虽本质上同属于大陆法系，以职权主义诉讼模式为主，但澳门特别行政区主要沿袭的是葡萄牙式并且适应于资本主义制度的大陆法系，而广东九市则适用根据社会主义性质改造后的大陆法系，即中华法系，①两者之间的区别论不上“牛头不对马嘴”，但亦不可轻易忽视。

法域的不同直接给协助送达造成障碍。一方面，各法域之间着重的法律理念不同，港澳法律十分注重程序正义，而广东九市的法律更着重结果正义。若送达程序不合理、不规范，港澳法院会拒绝承认广东九市法院送达的效力。另一方面，各法域的具体法律规定不同，差异较大。例如，广东九市送达主体仅为法院，不承认当事人自行送达的效力，而香港特别行政区法律却认为送达更多是当事人的义务，个人送达和律师送达是送达的主要方式。这就直接造成一种现象，广东九市的法院不会承认由香港特别行政区当事人或律师自行送来的司法文书的效力，而港澳当事人和律师原本认为可自行送达的司法文书又必须委托香港特别行政区法院转交才有效力，送达主体地位的不对等的问题增加了送达的难度，可惜的是，《涉港澳送达规定》并没有解决此问题，送达主体不对等的现象没有得到重视，依然采取旧的送达措施。再者，法域之间的发展不平衡现象亦十分突出，港澳法治化程度较高，特别是香港特别行政区，社会治理法治化程度高，法治文化成熟，法治人才社会地位高，而广东九市之间的法治状况不尽相同。②广东九市人民法院的许多规定和做法并不被港澳特别行政区法院所理解和接受。

（二）缺乏统一的送达指导意见

缺乏统一的送达指导意见主要体现在两个方面：

一是广东九市向港澳送达司法文书的规定依据数目众多，并且在不断增加，

---

① 参见同惠会、孟思洋：《论我国涉外民商事案件送达效率之提高》，载《人民司法》2010 年第 13 期。

② 参见潘高峰：《构建加快推进粤港澳大湾区建设的法治保障》，载《湖北经济学院学报》（人文社会科学版）2018 年第 10 期。

但是规定过于零散，不成体系，时间跨度大，各项制度之间存在不少冲突，各个法院的适用也存在差别。例如，公告送达公告时长的问题由于没有明确的法律规定而一直备受争议，1987 年 10 月 9 日最高院发布的法(经)发〔1987〕28 号《关于审理涉港澳经济纠纷案件若干问题的解答》第 5 条规定公告时长为 6 个月，满 6 个月，即视为送达。1989 年 6 月 12 日最高院发布的法(经)发〔1989〕12 号《全国沿海地区涉外、涉港澳经济审判工作座谈会会议纪要》规定公告时长为 3 个月。到了 2001 年 8 月 7 日针对上海高级人民法院的请示，最高院复函涉港澳公告送达公告时长应为 6 个月。2005 年 12 月 26 日最高院发布的《第二次全国涉外商事海事审判工作会议纪要》规定公告时长为 60 日。如此反反复复，公告时长问题一直得不到确定，各法院在适用上亦“丈二的和尚摸不着头脑”。这个问题直到 2009 年最高院发布的《涉港澳送法规定》才予以明确，公告时长满 3 个月即可视为送达。①

二是在现有的指导意见下广东九市与澳门特别行政区司法文书协助送达比与香港特别行政区司法文书协助送达合作范围更广，合作途径更为顺畅。《安排二》比《安排一》适用范围更广，因为《安排二》包括了民商事案件中调取证据的具体规定，并且明确提出在司法文书送达和调取证据中适用社会公共秩序或社会公共利益保留的规定，比《安排一》中“受委托方对委托方送达的司法文书的内容和后果不负责任”的规定明显更具操作性和确定性。更为重要的是，《安排二》更具法律上的约束力，例如，其第 1 条规定，“内地人民法院与澳门特别行政区就民商事案件……相互委托送达司法文书和调取证据，均适用本安排”。第 2 条规定，“双方相互委托送达司法文书和调取证据，均须通过各高级人民法院和澳门特别行政区终审法院进行”。而《安排一》只规定“内地法院和香港特别行政区法院可以相互委托送达民商事司法文书”，这种表述使《安排一》指导下进行的司法文书送达实际上变成一种“可有可无”的任意性选择，并不是一个确定性的安排。②

---

① 参见任雪峰：《〈关于涉港澳民商事案件司法文书送达问题若干规定〉的理解与适用》，载《人民司法》2009 年第 7 期。

② 参见张宪初：《数点雨声风约住——香港回归以来与内地民商事司法协助进展回顾与检讨》，载《人大法律评论》2011 年第 2 期。

三、完善大湾区司法文书协助送达制度的建议

《香港特别行政区基本法》和《澳门特别行政区基本法》明确规定港澳保持现有制度50年不动摇。故制定统一的司法文书协助送达法典在短期内较难实现,大湾区三法域之间的法律冲突在短期内亦不可能完全消除。但大湾区之间的民事交往和法律交往不仅不会因法律冲突而停滞不前,反而会一路高歌猛进。① 在现有的法律规定下,完善大湾区的司法文书协助送达制度,依然有迹可循。

(一)下放司法文书协助送达权限

下放司法文书协助送达权限指的是在现有规定的基础之上,降低送达主体资格,以提高送达效率。对于大湾区而言,具体可指三个方面:一是允许广东九市的中级人民法院直接与港澳法院取得联系,进行司法文书协助送达;二是承认当事人送达主体的资格,广东九市法院不再是送达的唯一主体,亦承认港澳当事人自行送达的法律效力;三是承认当事人约定的送达条款的效力。

1. 下放权限至广东九市各中级人民法院

允许广东九市各中级人民法院直接联系港澳特别行政区法院,进行司法文书协助送达具备现实必要性和可能性:一是广东九市与港澳在地理上是互相接壤的,为司法交流创造了极大的便利。二是广东九市审理涉港澳案件逐年增加,如2017年珠海各法院共审理涉港澳案件765件,②深圳各法院审理涉港澳案件2156件,③广州各法院审理涉港澳案件3360件。④ 如此庞大的数量,单靠一个广东高院明显无法提高送达效率,而基层法院级别过低,为避免与港澳法院级别不对称的问题,将此权限交由广东九市各中级人民法院比较适合。当然,下放权限不代表广东高院对此不再管辖,在现有的规定之下,是上报至广东高院,由广东

---

① 参见江保国:《论我国两岸四地民商事司法协助中的民间途径》,载《理论月刊》2017年第8期。

② 载广东法院网:http://www.gdcourts.gov.cn/web/content/40281-?lmdm=10753,最后访问日期:2019年4月8日。

③ 载深圳市中级人民法院网:http://www.szcourt.gov.cn/sfgk/gsxx/gzbg/2018/05/25095832829.html,最后访问日期:2019年4月2日。

④ 载广州审判网:http://www.gzcourt.gov.cn/fybg/2018/03/04173612651.html,最后访问日期:2019年3月24日。

高院审批决定是否送达,并且交由其相关部门进行送达。下放权限可尝试由广东九市各中级人民法院送达前先在广东高院进行必要备案,获得批准后再各自联系港澳法院进行送达。亦可采取试点的方式,下放权限至与港澳联系最为密切的中级人民法院,例如,深圳市中级人民法院、广州市中级人民法院、东莞市中级人民法院和惠州中院等,试点先行,若有足够的经验,可再慢慢铺开。这样一来不仅减轻广东高院的送达压力,也保留了广东高院对送达事项监督的权力。三是广东九市法院每年都审理一定量的涉港澳案件,都积累一定的涉港澳司法文书送达的经验,加之广东九市经济相对发达,各中级人民法院的基础条件都较为先进,在硬件上亦具备承担此责任的条件。

2. 承认当事人自行送达的效力

在我国民事诉讼中,送达完全是法院的职权行为,这与我国遵循大陆法系的职权主义诉讼模式不无关系,但是并非遵循职权主义即必定不能承认当事人送达的效力。例如,同为大陆法系的德国,《德国民事诉讼法》第270条规定"如果没有其他规定,送达依职权为之";第198条规定"双方当事人都由律师代理时,书状可由乙方律师送达给另一方律师。即使本身应当由法院依职权送达的书状,只要没有同时向对方当事人发出命令,也可通过律师向律师送达"。由此可见,在德国司法文书送达以职权主义作为主,同时承认当事人的自行送达的效力。因此,大湾区尝试接受当事人自行送达的效力亦无不妥。

事实上,深圳市中级人民法院于2008年发布的《关于涉外民事诉讼文书送达的若干意见》已开始尝试承认当事人自行送达的效力。该意见规定,对于通过民间途径向港澳地区当事人送达予以明确认可:"向住所地在香港、澳门地区的受送达人送达诉讼文书,可由当事人委托中国法律服务(香港)有限公司或者中国法律服务(澳门)公司送达,中国法律服务(香港)有限公司或者中国法律服务(澳门)公司送达提供送达证明的,经审查认为能够证明相关送达行为的,可予认可"。[1] 既然有了试验的先例,在大湾区合作日益密切的情况下,深化或者全面承认当事人自行送达的效力亦无不可。首先,将当事人视为送达义务的主要承担者就等于收纳了庞大的送达队伍,减缓法院送达压力的效果立竿见影;其次,这

① 载深圳市中级人民法院网:http://www.szcourt.gov.cn/ArticleInfo.aspx?id=6705,最后访问日期:2019年4月8日。

是尊重当事人意思自治和充分发挥当事人主观能动性的体现;最后,送达成功与否关乎当事人自身的权益,当事人必定对此更加上心,想尽一切办法送达,送达效率会大大提高。

3. 承认当事人自行约定的送达条款

许多英美法系国家对送达的性质认识与我国不同,我国更多认为送达是一种"公"行为,其完全属于法院的职责,而英美法系国家认为送达更多的是一种"私"行为,可由当事人自行解决。例如,美国法律规定,对外国当事人的送达,可以依诉讼双方当事人之间的特别协商的办法进行送达。英国法规定合同的当事人可以在其合同中约定送达的方式,若当事人双方在订立契约时已约定送达条款,那么法院在送达时会优先使用当事人选择的送达方式,其次才会使用法定的送达方式。[①] 广东九市人民法院若借鉴美国和英国承认当事人自行约定的送达条款,可减免一些烦琐的程序。例如,现行法规定电子送达必须先取得当事人的同意。若当事人事先已协议约定电子送达这种方式,法院便可免去再次征得当事人同意这道程序直接采用电子送达的方式。现行法禁止判决书、裁定书和调解书电子送达,但若当事人已事先约定这几项法律文书可以电子送达,那么法院采用电子送达这种方式也无可非议,这并没有损害司法权威,也没有对社会造成任何不利影响。此外,当事人之间约定的送达方式不必定限制当前法律明文规定的送达方式,可成为当前送达方式的补充。

(二)完善送达方式

现在大湾区司法文书协助送达主要采取邮寄送达和公告送达两种方式。但这两种送达方式在实践执行中存在不少问题,邮寄送达视为送达完成条件过高,公告送达公告时长过长等问题仍待解决。此外,探索新的送达方式对于完善大湾区司法文书协助送达制度,提高送达效率也大有裨益。

1. 降低邮寄送达完成的标准

根据《涉港澳送达规定》第7条的规定,采取邮寄送达的方式,送达回证或邮件回执上有当事人的签收才能视为送达。若自邮寄之日起满3个月未收到送达与否的证明文件,也不存在该规定第12条规定的情形,则不能视为送达。正如前文所言,若港澳当事人恶意拒绝签收或者港澳当事人地址信息不准确时,邮件

① 参见邓锐、徐同义:《我国域外送达制度及其完善》,载《山东审判》2010年第1期。

只能按原路返回，然后法院再另寻其他的送达方式进行送达。邮寄送达完成标准过高拖延了送达的效率和拖慢了审判程序的进行。

对此，不妨借鉴一下其他国家的做法。德国法律规定，执达官或者书记科（负责送达司法文书的人员）可将应送达的书状邮寄给当事人，书状交邮即视为送达，即使因投寄不到而退回，也应视为送达。日本法律规定，法院书记官可以挂号邮件的方式将应送达的文书邮寄给受送达人，邮件发送时就视为送达。[①] 美国法律和英国法律也有类似的规定。这亦说明降低邮寄送达成功的标准并非不可行，大湾区司法文书协助送达采取邮寄送达时，只要投递成功，即可视为送达。如退回，查明肇因，如属无人，则进行公告。如无回馈又可证明送达，可推定送达成功，进入下一个司法程序。

2. 减少公告送达的公告时长

公告送达是一种兜底的送达方式，根据《涉港澳送达规定》第 9 条的规定，穷尽其他方式不能送达时采用公告送达，公告时间届满 3 个月即视为送达。3 个月的公告时长对于大湾区司法文书协助送达而言无疑过长。一方面，公告送达是一种兜底的送达方式，也就是在直接送达、邮寄送达、留置送达、电子送达等方式都无法送达时才予以适用。若前几种送达方式都无法送达，很大程度上已经说明了无法找到对应的当事人，再进行公告送达事实上更多只是形式上的意义。另一方面，依据《民事诉讼法适用意见》第 88 条的规定，公告送达的方式大致有三种：即在法院公告栏粘贴公告，在受送达人原住所地张贴公告或者在报纸上刊登公告。此外，法院最常用的是在其指定的官方网站上发布公告信息。[②] 广东九市法院基本不可能到港澳当事人在港澳所在社区去张贴公告，其原因如下：一是受限于法域，广东九市法院不能随意到港澳去张贴公告。二是港澳当事人的住址难以确定，根本不知其社区之所在。若广东九市法院只是在其指定官方网站或者报刊上刊登公告信息，港澳当事人也难以接触到，因为广东九市的报刊在港澳并不发行，广东九市的官方网站在港澳也无法登录，故公告送达的实际效果十分有限。再者，大湾区全部位于广东省境内，地域面积有限，人口流动在一定的

---

① 参见谭秋桂：《德、日、法、美四国民事诉讼送达制度的比较分析》，载《比较法研究》2011 年第 4 期。

② 参见廖永安：《在理想与现实之间：对我国民事送达制度改革的再思考》，载《中国法学》2010 年第 4 期。

期限内也相对固定，公告送达期限长达 3 个月，既不合理亦无必要。

依己之见，公告时长为 2 周即可，2 周足以实现公告送达的作用，2 周过后即视为送达，进入下一步案件审理程序。2 周公告时长规定在其他国家法律中亦可找到踪迹，例如，德国法律规定，公告送达公告时长一般为 2 周最长为 1 个月；日本法律规定，国内的公告送达公告期限为 2 周，国外的公告送达公告期限为 6 周。①

3. 探索新的送达方式

探索新的送达方式是指在原有送达方式的基础上，使用新的送达方式从而提高送达的效率和解决"送达难"的问题。例如，借鉴日本的约会送达，即受送达人的住所不明，又没有向受诉讼法院申请申报送达场所时，送达人可将受送达人约会至特定场所相会，并在相会的场所实施送达。② 大湾区可效仿此种送达方式，若取得港澳当事人的联系方式，可与港澳当事人约定至法院领取司法文书，若港澳当事人拒绝或者在指定期限内未到达法院领取司法文书，在做好通知记录和保留通知证明的情况下，即可视为送达。又如，法国的检察官送达，在法国检察官既是受送达人又是送达人。对执达员（负责送达司法文书的人员）而言，检察官是受送达人，对文书的收件人而言，检察官又是送达人。根据《法国民事诉讼法》第 660 条的规定，如果收件人居住在海外领地，执达员可以向检察官送达。检察官在文书的正本上进行签证，并将副本寄送当地司法部门的首长，以便按照当事人所在的海外省、领地所适用的方法，将该文书送交当事人。检察官应当将送达所做的努力情况通知执达员并向其送交任何笔录或者收据，以确证副本已经移交。大湾区司法文书协助亦可借鉴此送达方式。③

结　语

港澳的回归使我国成为多法域的国家，不同的法律体系、不同的法律传统、不同的法律观念所造成的障碍仍待我们去解决。大湾区的建设不仅是经济建设

① 参见谭秋桂：《德、日、法、美四国民事诉讼送达制度的比较分析》，载《比较法研究》2011 年第 4 期。

② 参见《日本新民事诉讼法》第 98 条、第 99 条、第 100 条，白绿铉编译，中国法制出版社 2000 年版，第 61 页。

③ 谭秋桂：《德、日、法、美四国民事诉讼送达制度的比较分析》，载《比较法研究》2011 年第 4 期。

的机遇,而且是革新我国现行送达制度和区际协助制度的重大机遇。当然,此项革新不能仅仅依靠两地司法机关或者立法机关,任何一项实践都必须充分发动人民的参与性和社会各界的积极性,只有多管齐下、共同参与,才能使这项革新具备科学性,能够真正地符合现实的需求。

海南自由贸易港离岸金融的创新路径与立法保障

曹晓路[*]　王崇敏[**]

2018年4月13日习近平总书记在庆祝海南建省办经济特区30周年大会上的讲话中郑重宣布,党中央决定支持海南全岛建设自由贸易试验区,支持海南逐步探索、稳步推进中国特色自由贸易港建设,分步骤、分阶段建立自由贸易港政策和制度体系。[①] 2018年4月14日中共中央、国务院出台了"12号文",其中第10条论述了海南如何探索建设中国特色自由贸易港,支持海南在内外贸、投融资、财政税务、金融创新、出入境等方面探索更加灵活的政策体系、监管模式和管理体制。"12号文"明确提出海南自由贸易港要体现中国特色,符合海南发展定位,学习借鉴国际自由贸易港建设经验,不以转口贸易和加工制造为重点,而以发展旅游业、现代服务业和高新技术产业为主导。[②] 而目前世界上比较成功的自由贸易港如中国香港特别行政区、新加坡、迪拜,离岸金融业务是上

---

* 海南大学中国特色自由贸易港研究院研究员,海南省政府中国特色自由贸易港研究院研究员。

** 海南大学副校长,教授、博士研究生导师。

① 参见习近平:《在庆祝海南建省办经济特区30周年大会上的讲话》。

② 参见中共中央、国务院《关于支持海南全面深化改革开放的指导意见》第10条。

述国际自由贸易港成功的关键。因此,海南建设中国特色自由贸易港的一大核心任务是发展以离岸金融为重点的现代服务业。

一、离岸金融业务类型与创新发展

离岸金融业务自20世纪50年代以来快速发展,国际自由贸易港中国香港、新加坡、迪拜都是国际离岸金融中心,这类离岸金融中心是伴随着自由贸易港业务的发展而形成的。另一类离岸金融中心就是传统上我们称为"避税天堂"的离岸金融中心,例如,英属维尔京群岛、开曼群岛、巴哈马等地。公司和个人通常通过离岸金融中心进行避税与规避金融监管。但同时由于离岸金融中心普遍具有高度的保密性,在一定程度上促进了全球金融资源的优化配置。目前,学术界对于离岸金融中心尚没有统一的定义。① 国际货币基金组织(International Monetary Fund,IMF)将离岸金融中心定义为某一个地区的金融机构主要为非本国或本地的居民提供金融服务,包括吸收非本国或本地居民的存款、发放非本国或本地居民的贷款,区内金融机构大部分的金融活动的资产负债表都是离岸的。大部分参与上述金融交易活动的公司或个人均为非本国或本地居民,甚至交易的地点可以是全球的任一地方。"避税天堂"型的离岸金融中心往往与逃税、避税、跨国资产转移、资产藏匿相联系。而以自由贸易港业务为基础的离岸金融中心如中国香港特别行政区、新加坡则依靠离岸金融业务成为国际金融中心,香港特别行政区是全球最大的综合型金融中心之一,新加坡是全球最大的结算型金融中心之一。

(一)离岸资金池业务

中国香港特别行政区、新加坡离岸金融资金池业务主要由离岸货币市场、离岸外汇市场、离岸资本市场构成。这三大市场主要用来调节货币、资本之间的供给与需求关系,并为金融机构资产端与负债端提供重新配置的渠道。离岸资金池业务主要是搭建外汇、资本、货币三者之间的交易平台。离岸外汇市场按照币种的交易结构划分,可以分为离岸本币市场与离岸外汇市场,其参与市场主体包括国际性组织、政府部门、商业银行、非银行金融机构、公司、中介机构和个人,他

---

① 参见陈菁泉:《人民币与美元离岸金融市场建设的比较研究》,载《宏观经济研究》2015年第8期。

们通过离岸外汇市场参与金融服务。① 目前,国际上主要的离岸外汇交易市场包括英国伦敦、美国国际银行业设施(International Banking Facility,IBF)、日本东京、中国香港特别行政区等地。

离岸货币交易市场是离岸金融市场的重要组成部分,主要由离岸金融所在地的商业银行及其分支机构来经营,主要为离岸金融中的市场主体提供短期票据融资。广义的离岸资金池业务还包括离岸资本市场业务,例如,香港特别行政区的离岸金融市场中,离岸资本市场占有相当大的比重,在香港交易所上市的公司中大部分并非香港本地公司,香港特别行政区宽松的外汇管制政策与联系汇率制度,使香港特别行政区的资本市场发育度仅次于美国。近年来,随着中国内地市场主体群体越发壮大,大量内地大中型企业选择在香港特别行政区上市,这也帮助香港交易所成为仅次于美国纽约交易所的全球第二大证券交易所。"12 号文"中明确提出支持依法合规在海南设立国际能源、航运、大宗商品、产权、股权、碳排放权等交易场所。未来海南自由贸易港建设可考虑借鉴香港成功的离岸资本市场建设经验,打造大宗商品、股权、碳排放离岸交易中心,着重吸引国际资本,深度推进人民币国际化。

(二)离岸金融中介服务业务

在离岸金融交易中,传统以商业银行为代表的金融机构往往充当着中介的角色,其主要的角色是帮助市场交易主体进行资金融通、交易的支付与结算、保兑。从中国香港特别行政区、新加坡自由贸易港离岸金融的发展经验来看,传统金融机构在自由贸易港中通过离岸金融业务可以争取到更为宽松的监管环境,通过更加灵活的业务方式和组织架构增强其自身在本国或本地的竞争力,通过参与国际金融业务竞争,提升自身的国际化水平。② 同时,上述金融机构通过在自由贸易港中参与离岸金融业务,极大地激发其金融业务创新的热情,能够为全球客户带来更新的金融产品,增加收入来源的同时分散了金融风险。例如,美国花旗银行的离岸银行服务就主要分布于中国香港特别行政区、新加坡等国际自由贸易港中,其服务的客户分散在全球各地,只是资金交易的进出在上述自由贸易港内进行。汇丰银行在全球范围内为至少 10 万个离岸银行账户进行服务。

---

① 参见陈卫东、钟红、边红卫、陆晓明:《美国在岸离岸金融市场制度创新与借鉴》,载《国际金融研究》2015 年第 6 期。

② 参见汪川、赵瑾:《上海自贸区离岸金融中心建设的模式及制度安排》,载《新金融》2014 年第 7 期。

传统金融机构在自由贸易港中开展离岸金融服务主要通过开设分支机构来实现,其中设立分行是主要的一种形式,分行主要起到负责离岸金融交易市场中介渠道的角色,负责该金融机构内部各部分之间资产负债的流入与流出。另一种则是采用注册子公司的方式,该金融机构在自由贸易港内注册独立的法人公司,全部或部分持有其股权。例如,中国银行为了在香港特别行政区开展国际业务注册了子公司中银国际,中银国际相对于母公司中国银行是一个注册在香港特别行政区的独立法人主体,同时在业务上也几乎完全独立于母公司中国银行。这样操作的目的是方便传统金融机构更好地在自由贸易港内开展国际业务,消弭传统金融机构组织与管理架构上的缺陷。

(三)离岸金融风险管理业务

在离岸金融市场中,受利率、汇率波动的影响,市场中的流动性会出现大幅波动,由此可能衍生一系列的金融风险。为了保证离岸金融市场风险的可控性,大多数离岸金融市场所采取相应的风险隔离措施,以区隔外部风险,由此催生了离岸金融风险管理业务。通过在自由贸易港内开展离岸金融风险管理业务,为区内的市场主体提供了避险的对冲工具。从20世纪80年代以来,离岸金融衍生品成了离岸金融市场上最主要的对冲工具。中国香港特别行政区和新加坡均为全球最大的离岸金融衍生品交易中心之一,依靠着完善的离岸金融衍生品创新与供给,中国香港特别行政区、新加坡汇聚了全球的避险与风险资金,巨大的离岸衍生品交易市场又反哺了资本市场的壮大。中国香港特别行政区、新加坡的离岸衍生品交易中心分为场内交易与场外交易,银行间的 OTC(Over-the-Counter)交易一般被认为是场外交易,其交易的品种一般包括外汇的远期与掉期合约。而场内交易一般指在交易所内进行的衍生品交易,例如,交易所内交易的外汇期货产品,以及在外汇期货基础上衍生的各种金融创新产品。更确切地说,离岸衍生品场外交易一般交易的是非标准化的合约或者期权产品,而场内交易市场则主要交易标准化、规范化的衍生品期货产品。在中国香港特别行政区和新加坡的离岸外汇交易市场中,场外的非标准化合约与期权产品的交易规模远大于场内外汇期货交易产品,前者的交易规模是后者的10倍左右。①

---

① 参见张谊浩、裴平、沈晓华:《香港离岸金融发展对大陆金融深化的效应——基于离岸金融中心的实证研究》,载《国际金融研究》2009年第6期。

需要特别指出的是,由于港元一直以来扼守与美元挂钩的联系汇率制度,因此港币的汇率波动几乎跟随美元汇率的波动期间。近年来,随着央行力推人民币国际化与汇率市场化,中国香港特别行政区成为人民币最大的离岸交易中心,以人民币汇率为基础的衍生产品在香港市场层出不穷,这其中人民币汇率衍生品的场外交易占据了绝大多数的交易量。

二、海南自由贸易港离岸金融创新的难点与路径

海南自由贸易港建设中的离岸金融业务要更多地借鉴香港特别行政区、新加坡的离岸金融业务发展的成功经验。目前,世界上的离岸金融业务主要由市场交易体系、支付结算体系、风险管理体系这三大业务体系构成,海南自由贸易港离岸金融业务发展必须着力发展上述三大业务。中央"12 号文"中明确提出,支持依法合规在海南设立国际能源、航运、大宗商品、产权、股权、碳排放权等交易场所。未来海南自由贸易港建设可考虑借鉴香港成功的离岸资本市场建设经验,打造大宗商品、股权、碳排放离岸交易中心,着重吸引国际资本,深度推进人民币国际化。海南自由贸易港建设应当在人民币外汇交易市场上有所突破,借助海南独特地理单元优势打造人民币离岸资产交易中心。目前,海南的金融业发育程度从全国范围看尚处在一个较低的水平,与国内金融业发达的上海、深圳等地相比尚存在不小的差距。海南自由贸易港建设离岸金融创新首先需要争取中央的政策倾斜与政策支持,在中央的大力支持下逐步探索离岸金融创新,应着重从以下几个方面展开。

(一)海南发展离岸金融的难点与困境

1. 海南金融业总体规模小,无法支撑离岸金融创新

2017 年全年海南金融业增加值为 318.21 亿元,而上海市 2017 年金融业增加值为 5330.54 亿元,深圳金融业增加值为 3059.98 亿元。海南金融行业体量与国内金融发达地区的差距十分明显。海南目前岛内的金融机构的数量与上海、深圳等金融业发达地区相比差距更加悬殊,未来海南自由贸易港建设着力金融开放创新、探索离岸金融业务首先需要集中精力做大做强本省金融业的整体规模,做大金融行业的"资金池"。任何形式的金融创新都不开金融的规模效应,金融创新好比"池水养鱼",只有资金池更大,才能养活更多的"鱼"。未来海南应当重点在快速提升金融业增加值与持牌金融机构数量上"内外兼修",一方面,基

于中央"12号文"所赋予的各项改革创新使命，通过制度创新优势吸引全球的金融资本汇聚海南建设自由贸易港；另一方面，加大对本土金融机构的扶持力度，集中精力做大做强银行、证券、保险、信托等持牌金融机构，整合本土金融力量，打造本土的金融控股集团。

2. 金融市场化程度与创新程度低

目前，海南金融业的市场化程度与创新程度均远远低于上海、深圳等国内金融发达地区。习近平总书记强调海南建省办经济特区30年取得了巨大的成就，尤其是海南在市场化改革方面曾经一度走在了全国的前列，也曾经为全国的市场经济建设贡献了宝贵的建设经验。但是，海南的经济市场化程度与金融市场化程度存在严重的倒挂，海南金融业的市场化程度远远滞后于经济市场化的发展步伐，海南目前没有大型的金融控股集团，本土金融机构的市场也仅局限于海南省范围内。海南省的资本市场发育程度远远低于国内多数核心的一二线城市，如海南目前全省共有30家上市公司，这一数量远远低于中西部城市如成都、武汉、长沙及重庆。中央"12号文"中提出海南应当探索设立大宗商品、碳排放、股权、能源的交易所，这或许是海南金融业实现弯道超车的历史机遇。另外，现在国内以北京市、杭州市、深圳市为代表的金融科技业务发展迅速，其中以区块链、人工智能、大数据技术融入现代金融业最为典型。而目前海南在金融科技上尚处于一片空白，海南自由贸易港金融创新必须是高标准、高定位，而金融科技创新必不可少，因此海南在金融市场的创新上还需要投入巨大的人力、物力来追赶国内的金融科技发达地区。

3. 缺乏中央"一行两会"的配套政策支持

上海市、广东省、天津市、福建省自由贸易试验区（以下简称自贸区）在挂牌伊始，中国人民银行、原银监会、原保监会均出台了支持自贸区金融开放创新的若干支持政策，主要集中在人民币国际化、资本项目的限额内可兑换、人民币跨境贷款、双向资金池、意愿结汇等领域。自2018年4月中央"12号文"印发至今，"一行两会"尚未出台关于进一步支持海南自贸区、自由贸易港金融开放创新的意见，由于缺乏"一行两会"具体的政策支持与指导，海南自由贸易港的金融创新缺乏顶层设计与指导。过往由于海南金融业发育程度在国内尚处于一个较低的水平，因而"一行两会"甚少出台支持海南金融业做大做强的扶持政策。在海南探索建设中国特色自由贸易港的背景下，海南的金融创新尤其是离岸金融创新急需中央“一行两会”出台细化的配套扶持政策，首先从政策层面给海南的离岸金融创新创造空间，赋予海南金融创新的自主权，对标国际最高标准探索离岸金融创新。

4. 缺乏足够的金融人才储备

目前，国内金融业发达的北京市、上海市、深圳市、广州市之所以能成长为金融中心，主要是因为上述一线城市聚集了大量的金融专业人才，同时拥有丰富的金融人才储备。在中央“12 号文”印发后，海南省政府先后出台了“百万人才进海南行动计划”，出台了一系列的人才落户、补贴政策吸引人才落户海南创业就业，但是政策对人才尤其是金融人才的吸引度远不及广州市、深圳市。海南本土高校培养的人才有限，而离岸金融创新需要高素质、专业化的金融人才，金融人才的储备不足或许将大大制约海南的离岸金融创新。目前，海南省已经出台了“59 国免签政策”，着力建设国际离岸创新创业示范基地，未来海南吸引金融人才需要出台更加具有针对性的人才政策，努力优化离岸金融的创新创业环境，在吸引全球离岸金融资本的同时更加注重吸引离岸金融人才。

（二）海南发展离岸金融的重点突破路径

1. 争取中央政策支持，构建离岸金融创新业务体系

海南应当借中央在海南探索建设中国特色自由贸易港的契机，积极向中央争取离岸金融的相关政策支持。例如，海南应当争取“一行两会”尽快出台关于进一步支持海南金融开放创新的指导意见，逐步探索建立海南自由贸易港离岸金融创新业务体系。海南离岸金融创新业务体系应当主要包含离岸资金池业务、离岸金融中介业务及离岸金融风险管理业务。离岸金融创新是自由贸易港成功的关键，中国香港特别行政区、新加坡自由贸易港发展初期主要依靠转口贸易和加工贸易，后期便随整个产业链的转型升级，都不约而同将离岸金融业务作为其核心业务，目前，金融业在香港整个 GDP 中占据了绝对核心的地位，而香港金融业主要表现形式就是离岸金融业务。① 与此同时，国际自由贸易港由于缺乏离岸金融创新，也有很多失败的案例，例如，巴拿马、德国科隆港在发展传统转口贸易、加工贸易时不注重产业的转型升级，导致其自由贸易港的业务量大幅下滑。此次中央“12 号文”中明确提出，海南自由贸易港要体现中国特色，符合海

---

① 参见屠晶：《人民币国际化进程中离岸金融市场发展研究》，载《金融论坛》2011 年第 12 期。

南发展定位,借鉴国际自由贸易港建设经验,不以转口贸易和加工制造为重点,而以发展旅游业、现代服务业和高新技术产业为主导,而这其中离岸金融创新是海南现代服务业探索的重中之重。

2. 积极探索人民币国际化,打造人民币离岸资产交易中心

中央"12 号文"中对海南的定位是"三区一中心",而首当其冲就是海南作为中国全面深化改革开放试验区的重大战略定位。此前我国设立了"1 +3 +7"总共 11 个自贸区,以上海自贸区、广东自贸区为代表在金融开放创新上做了很多大胆的探索。例如,限额内资本项目可兑换、人民币跨境贷款、人民币双向资金池、意愿结汇等涉及外汇、人民币国际化方向的创新。但是总体而言,受开放力度及开放时机等多方面因素的影响,上述自贸区的金融开放创新尚无法完成人民币国际化的任务。海南自由贸易港建设被中央赋予中国全面深化改革开放试验区的重大战略定位,应当以人民币国际化为核心任务积极探索离岸金融创新,吸取香港特别行政区人民币离岸资产交易的经验与教训,在海南积极探索更大限额范围内的资本项目可兑换,针对国家"一带一路"倡议需求,稳步推进人民币跨境贷款与双向资金池业务,力争将海南打造成人民币国际离岸资产交易中心。

3. 复制上海 FT 账户的成功经验,打造离岸金融账户

在央行支持下上海自贸区通过建立电子围网监管方式推出了 FT(Free Trade)账户,又称自贸账户,作为上海建设国际金融中心的重要配套措施。FT 账户主要通过以账户为基础探索宏观审慎管理,从合并本外币账户着手探索建立本外币合一的自由贸易账户体系,通过构建电子围网式的监管手段,探索"长臂监测"。个人和企业均可以在上海自贸区内开设 FT 账户,在 FT 账户限额内可以实现本外币的自由兑换,无须提前申报。FT 账户通过电子围网的设计与境内其他金融市场相互区隔,同时与国际金融市场高度接轨,各项贸易结算在 FT 账户内可以通过人民币进行结算。① 未来海南自由贸易港离岸金融创新必须在金融外汇账户体系建设上取得突破,建议海南积极争取央行支持复制上海自贸区 FT 账户建设的成功经验,并结合海南自由贸易港建设更高历史定位,打造 FT 账户的升级版离岸金融账户,探索更高限额的本外币自由兑换,通过电子围网和大数

① 参见施琍娅:《人民币国际化:理论思考及实践探索》,中国金融出版社 2018 年版,第 167 ~ 170 页。

据、人工智能手段实现“长臂监管”。

4. 主动对接“一带一路”重点企业，打造结算型金融中心

目前，新加坡是国际上最大结算型金融中心，其发展离岸金融初期由于不具备香港那样成熟的资本市场、外汇市场，故借助其独特的地理区位优势，在离岸金融创新上通过错位竞争的方式打造结算型金融中心，目前国际上大宗资金结算业务基本上都在新加坡进行。新加坡能成为国际结算型金融中心主要依赖三大要件：金融资产规模庞大、金融人才丰富、法治化的营商环境。新加坡早期通过转口贸易和加工贸易集聚了大量的资金流汇聚新加坡，新加坡通过其开放的人才政策吸引了全球的金融人才汇聚新加坡，加上新加坡政府高效廉洁的办事效率，让新加坡成功实现了现代服务业的转型升级，成为国际结算型金融中心。未来海南自由贸易港建设应当重点学习新加坡打造结算型金融中心的成功经验，首先通过积极对接“一带一路”重点企业，争取将“一带一路”重点企业资金结算业务汇聚在海南，做大金融资金池，同时通过开放人才政策吸引全球的金融人才，最后海南要努力建成廉洁高效的法治政府，打造世界一流的法治化营商环境。

三、海南自由贸易港离岸金融创新的法律保障

从中国香港特别行政区、新加坡自由贸易港的建设经验来看，离岸金融产品创新是成为国际自由港必不可少的前提条件。在过往中国“金融抑制”大背景下，海南自由贸易港或许有可能在离岸金融业务创新上探索出一条可行的路径，但是随着近年来以P2P网贷平台为代表的互联网金融创新平台的“卷款跑路”，中国金融创新风险防控的难度系数加剧。海南自由贸易港离岸金融创新如何保证能够在不发生系统性风险的情况下最大限度地探索创新型离岸金融产品，从金融法监管与法律保障的角度，海南离岸金融创新应当构建四大法律保障原则。在维护金融稳定与金融秩序、保证不发生系统性金融风险的前提下，探索适应离岸金融业务创新发展的宽松监管环境，通过监管制度设计保护金融消费者利益，加强跨国监管合作与沟通协调，共同打击跨国洗钱等刑事犯罪行为。

（一）海南自由贸易港离岸金融创新的法律监管原则

1. 维护金融秩序与稳定

在海南自由贸易港发展离岸金融业务，首先需要维护金融秩序、保证金融稳

定,防范化解系统性金融风险。任何形式的金融创新都不能背离金融稳定的既定轨道,否则就可能出现系统性金融风险。例如,1997 年首先爆发于泰国的亚洲金融危机就是泰国政府忽视离岸金融监管,盲目发展离岸金融业务导致的。泰国政府在尚未做好充分准备的情况下通过泰国国际银行(Bangkok International Bank Facility,BIBF)从离岸金融市场吸收了大量国际“游资”“热钱”(短期投资借贷资本),结果在遭到以索罗斯为代表的对冲基金大鳄的疯狂狙击下,被迫放弃固定汇率制度,实行浮动汇率,给本国金融产业带来了毁灭性打击,也连带将整个泰国经济拖入了泥潭。未来海南自由贸易港发展离岸金融业务必须首先做好维护金融稳定的顶层设计,未雨绸缪,防范化解可能出现的系统性金融风险。就金融法监管的角度而言,必须在海南离岸金融制度设计中首先突出防范化解金融风险、维护金融稳定,同时央行、银保监会、证监会 3 家必须通力合作共同设计海南离岸金融创新业务的监管框架,建议“一行两会”在海南整合设立特别办事机构,整合在离岸金融监管上的监管架构,防范离岸金融创新业务可能带来的跨部门跨市场的交叉金融风险。

2. 适度监管与创新监管

过往中国金融监管长期扼守“金融抑制”,导致金融行业整体创新程度不高,所以出现了以银行为代表的“资管计划”的突飞猛进。由于上述资管产品通过层层嵌套的方式规避监管,游离于现行监管体制之外,积累了巨大的潜在金融风险。海南自由贸易港离岸金融创新业务发展初期在维护金融稳定、保证不发生系统性金融风险的前提下,需要营造更为宽松便捷的监管环境以吸引国际资金进入海南,支持海南自由贸易港建设。但宽松、便捷的监管环境不代表放弃金融监管,此时就需要创新传统的监管手段来提高监管效率。过往中国的金融监管一直扼守“分业经营、分业监管”的传统理念,①随着以“资管计划”为代表的大量银保、银证、银信产品的冲击,传统分业经营的风险隔离墙已不复存在,大量全牌照金融控股公司的涌现导致分业隔离的界限更加模糊,进入了实质“混业经营”的状态。从中国香港特别行政区、新加坡离岸金融创新业务的发展经验来看,混业经营的态势会进一步明显。因此,海南自由贸易港发展离岸金融业务,首先必

① 参见刘志云、史欣媛:《论自贸区金融创新立法的完善》,载《厦门大学学报》(哲学社会科学版)2017 年第 5 期。

须解决如何在宽松便捷的监管环境下防范离岸金融混业经营可能带来的系统性金融风险。那么必须先整合现有"一行两会""分业监管"的职能,在海南自由贸易港内探索"垂直型金融监管"新模式,整合央行、银保监会、证监会的监管职能,成立离岸金融监管特设机构,一方面防范化解离岸金融创新可能带来的系统性金融风险,另一方面为中国整体金融监管体制改革探索新的路径。

海南自由贸易港离岸金融监管还需要创新监管手段,适应新技术背景下金融发展新业态。目前,随着互联网大数据、人工智能、区块链等技术在金融领域的运用,传统金融业务模式正在逐步被颠覆,随之而来的是金融监管模式的变革。未来海南自由贸易港离岸金融创新必然涉及大量新技术的运用,如何避免新技术规避金融监管、放大金融风险的负面效果呢？此时,金融监管机构也必须顺势而为,拥抱新技术、新业态。央行可以利用大数据和人工智能技术解决反洗钱识别、甄别的效率,通过人工智能技术实现更高效率的外汇电子围网监控,一方面满足海南自由贸易港吸引国际资金自由进出的需求,另一方面通过电子围网的设计防止海南的外汇进出风险溢出到内地,更好地实现风险隔离。

3. 注重金融消费者利益保护

金融消费者保护理论近年来成为金融法学界研究的热点问题。不同于传统金融监管强调从金融秩序出发设计金融监管制度,金融消费者保护理论强调从保护金融消费者角度出发来设计金融监管制度。在金融交易中,除传统金融机构以外,金融消费者是最为重要的一个群体,他们既是金融资金的最终提供者,同时也可能是金融产品的消费者,因此注重金融消费者利益保护是保证金融交易活动正常进行的前提条件。① 未来海南自由贸易港离岸金融创新业务必然离不开金融消费者的支持。不同于传统形态的金融消费者,海南离岸金融所面对的金融消费者可能更多的是全球的金融消费者,因此更加注重金融消费者利益保护既是海南自由贸易港法治化营商环境的体现,也是提振国际金融消费者投资海南信心的必要举措。近年来,以 P2P 网贷为代表的互联网金融创新产品陷入"集资诈骗"的泥潭,从而给整个行业蒙上了一层阴影,归根结底主要原因是金融监管滞后性,以及忽视对金融消费者利益的保护。海南自由贸易港离岸金融

① 参见张剑宇:《私人银行离岸金融服务国际发展趋势及对国内的借鉴分析》,载《中央财经大学学报》2012 年第 10 期。

创新必须吸取 P2P 网贷业务发展的经验教训,必须更加侧重保护金融消费者利益。建议在海南自由贸易港内设立离岸金融消费者保护中心,主要用来解决离岸金融创新业务出现的可能损害金融消费者利益的行为,帮助金融消费者维护其合法的投资利益。考虑到海南未来可能面对来自全球的金融消费者,上述离岸金融消费者保护中心可考虑与中国香港特别行政区、新加坡的金融消费者保护机构合作,提高国际化水平,方便跨国维权。另外,海南自由贸易港可考虑与中国香港特别行政区、新加坡等地的专业金融仲裁机构合作设立海南离岸金融仲裁院,负责处理离岸金融专业纠纷。

4. 加强跨国监管合作与协调

离岸金融"两头在外"的特性决定了离岸金融监管离不开跨国合作与协调,未来海南自由贸易港离岸金融业务发展不可避免地会吸引全球资金汇集海南,那么此时沿用传统的金融监管模式就很难防范跨国跨市场的交叉金融风险,所以此时必须加强国际金融监管合作与协调。首先,海南自由贸易港离岸金融监管必须尊重现有离岸金融监管的国际惯例,尤其是国际资本市场协会(International Capital Market Association,ICMA)规则及《巴塞尔协议》中关于离岸金融监管的核心内容,涉及离岸金融的国际商事争端解决,要充分尊重当事人的意思自治,允许当事人选择上述通行的国际惯例作为准据法。如果争议当事人没有主动提请适用上述国际惯例,人民法院根据审判实际也可以主动直接适用上述国际惯例和国际金融监管协议。根据中央"12 号文"文件精神,海南自由贸易港各项改革政策措施,凡涉及调整现行法律或行政法规的,经全国人大或国务院统一授权后实施,建议海南可将上述国际惯例、国际条约中有利于海南离岸金融监管的内容提请全国人大授权直接通过立法的形式加以明确。其次,为了推动海南自由贸易港离岸金融业务创新发展,海南应当主动与离岸金融监管相关的国际组织进行合作,如国际货币基金组织、离岸银行业监管集团(Offshore Group Banking Supervisors,OGBS)、国际资本市场协会、巴塞尔委员会等。离岸金融反洗钱、反跨国避税监管是一个世界性的难题,海南自由贸易港离岸金融监管在起步阶段必须首先与上述国际监管组织保持密切的沟通与协作。目前,世界上由于各国之间在离岸金融市场上存在利益分配等问题,尚未形成统一的国际性离岸金融监管规则。海南在探索离岸金融监管的同时应当主动参与到国际离岸金融监管规则的设计,为中国在国际离岸金融监管格局中争夺话语权。再者,海南离岸金融监管应当与离岸金融机构所在母国、离岸货币发行母国、离岸投资者母国所在的金融监管机构实现跨国监管合作协调与信息共享。离岸金融的监管单靠离岸金融所在国一家的力量是远远不够的,必须加强与利益相关国家的跨国监管协作与信息共享,增强离岸金融监管的有效性。① 而加强跨国离岸金融监管协作与信息共享的手段主要包括监管协作与互认,共同打击洗钱、逃税等跨国犯罪行为。

(二)海南自由贸易港离岸金融创新的监管制度设计

央行行长易纲在2018年的博鳌亚洲论坛上宣布了多项金融开放的措施,紧接着党中央、国务院决定在海南探索建立中国特色自由贸易港。离岸金融创新是其中必不可缺的一个重要对外开放举措,但是海南本土金融业的开放程度从国内比较角度看尚处在一个较低的水平。因此,海南离岸金融业务发展除需要中央给予足够的政策支持以外,还需要从法律层面对海南离岸金融创新进行保障,通过立法先行的方式,营造比肩香港特别行政区、新加坡的法治化营商环境,吸引全球离岸金融资本汇集海南,做大海南金融业的资金池,通过金融反哺实业的方式助推海南自由贸易港其他各项重大改革举措的实施。

1. 构建离岸金融创新审慎监管框架

首先,构建离岸金融创新宏观审慎监管框架。海南自由贸易港离岸金融创新监管必须明确监管主体,根据上文论述,笔者建议由"一行两会"牵头在海南组建一个适应离岸金融发展的金融监管局。这个金融监管局整合"一行两会"的监管职能,统一代表"一行两会"行使金融监管职权,该金融监管局直接由国务院金融稳定发展委员会领导,在业务监管上同时接受"一行两会"指导。其主要职责是负责监管海南离岸金融业务,防范化解跨国跨行业的交叉金融风险,同时肩负促进人民币国际化与金融开放创新的重大任务。另外,海南自由贸易港离岸金融创新还必须构建宏观审慎监管指标。不同于我国传统的宏观审慎监管指标,海南离岸金融审慎监管指标应当更多地借鉴香港特别行政区、新加坡的离岸金融监管经验,对标国际最高标准,将国际离岸金融监管惯例中精华部分吸收到指标监管中来,同时加强与国际离岸金融监管组织间协作,打造国际化的离岸金融

① 参见王茜、张继:《我国金融服务业的开放与法律监管问题研究——基于上海自贸区的分析》,载《上海对外经贸大学学报》2014年第3期。

宏观审慎监管指标。

其次,构建离岸金融创新微观审慎监管框架。“一行两会”应该尽快出台支持海南自由贸易港离岸金融创新的意见,海南离岸金融创新应当着力探索新时代中国金融开放创新的新路径,着力以人民币国际化为方向,探索建立人民币离岸资产交易中心,探索人民币跨境贷款、跨境双向资金池、离岸金融账户。借鉴香港特别行政区离岸金融监管的骆驼评级法,[①]对海南自由贸易港内金融机构开展风险评估与统一评级,加强海南自由贸易港内离岸金融机构的信息披露,提高离岸金融市场的透明度,同时增强金融风险处置能力,提高防范系统性金融风险的能力。

2. 降低市场准入门槛,强化事中、事后监管

首先,在金融机构市场准入方面,降低注册资本门槛并且扩大注册主体范围。中国香港特别行政区、新加坡等国际自由贸易港在金融机构市场准入方面门槛均设置得较低,而且基本上都实行准入前国民待遇,并对外汇的进出几乎没有限制。香港特别行政区企业注册与登记手续简单快捷,企业注册只需要经过三个步骤就可以拿到公司执照,香港特别行政区对货币买卖和国际资金流动,包括外来投资者将股息或资金调回本国都无限制。未来海南离岸金融创新应当降低市场准入门槛,放宽注册主体资格范围,对外资实行准入前国民待遇。在离岸金融监管方面要更加侧重于强化事中、事后监管,综合运用多种手段对金融机构违规违法行为进行甄别,尤其要打击跨国洗钱、逃税等行为。此外,要构建以信用监管为核心的监管模式,借助香港特别行政区金融监管骆驼评级的方式,定期对海南自由贸易港内的金融机构进行抽查,并给出相应的评级,连续评估不合格的金融机构直接吊销其金融机构经营牌照。

其次,对离岸金融创新业务由审批制改为备案制。中国香港特别行政区、新加坡对金融创新业务几乎没有任何前置审批程序,其目的是鼓励金融创新、激发金融创新活力。未来海南离岸金融创新应该对金融创新保持一种相对开放包容的态度,一方面严厉打击假借“金融创新”外衣从事集资诈骗行为,另一方面在保证不发生系统性金融风险的前提下适度鼓励金融创新。建议“一行两会”对海南

---

① 参见杨维新:《上海自由贸易区离岸金融发展:国际比较与路径设计》,载《亚太经济》2014年第4期。

离岸金融创新业务出台相关的监管细则,并对海南离岸金融创新划定政策红线,凡是不涉及系统性金融风险的创新业务原则上实行备案制,激发金融主体的创新活力。建议由“一行两会”出台“海南自由贸易港离岸金融创新负面清单”,对可能危及系统性金融风险的金融创新业务以负面清单的形式列明,凡是不在负面清单之列的金融创新,原则上均给予鼓励。采用上述负面清单的管理模式也有利于营造法治化的营商环境,吸引国际离岸金融资本投资海南。

3. 创新离岸金融业务监管模式,实行“双峰监管”

传统上在中国金融监管权划分上,金融监管一直都是中央事权,“一行两会”及其分支机构均为垂直领导,不隶属于地方,而由中央直接领导。但是,近年来,随着互联网金融等新兴金融业态的兴起,这种传统金融监管模式弊端进一步凸显。① 未来海南自由贸易港离岸金融监管应当创新业务监管模式,“一行两会”及其特设机构主要负责系统性金融风险监管、机构监管、行为监管,而地方政府也应行使部分微观金融监管权,地方金融监管主要负责在第一时间处置微观金融风险,防止金融风险的外溢,即采用中央与地方“双峰并行”的创新监管模式。具体来说,对于所有持牌的法人金融机构,如银行、证券、保险、信托等持牌金融机构由中央(“一行两会”)行使监管职责,鼓励上述持牌金融机构在海南自由贸易港内在风险可控的前提下开展离岸金融创新业务。但是,对于私募基金、商业保理、融资租赁等非持牌类金融机构则主要由地方金融部门行使监管权。由于非持牌金融机构原则上游离于现行金融监管框架之外,因而上述非持牌金融机构开展离岸金融创新业务必须通过地方金融监管部门风险压力测试后方可开展离岸金融创新业务。

海南离岸金融监管创新必须借助各方力量,构建多层次监管平台。传统上金融监管权由“一行两会”行使,未来海南离岸金融创新要更加借助行业协会的力量实现自律监管,强化信用监管。金融的本质是信用交易,借助行业协会的信息优势打造行业信用公示平台。同时还要主动邀请金融消费者参与到创新监管中,行业协会可以以定期向金融消费者进行调查问卷的方式评估某一离岸金融产品的风险点,并适时对金融消费者进行风险提示。

---

① 参见王曼怡、马妍娇:《人民币国际化进程中我国离岸金融市场的建设问题研究》,载《国际贸易》2014 年第 9 期。

4. 将 RegTech 运用到离岸金融创新监管中

RegTech 由英文单词“regulatory”和“technology”组合而成，其代表监管科技。近年来，随着互联网大数据、人工智能、区块链技术在越来越多的领域被广泛运用，以美国、英国为代表的金融监管部门也开始将上述新型技术运用于金融监管中，由此催生了上述 RegTech 这个新名词。在离岸金融交易中，传统金融机构可能出于规避监管的目的，通过大数据、人工智能等互联网技术来绕开传统金融监管机构的防火墙。如果此时监管部门不及时跟进堵住漏洞，则很可能加剧金融的不稳定，酿成系统性金融风险。① 未来海南自由贸易港离岸金融创新可考虑借助 RegTech 的监管手段来监测跨国资金流动，防范打击洗钱、逃税等违法行为。而 RegTech 技术得以运用的前提是必须构建标准化的监管数据库，这就要求各金融监管机关之间监管数据必须相互连通且相互共享，但是目前我国“一行两会”三大金融监管机构之间监管数据库互不相通。因此，除必须建立上文论述的离岸金融统一金融监管机构以外，“一行两会”三大金融监管机构之间还必须打破数据壁垒，实现互联互通、信息共享。离岸金融业务具有天然跨国特征，其监管难点亦来源于资金从全球流入离岸金融所在地，亦流向全球各地，监管复杂度高。但是，借助 RegTech 监管手段可以很轻松地解决上述难题。未来海南离岸金融创新监管可通过 RegTech 手段与全球金融监管机关之间实现实时的信息共享与风险甄别。未来海南离岸金融监管还可以考虑建立国际监管科技协作委员会，将美国、英国、我国香港特别行政区、新加坡等地的金融监管机关联合起来组建离岸金融监管联盟，共同打击跨国洗钱、逃税等国际犯罪行为。②

习近平总书记在 2018 年博鳌亚洲论坛演讲时提出，“中国开放的大门不会关闭，只会越开越大，这是我们对世界的庄重承诺”。在新时代中国进一步扩大对外开放的新格局下，党中央、国务院决定在海南建设中国特色自由贸易港具有划时代的重大战略意义。离岸金融创新作为海南自由贸易港建设不可或缺的一环，必须要在控制系统性金融风险的前提下做好顶层设计、未雨绸缪。一方面，

---

① 参见张新、施琍娅等：《跨境资金流动的宏观审慎管理》，中国金融出版社 2018 年版，第 3～16 页。

② 参见范健、朱华友：《南海离岸金融中心构建模式选择与法律监管机制研究》，载《南京大学学报》（哲学·人文科学·社会科学版）2014 年 1 期。

将海南离岸金融创新作为新时代中国金融开放创新的重要窗口和试金石;另一方面,通过离岸金融的创新监管与法律制度设计营造比肩中国香港特别行政区、新加坡的法治化、国家化、便利化营商环境,以吸引国际金融资本投资海南,通过金融的放大效应更好地服务于海南自由贸易港的各项重大改革任务。

海南经济特区立法权运行机制的不足与完善[①]

王强强*

一、海南经济特区立法的实践

1988年4月13日第七届全国人大第一次会议决定设立海南经济特区,并授予海南经济特区立法权。30多年来,海南充分利用特区立法权制定了一系列特区法规,为海南经济社会发展提供了重要的法治保障。

(一)海南经济特区立法权的性质

我国《立法法》第74条明确规定:“经济特区所在地的省、市的人民代表大会及其常务委员会根据全国人民代表大会的授权决定,制定法规,在经济特区范围内实施。”但是,经济特区立法权究竟是什么性质的立法权?长期以来,学术界没有统一的概念界定。笔者认为,在对经济特区立法权的性质进行界定之前,必须先回答什么是经济特区这个根本问题。只有明确了经济特区的概念,才能对经济特区立法权的概念进行准确界定。

根据俞可平的研究,经济特区是指一个国家或地区的政府因经济社会发展的需要,选中特殊地域,设立的特

---

① 本文系海南省社科联课题“海南经济特区立法权运行机制研究”[项目批准号:HNSK(JD)17－04]的阶段性研究成果。

* 海南政法职业学院讲师,《南海法学》编辑部编辑。

殊行政区域,在该行政区域内,实施与国家整体不尽相同的经济优惠政策。[①] 经济特区的渊源主要来自两个方面:一方面是中国共产党在革命斗争时期的陕甘宁边区等制度设计,另一方面是境外自贸区(港)的制度设计。20 世纪“文化大革命”之后,中国亟须在经济上取得重大突破。囿于我国单一制的制度限制,举国一盘棋搞建设几乎是不可能。为了集中力量优先发展条件较好、环境较为优越的沿海地带,经过中央审慎研究之后,决定设立深圳经济特区。由此,经济特区作为经济发展的重要制度开始登上历史舞台并发挥重要作用。在深圳经济特区取得重大成功之后,1988 年全国人大决定设立海南经济特区。从制度设计的层面上讲,经济特区立法权是经济特区的重要组成部分,全国人大授予海南经济特区立法权,海南经济特区通过行使特区立法权,一方面,对全国人大及其常委会尚未规定的事项进行先行先试的创新立法,从而为海南经济特区的经济社会发展提供良好的制度环境;另一方面,对已有的立法进行变通,制定更符合地方特色的法规在经济特区实施,为海南经济社会发展提供更为宽松的环境。

关于经济特区立法权的内涵,学术界至今没有形成统一的看法。笔者梳理了相关资料,目前主要有广义、狭义两种不同的理解。从广义上讲,经济特区立法是指所有与经济特区事项相关的立法活动。这是从立法内容的角度对经济特区立法的性质进行理论界定,具体可包括国家各级各类有权主体依其职权及法定程序而进行的立法活动,不仅包括法规还包括各种规范性文件。而从狭义上讲,经济特区立法仅仅指的是有经济特区立法权的省级权力机关即省级人大及其常委会根据授权,依照法定程序,制定、修改和废止法规的活动。[②] 这是从立法的主体对经济特区立法进行的理论界定。经济特区立法权广义理解和狭义理解的主要区别是,前者主要强调立法内容(事项)的相关性,而后者则突出立法主体的特殊性。抛开经济特区立法权概念上的差异,从权力运行实践来看,经济特区立法在改革开放的伟大实践中发挥着试验探索、引领创新和补充完善等重要功能。

1. 经济特区立法具有试验探索功能

改革本身是一个不断试验的过程,为减少“试错”可能带来的负面效应,使改

① 参见俞可平、倪元辂:《海外学者论中国经济特区》,中央编译出版社 2000 年版,第 1 页。

② 参见张正平:《试论经济特区立法》,载《中南民族学院学报》(哲学社会科学版)1997 年第 4 期。

革的风险最小化或逐步释放,我国从改革之初便选择强调过程性和试验性的渐进式改革策略。[①] 允许特区立法“先行先试”的实质在于,允许地方对深化改革进行制度试验,并将试验效果控制在局部范围。对于有益有效的制度试验,将其进一步上升到中央立法层面;对于失败无效的制度试验,则将其抛弃。从制度经济学的角度观察这一过程,“先行先试”的经济特区立法模式是降低立法成本、提高立法效益的较优选择。诚然,国家立法固然也可以进行这种试验,但国家立法具有全国性的效力,一旦“试错”将给社会带来很大的负面影响。特区立法的先行先试,可以弥补国家立法的制度供给不足。

2. 经济特区立法具有引领创新功能

国家立法和地方立法各自肩负重要使命,各自具有调整范围。国家立法负责顶层设计,大多解决全局性、宏观性问题,因此在立法时机不成熟、立法经验不充分的情况下,需要地方先行立法,观察具体立法效果后,才由国家立法进行规定。因此,地方特别是经济特区,应当抓住时机,先行先试立法。在此意义上,特区立法的先行先试有利于推动地方制度创新,进而对国家立法起到引领作用。

3. 经济特区立法具有补充完善功能

经济特区先行先试立法的必要性在于,可以解决国家暂未立法而当地发展需要立法的问题;于此,经济特区先行先试立法可以对国家立法进行及时补充。一般来说,国家立法的程序要求高,立法的时间花费长;相较而言,特区立法更贴近当地实际,能够及时对形势变化作出反应,所需的时间和程序比国家立法要少。因此,将建章立制的部分任务交付地方立法机关,有利于适应全面深化改革的需要,有利于调动地方的改革积极性。

(二)海南经济特区立法的历程

梳理海南经济特区的数量,按年度划分:1991 年 1 件,1992 年 1 件,1993 年 6 件,1994 年 2 件,1995 年 5 件,1996 年 3 件,1997 年 7 件,1998 年 0 件,1999 年 3 件,2000 年 1 件,2001 年 0 件,2002 年 1 件,2003 年 5 件,2004 年 2 件,2005 年 1 件,2006 年 3 件,2007 年 0 件,2008 年 5 件,2009 年 6 件,2010 年 8 件,2011 年 8 件,2012 年 4 件,2013 年 1 件,2014 年 6 件,2015 年 7 件,2016 年 10 件,2017 年 6

---

① 吴涛:《论地方先行立法》,重庆大学 2007 年硕士学位论文,第 13 页。

件，2018 年 4 件。①

绘制海南历年颁布的经济特区法规数量折线图（见图 1），我们不难发现，海南经济立法在历史上出现了三次高潮。笔者将其划分为三个阶段：第一个阶段是 1988 年建省到国家层面开始逐步建立社会主义市场经济，海南作为经济特区，发挥先行先试作用，出台了一系列经济特区法规；第二个阶段是 2010 年前后，为推进海南国际旅游岛建设，海南密集出台了一系列经济特区法规；第三个阶段是 2016 年之后，随着海南国际旅游岛向纵深发展，特别是习近平总书记宣布支持海南全岛建设自由贸易区，探索建立中国特色自由贸易港之后，经济特区法规的数量持续在较高水平。

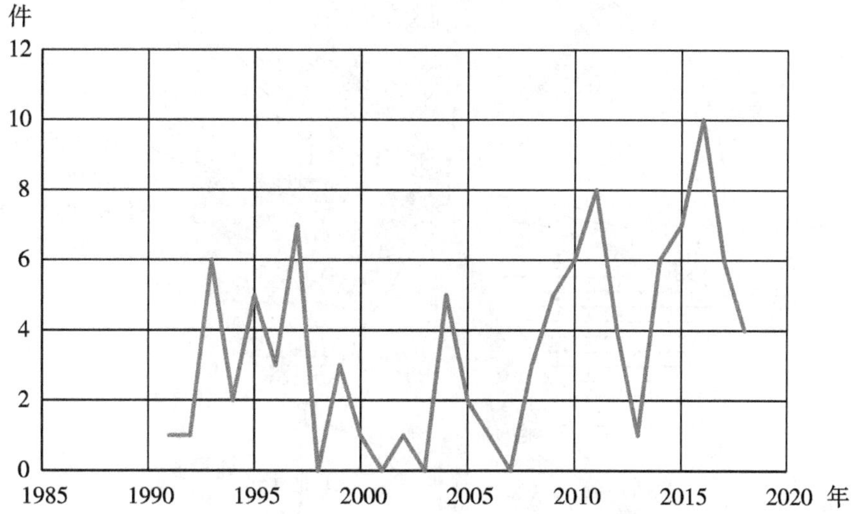

图 1　海南历年颁布的经济特区法规数量

梳理海南经济特区法规的类别，涉及国家机关的 1 件，法制工作 7 件，律师管理 1 件，公安领域 1 件，知识产权领域 1 件，反不正当竞争领域 1 件，土地管理领域 7 件，自然资源领域 5 件，国有资产管理 1 件，财政领域 1 件，价格调控 1 件，保险领域 1 件，企业管理 5 件，公司 6 件，个体经济 1 件，建设业 3 件，工业管理 3 件，农业 4 件，林业 6 件，水利 3 件，交通运输 2 件，旅游 12 件，房地产 1 件，对外

① 以上数据全部源于北大法宝：http://www.pkulaw.com/law/lar? Keywords = %E6%B7%B1%E5%9C%B3%E7%BB%8F%E6%B5%8E%E7%89%B9%E5%8C%BA&SearchKeywordType = Title&MatchType = Exact&RangeType = Piece，最后访问日期：2018 年 6 月 1 日。

经贸 2 件，特区 15 件，开发区 2 件，工商管理 1 件，劳动工会 9 件，环境保护 1 件，卫生 1 件。①

绘制海南经济特区法规类别占比饼状图（见图 2），我们可以看出，海南经济特区立法涉及的领域非常多，尤其是在特区管理、旅游开发、劳动工会、土地管理等领域占比较大。这也与海南经济社会发展的特色及重点呈正相关性。

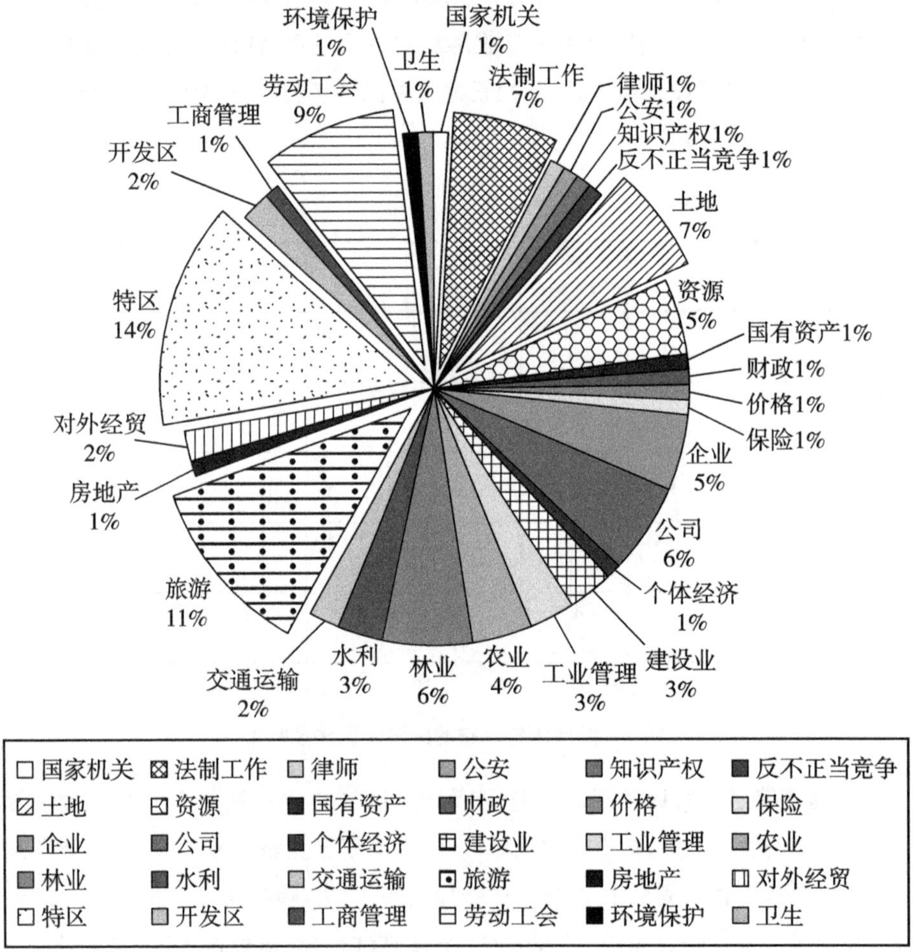

图 2　海南历年颁布的经济特区法规类别

① 以上数据全部来源于北大法宝：http://www.pkulaw.com/law/lar? Keywords = %E6%B7%B1%E5%9C%B3%E7%BB%8F%E6%B5%8E%E7%89%B9%E5%8C%BA&SearchKeywordType = Title&MatchType = Exact&RangeType = Piece，最后访问日期：2018 年 6 月 1 日。

（三）海南经济特区立法的特征

根据全国人大对海南经济特区的授权立法决定和《立法法》的相关规定，结合海南经济特区立法的实践，对比深圳经济特区的立法经验①及北大法宝的数据检索，笔者认为海南经济特区立法呈现出以下特征。

1. 海南经济特区立法在效力上既有从属性也有独立性

一方面，海南经济特区立法严格遵守宪法、法律和行政法规的基本原则，以及《立法法》有关的授权规定，使经济特区立法具有从属性的特征。从笔者梳理的海南经济特区立法实践来看，确有很多属于贯彻落实法律、行政法规的实施性立法。另一方面，海南经济特区又拥有对上位法的变通权限，以及在特区范围内优先适用的效力，使海南特区立法又具有独立性的特征。海南立足自身发展实际，制定了很多具有海南特色的特区法规。

2. 海南经济特区立法在范围上既有特定性又有广泛性

按照全国人大的授权决定和海南早期的特区立法实践，海南特区立法范围主要集中在经济领域，具有特定性。这与国家设立经济特区的初衷高度一致。国家层面设立经济特区的最终目的主要是经济体制改革的考量，希望特区在经济体制改革方面发挥先行先试的作用，所以在最初阶段，海南经济特区立法主要集中在经济领域。但是，随着海南经济特区的经济社会发展，海南经济特区立法也扩展到社会管理领域、生态保护领域和其他具有特色的创新领域，海南特区立法范围上又呈现出广泛性的特征。这个特征可参照笔者绘制的海南特区立法年度立法数量折线图和分类图得出。

3. 海南经济特区立法在程序上既有独立性又有从属性

根据全国人大授权决定，海南享有特区立法权。但是，全国人大的授权决定并没有对海南经济特区立法的范围作出特别的限制，而是授权海南经济特区可以按照海南经济特区社会发展实际进行立法。由此可见，海南经济特区立法具有很强的独立性。正因如此，很多学者称海南等经济特区立法权实为“任性立法”。但另外，根据我国2000年《立法法》的规定，海南经济特区立法应该报授权决定规定的机关备案，经济特区法规报送备案的同时，应当对法律、行政法规、地

---

① 参见何家华：《特区立法权的实践状况和社会效果——以深圳为例》，载《南海法学》2017年第3期。

方性法规的变通的情况作出说明。《立法法》对经济特区立法的备案要求又凸显出上位机关对经济特区立法的监督,说明了经济特区立法程序上也具有从属性特征。不仅如此,笔者认为,因为《立法法》是2000年才颁布实施的,而海南经济特区立法权在1988年建省之际就已经获得,对于海南经济特区立法权在程序上的特征更为准确的表述是,在1988年至《立法法》颁布实施前,海南经济特区立法权具有完全意义上的独立性,在2000年《立法法》颁布实施之后,海南经济特区立法权在程序上独立性和从属性兼具。

4. 海南经济特区立法在方式上既有先行性又有变通性

学术界一般认为,海南等经济特区立法主要包含三个方面的内容:一是在国家相关法律、行政法规尚未出台的情况下,进行先行先试的探索性立法;二是根据经济特区实际需要,把国家法律、行政法规加以补充和细化的实施性立法;三是适应经济特区城市管理和精神文明建设需要的变通性立法。而根据《立法法》的规定,对全国人大及其常委会制定的法律、国务院制定的行政法规加以补充和细化的实施性立法是地方性立法的共有内容,而探索性立法和变通性立法是经济特区立法的特色。所以,经济特区立法在行使的方式上既具有先行性又具有变通性和实施性。

5. 海南经济特区立法在效果上既有引领性又有实验性

海南经济特区立法的试验性既得益于授权立法的类型,也源于我国改革开放"摸着石头过河"的特点和经济特区优先发展经济的特殊使命。建设中国特色社会主义事业无先例可循,在改革进程中,为求谨慎,各个领域的改革,并不是一上来就有一套构思周全的规划,而是先在局部范围内采取主动,经过许多部门、地区的试验。待到经济特区的经验比较成熟时,再向全国推广。到目前为止,上述改革战略仍然在卓有成效地运行着。我国经济和社会改革的诸多举措都是先在经济特区内加以试验、试行,不断修正和变通,最终才形成正式的改革方针并推向全国。因此,经济特区立法具有实践效果上的引领性和实验性。30多年来,海南经济特区在国家立法出台之前,在海南经济特区进行试验立法,为国家层面最终出台一个统一的立法奠定了基础。

(四)海南经济特区立法的作用

经济特区立法权的产生,与中国改革实践的推进紧密相关,具有鲜明的时代特征、充分的实践动因和法理依据。改革开放之初,邓小平同志针对立法工作提出:"现在立法的工作量很大……有的法规地方可以先试搞,然后总结提高,逐步完善,制定全国通行的法律。"①1985年彭真同志强调:"对新的重大问题、重要改革,要制定法律,必须先有群众性的探索、试验,即社会实践检验的阶段。在这个基础上,经过对各种典型、各种经验的比较研究,全面权衡利弊,才能制定法律。这是立法的一般性经验,也可以说是规律。"②在这些立法思想指导下,"先行先试"的经济特区立法模式在实践中逐渐成形,并发挥越来越重要的作用。一方面,通过先行先试立法规范经济特区的改革行为,使改革于法有据;另一方面,通过先行先试立法为经济特区的改革经验上升到国家法层面,奠定基础、提供条件。

海南建省办经济特区30多年来,经济特区立法在海南经济社会发展过程中发挥了巨大作用:一是通过行使经济立法权为海南经济社会发展特别是经济发展提供了有力的制度支撑,经济特区立法权的行使为海南经济发展提供了比较宽松的环境,为外资进入海南创造了良好的环境,使海南经济社会取得了比较长足的发展。2018年4月13日习近平总书记在庆祝海南建省办经济特区30周年大会上对海南建省以来取得的成就表示了充分肯定。③ 二是发挥先行先试的作用,为国家层面的立法提供了基本经验。建设中国特色社会主义事业是一个宏大的课题,为了积极稳妥地推进各项政策,改革开放之初中央确立了建立经济特区制度的基本政策。实践证明,经济特区制度的确发挥了重要作用。

二、海南经济特区立法数量和质量评估

前已述及,海南经济特区立法权的行使为海南经济社会发展提供了重要的制度支撑,在推动经济社会发展方面发挥了重要的作用,海南经济社会发展取得的成绩也得到了中央的肯定。但不得不说的是,海南的经济社会发展存在诸多问题。笔者在撰写研究报告的过程中,为了对海南经济社会发展有一个客观的评价,与多位长期工作在海南的外乡人及海南本土居民进行了访谈,发现大家都比较认可海南30多年来取得的成绩,但对海南的物价高、管理混乱、效率低下等

① 邓小平:《解放思想,实事求是,团结一致向前看》,载《邓小平文选》(第2卷),人民出版社1983年版,第146页。

② 彭真:《关于立法工作》,载《彭真文选》,人民出版社1991年版,第507页。

③ 参见习近平:《在庆祝海南建省办经济特区30周年大会上的讲话》,载新华网:http://www.xinhuanet.com/politics/2018-04/13/c_1122680106.htm,最后访问日期:2018年6月1日。

问题也是深感不满。社会公众没有受过专业的学术训练,通常是基于经验感知对社会现象进行价值判断。其判断欠缺严谨的论证,但作为最直接的制度接受者,其感受的"不舒服"恰恰就是制度设计存在问题。对于学术研究来说,不能满足于海南经济特区立法已经取得的成绩,必须直面海南经济社会发展存在的问题,直面特区立法存在的问题,分析原因,提供应对之策,进而为海南经济社会更好的发展建言献策。

笔者认为,海南经济社会的发展还存在诸多问题,如过分依赖房地产的经济结构、与海南本土居民收入严重不相匹配的消费水平、比较落后的教育医疗等社会保障供给、与国际旅游岛建设不相接轨的政府决策模式等。诚然,这些问题的产生与海南本土的历史文化等关系颇深,但是全国人大已经授予海南特区立法权,意在支持海南运用政策优势快速彻底解决存在的问题,从这个意义上讲,海南特区立法发挥的作用还是比较有限。笔者在撰写论文的过程中,与海南一些立法专家交谈,很多专家认为海南并没有运用经济特区立法权,甚至有学者认为,海南存在"特区不特"的尴尬局面。笔者认为,身处制度运行之中的体验与观感比字面上的数据更有说服力。但是对经济特区立法权的真实情况的掌握不能仅仅依靠观感和体验,必须有实证的数据进行支撑。基于此,笔者此部分将主要对海南经济特区立法的数量和质量进行评估,以获取海南经济特区立法真实情况。

"数量"一词很好理解,即指所立之法的件数。但是把"质量"一词引入经济特区立法的研究中,却是一种创新。根据《现代汉语词典》对"质量"一词的解释,质量指的是产品或者工作的优劣程度。① 把质量用在立法领域,不是对制定、修改、废止法律法规的过程进行评判,而是对立法结果的静态观察,通过对法律法规的文本进行研究,进而判断立法的优劣程度。立法质量是研究特区立法的一个重要工具,具有独到的价值。一方面,特区立法质量是衡量特区立法水平的重要标尺。特区立法质量高,语言表述规范,标点符号使用正确,与上位法融贯和谐,所立之法自然会得到普遍的尊崇。另一方面,特区立法质量直接关乎法律法规的运行。按照权力分立的基本原则,立法是执法和司法的前提,如果立法存在质量缺陷,必然会导致执法和司法过程中产生各种问题,进而影响到法律法规

① 参见中国社会科学院语言研究所词典编辑室:《现代汉语词典》(第5版),商务印书馆2005年版,第1757页。

本身的权威。研究海南经济特区立法权运行机制有必要对海南经济特区法规的质量进行评估,找到存在的问题。

(一)经济特区立法质量评价标准

前已述及,海南经济特区立法数量无须做过多说明。而要对海南经济特区立法的质量进行科学客观准确的评价,首先必须明确评价的标准。笔者检索了近年来各地兴起的立法评估事宜发现,无论是学术界,还是立法实践,至今没有统一的质量评估标准。但梳理各地立法评估的经验,比较普遍的做法是从形式标准和实质标准两个层面对地方立法的质量进行评估。笔者遵循地方立法质量评估的基本规律,对特区立法质量从形式和实质两个层面进行探讨。

1. 形式标准

法律法规文本即法律法规的外在表现形式,是法律内在精神的载体,一部质量上乘的法规首先必须有好的外部表现形式。经济特区立法质量的形式判断标准即是从外部表现形式入手对法律法规的质量优劣进行判断。根据相关学者的梳理和提炼,形式标准可从以下方面进行细化分析。

(1)文字、标点符号、语法、逻辑错误

法律法规文本不是文艺作品,其语言文字的使用必须明细清晰,尽可能避免歧义,如若不然,即便是标点符号错误,也会给将来行政执法或司法审判在解释法律法规时留下巨大的自由裁量空间,最终导致执法的标准不一抑或司法裁判的标准不一。对于文字的使用应严格按照《汉语拼音正词法基本规则》(GB/T 16159—2012)所述的规则进行表述。对于标点符号的使用,应特别注意逗号和顿号的区别,在不同的语境下,标点符号具有不同的意义。笔者梳理海南经济特区立法的情况发现,很多法规文本存在文字和标点符号的误用。

语法错误是笔者在梳理海南经济特区法规的过程中发现的较为严重的错误,常见的错误有成分缺失、句式杂糅、搭配不当、语义重复等。

逻辑错误的主要表现是不符合语言表述的基本顺序,即原因在前结果在后,基本原则在先,具体规则在后。但是,在梳理海南经济特区法规文本的过程中,逻辑错误屡屡出现。

(2)知识性差错

前已述及,海南经济特区立法涉及的种类非常繁杂,有些领域属于非常专业的领域,比如资源保护、食品药品监管、房地产开发等领域。这些领域的立法必然涉及专业词汇的使用，但是参与立法的很多人并不具备这些领域的基础知识。笔者梳理海南经济特区法规文本发现，海南很多经济特区法规文本出现了专业领域的知识错误。

(3)格式错误

格式错误主要是文本编撰体例方面的错误，有标题层次的无序、各级标题下对应的序号不统一等问题，格式方面的问题经过多次审读程序和校对程序，正式发行的版本出现问题的很少。

形式方面，除以上问题之外，还存在其他问题，如立法语言政治化的问题。这是笔者在研究法规文本过程中发现的比较耐人寻味的一个问题，有一些法规文本的立法语言没有严格按照法言法语的基本规则进行编排和建构，而是直接摘录中央政策的原文进行表述。笔者认为，法律法规与政策虽有联系，但还是存在较大差别。法律规范自有一套语言规范，立法应谨遵法律规范制定的逻辑，不应使用高度政治化的语言进行表述。

2. 实质标准

经济特区立法质量的评价标准除前述的形式标准之外，还包括实质标准。实质标准是从更深层次对立法质量的一种评判。从总体上看，实质标准包括合法性标准和合理性标准两个范畴。

(1)合法性标准

梳理特区立法的基本经验，结合《立法法》的基本规定，笔者认为，合法性标准具体包括贯彻落实上位法、不抵触上位法、与上位法立法精神保持一致三个层面的要求。

一是贯彻落实上位法主要是对经济特区为执行上位法而制定实施性立法的具体规定。海南经济特区为执行全国人大及其常委会制定的法律、国务院颁布的行政法规而制定了一系列法规，这些法规原则上只能是对上位法的细化而不能超越上位法的具体规定。

二是不抵触上位法主要是对经济特区进行变通性立法的具体性规定。全国人大授权海南经济特区立法权的主要内涵之一就是进行变通性立法。海南可以根据自身发展实际，对全国人大及其常委会制定的法律或国务院制定的行政法规进行变通，进而适用于地方。但是，这些变通性立法的具体规定原则上不得与上位法相抵触。

三是与上位法立法精神保持一致主要是对经济特区创新性立法的具体要求。全国人大授权海南可以根据经济特区经济社会发展的实际,进行先行先试的创新性立法,这也是设立经济特区的题中应有之义。但必须指出的是,经济特区的创新性立法不得违背上位法的基本精神,特别是宪法的基本精神。

(2)合理性标准

如果合法性标准是形式法治的基本要求,那么合理性标准就是实质法治的基本要求。实质法治不局限于经济特区立法与上位法之间的关系,而是直接关注到经济特区立法的实施与变迁。笔者认为,经济特区立法质量的合理性标准包括立法的必要性、立法的可操作性、立法的可接受性三个层面的基本要求。

一是立法的必要性。按照现行的立法体制,立法资源是比较稀缺的资源,立法权的启动也是比较困难的。要更好地发挥经济特区立法权的作用,必须在前期对立法的必要性进行充分论证。立法所要调整的对象是偶然出现的,还是常态化出现的,如果是偶然出现的,则没有通过立法进行调整的必要。与此同时,还要考虑通过立法进行调整的成本,法律的实施是需要成本的,而且是成本很高的一种社会治理模式。因此,并不是所有的社会治理都必须通过法律实施来进行,现在全世界都在探索通过替代性纠纷解决机制(Alternative Dispute Resolution, ADR)对社会争议进行快速解决。基于此,在启动经济特区立法权之初,就必须对经济特区立法权启动的必要性进行充分论证。这也是后期判断立法的实质合法性的重要标准。

二是立法的可操作性。笔者在梳理海南经济特区立法的过程中发现很多颁布之后被束之高阁的法律规范。比如,海南针对电动自行车的一系列立法(上牌、拖车、戴头盔等)、对机动车后排座椅必须系安全带的立法等。这些立法的初衷都是好的,希望通过立法强制达到交通通畅安全的效果,但是后期的实施效果差强人意,原因就是立法缺乏可操作性。以机动车后排座椅必须系安全带为例,为何执法,如何监督,不得而知。

三是立法的可接受性。立法的最终接受者是社会公众,在行政执法领域就是行政相对人,社会公众或行政相对人的态度也是立法必须考量的重要因素。比如,海南电动自行车泛滥一直饱受诟病,一直以来,立法的思路都是严刑峻法,但是效果也差强人意。原因是什么?其实很简单,最根本的原因就是立法根本没有考量海南电动车群体的整体利益。笔者曾认真关注并研究过海南电动自行车为何成为城市交通治理的“顽疾”这个问题。从电动自行车车主这个群体来讲,海南整体的工资水平不高,公共交通又不发达,城市规划的道路也不是很科学,多种因素的叠加使依靠电动车出行成为海南很多家庭的不二选择。诚然,确实有一些电动车在行驶过程中存在随意变道、不遵守交通法等情形,但是对于一个群体来说,这毕竟是极少数。立法需要做的不是简单的限制,而是科学合理规划城市道路,科学合理配置公共交通资源。与此同时,对违反交通规则的电动车进行综合治理,多管齐下、多措并举,才是城市治理的可取之道。也只有这样,才能提高公众对立法的可接受度。

(二)海南经济特区立法与深圳经济特区立法的对比分析

前已述及,海南建省办经济特区30多年来,海南省人大及其常委会运用特区立法权制定了一系列特区法规,为海南经济社会发展提供了重要的制度支撑。但不得不指出的是,与深圳等经济特区相比,海南经济特区立法权的运用还存在诸多不足。笔者在这部分将以深圳经济特区立法为主要参照系,来对海南经济特区立法的数量和质量进行全面评估。现阶段国家层面确立的经济特区有深圳、珠海、汕头、厦门、海南5个,之所以选取深圳经济特区作为参照,主要基于三个原因的考虑:一是深圳是最早设立的经济特区,积累了比较丰富的经验;二是深圳经济特区的成就最为显著,作为沿海边陲小镇,经过30余年的发展,成为与上海等比肩的超一线城市,经济特区立法非常值得借鉴;三是笔者在对海南经济特区进行研究过程中,获取资料最多的就是深圳经济特区。与深圳经济特区立法相比,海南经济特区存在如下问题:

1.海南经济特区立法的数量明显偏少

梳理深圳经济特区立法,按年度划分:1981年1件,1986年2件,1988年1件,1992年5件,1993年21件,1994年24件,1995年18件,1996年21件,1998年22件,1999年23件,2000年17件,2001年17件,2002年30件,2003年24件,2004年67件,2005年7件,2006年13件,2007年8件,2008年11件,2009年11件,2010年7件,2011年13件,2012年35件,2013年13件,2014年16件,2015年9件,2016年6件,2017年46件,2018年9件。①

---

① 以上数据全部来源于北大法宝:http://www.pkulaw.com/law/lar?Keywords=%E6%B7%B1%E5%9C%B3%E7%BB%8F%E6%B5%8E%E7%89%B9%E5%8C%BA&SearchKeywordType=Title&MatchType=Exact&RangeType=Piece,最后访问日期:2018年6月1日。

绘制海南、深圳经济特区立法数量的对比折线图(见图3),我们可以明显看出,深圳运用特区立法权的频次在大多数年份都远高于海南。

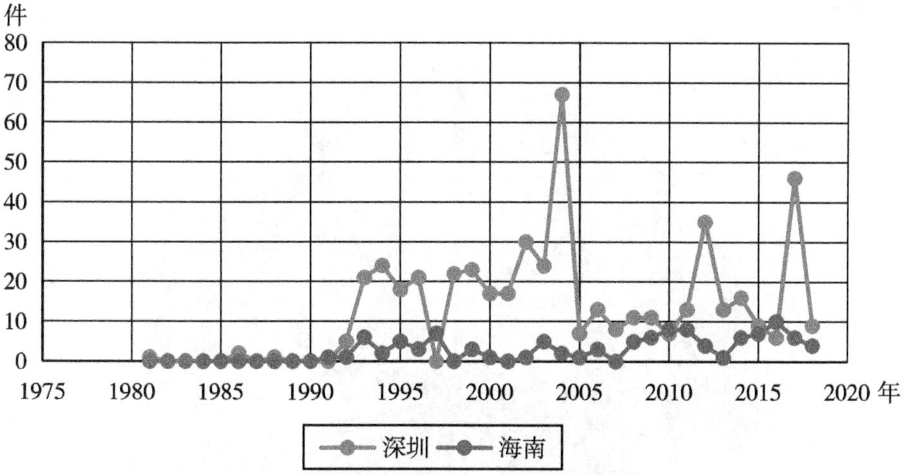

图3　海南、深圳特区立法数量对比

2. 海南经济特区立法的创新度明显不够

梳理深圳经济特区立法的种类:机关工作14件,法制工作22件,律师5件,公证6件,华侨事务5件,公安40件,民政4件,民法10件,合同5件,知识产权1件,反不正当竞争4件,改革开放1件,统计2件,土地15件,资源17件,能源1件,国有资产2件,财政3件,税收3件,财务1件,会计13件,审计14件,外汇4件,租赁2件,价格1件,保险2件,企业9件,公司8件,建设业23件,工业管理1件,农业3件,林业5件,牧业1件,水利8件,交通运输10件,邮政电讯3件,旅游10件,咨询5件,房地产25件,商贸物资10件,对外经贸1件,海关5件,特区62件,开发区1件,工商管理12件,计量8件,质量管理和监督8件,劳动工会26件,人事5件,环境保护39件,教育11件,科技9件,文化9件,卫生15件,人口与计划生育4件,体育3件。① 绘制深圳经济特区法规类别占比饼状图(见图4)。北大法宝数据资源库以同一标准对海南经济特区和深圳经济特区的立法进行分类统计,深圳经济特区的立法种类是55种,海南经济特区的立法种类是30

① 以上数据全部来源于北大法宝:http://www.pkulaw.com/law/lar?Keywords=%E6%B7%B1%E5%9C%B3%E7%BB%8F%E6%B5%8E%E7%89%B9%E5%8C%BA&SearchKeywordType=Title&MatchType=Exact&RangeType=Piece,最后访问日期:2018年6月1日。

种。种类差距之大可见一斑。特区立法的内容分类是特区立法创新性的主要指标,从这个意义上讲,海南经济特区创新性立法与深圳经济特区相比还是存在明显差距。

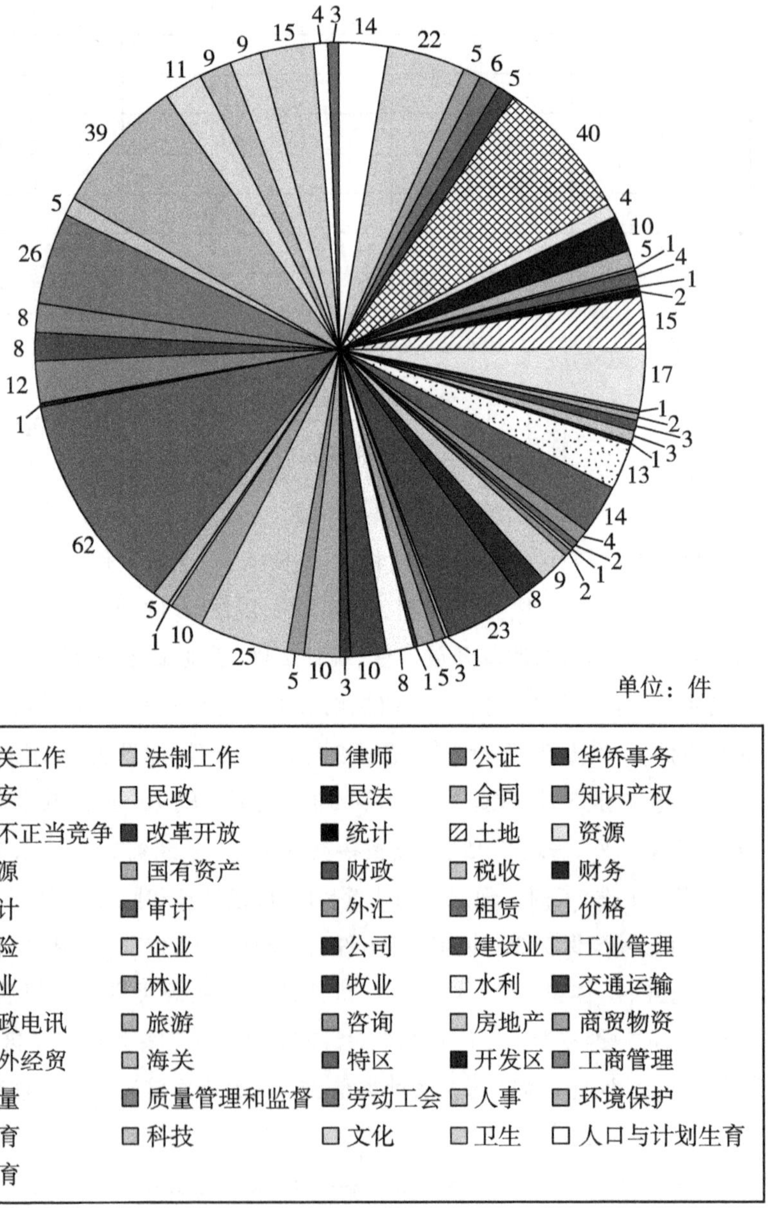

图 4

中国社科院法学研究所何家华博士认为,评价特区立法主要有三个方面的指标:一是先行先试立法的情况,针对改革开放过程中出现的新问题进行立法;二是变通性立法,对全国人大及其常委会制定的法律、国务院制定的行政法规等上位法进行变通,解决经济特区发展实践中遇到的一系列重难点问题,从而为经济特区的发展创造制度空间;三是自主性立法,对法律或者行政法规未作规定但属于经济特区的地方性事务,经济特区立法机关根据经济特区经济社会发展的实际情况,在授权立法的范围内进行自主性立法活动。[①]

根据相关数据统计,深圳市人大及其常委会共制定先行先试立法 102 项,[②]包括有关经济特区的先行先试法规 100 项。其中,早于法律、行政法规出台的法规 41 项,包括 37 项特区法规;尚无上位法的法规 61 项,包括特区法规 43 项。深圳市人大及其常委会根据深圳经济和社会发展的需要,结合实际情况,在遵守宪法、法律和行政法规基本原则的情形下共进行变通性立法 56 项。[③]

从以上这些数据我们不难看出,深圳经济特区在很多领域都扮演了全国立法"试验田"的角色,承担了先行先试的重要历史使命。与之相比,海南经济特区的先行先试的立法、变通性立法、自主性立法等存在明显不足。甚至有学者认为,海南没有充分运用特区立法造成了"特区不特"的尴尬局面。

三、海南经济特区立法权运行机制存在的问题

根据我国《立法法》《地方各级人民代表大会和地方各级人民政府组织法》及海南经济特区自身的相关法规,海南已经建立了一套比较完整、细致的立法权运行机制。该机制的运行为海南经济特区立法提供了基本规范,提高了经济特区立法的科学性和民主性,也切实提高了经济特区立法的质量。但是,现阶段海南经济特区立法的运行依然存在诸多问题。笔者根据现阶段特区立法运行的特征,将特区立法的运行划分为启动、起草、审议和表决、评估和反馈 4 个阶段,分别阐述各阶段存在的问题。

---

① 参见何家华:《特区立法权的实践状况和社会效果——以深圳为例》,载《南海法学》2017 年第 3 期。

② 参见深圳市人民代表大会常务委员会法制工作委员会编:《深圳市人民代表大会及其常务委员会立法统计报告》(1992 年 7 月 1 日 ~2015 年 5 月 29 日),海天出版社 2017 年版,第 4 页。

③ 同上书,第 197 ~200 页。

（一）启动阶段存在的问题

经济特区立法的启动阶段包括立法规划、论证、审批等诸多环节，启动阶段是经济特区立法得以顺利开展的制度起点。根据海南经济特区立法的现行规定，特区立法规划草案由省人大常委会主任会议提请省人大常委会审议同意后组织实施；年度立法计划草案经主任会议审议批准后实施。[①] 我们不难看出，对特区立法规划进行增加、删减或者修改的审批权都属于主任会议的权限。至于主任会议以什么标准、什么程序对特区立法规划进行增加、删减或者修改根本不得而知。实践中，省人大常委会资源非常有限，但社会公众及组织群体的立法需求及期待却日益提高，省人大常委会需要在繁杂的立法需求中进行取舍，即进行人大常委会主任会议的议程设置，进而按照法定权限启动特区立法运行机制。但是，主任会议依据什么标准对立法规划进行增加和删减，立法规划草案符合什么条件提交省人大常委会审议，并没有具体规定。笔者分析梳理了海南人大常委会会议议程设置权力的具体运行过程，结合学者王绍光的研究，归纳出主任会议立法机制启动的4种模式：一是主任会议本身提出议程的关门模式；二是主任会议领导下的工作机构提出议程的内参模式；三是主任会议以外的其他外部力量影响并决定议程的上书模式和外压模式，见表1。

表1　海南经济特区立法的启动模式

<table>
<tr><td></td><td colspan="3">启动主体</td></tr>
<tr><td rowspan="4">民主性程度</td><td rowspan="4">高
↑
低</td><td>主任会议</td><td>主任会议以外</td></tr>
<tr><td>内参模式</td><td>外压模式</td></tr>
<tr><td>关门模式</td><td>上书模式</td></tr>
<tr><td colspan="2">高——————————→低</td></tr>
</table>

通过对以上4种模式进行深入研究，可以管窥海南特区立法在启动阶段存在的诸多问题，进而寻求困扰海南经济特区立法质量提升的症结。

1.省人大常委会主任会议主导的关门模式

关门模式是比较古老的立法启动模式，其主要特征是由政治决策者根据自身的考量、判断而提出，在内容选取和顺序上并没有主动获取公众的认同，抑或

---

① 参见何家华：《特区立法权的实践状况和社会效果——以深圳为例》，载《南海法学》2017年第3期。

决策者认为无须获取公众的认同和赞成。在社会公众既没有参政渠道也没有参政意识的社会中,关门模式是比较常见的启动模式。具体到主任会议,关门模式是由会议组成人员的个别领导人提出,在经过主任会议其他组成人员简单讨论之后,即付诸行动。随着人民代表大会制度的日益完善,公众参与意识的觉醒,参与渠道的多元,关门模式在实践中已很少被采用。

2. 省人大常委会工作机构主导的内参模式

内参模式一般是由接近政治决策者的智囊(通常包括高校、科研院所或者其他社会组织)提出,这些机构通过正规或者非正规的途径提出立法建议,政治决策者根据智囊提出的建议并结合自身的判断来启动立法机制。内参模式的优势是在启动阶段就吸取了专家意见,能够对立法所调整的对象作出理性的判断,有利于保证逻辑上的融贯统一。但是其劣势也是显而易见的,智囊的建议大多是基于理论分析的逻辑推演,缺乏社会公众的广泛参与,对社会公众的诉求没有考虑周详。梳理海南经济特区立法的启动情况,依靠智囊启动立法机制的频度近年来明显上升。省人大常委会非常重视智囊库的建设,定期举办集体学习活动,请相关领域专家学者为常委会上课。可以预见,在未来特区立法运行过程中,内参模式的作用会越来越大。

3. 上书模式和外压模式

上书模式是给政治决策者写信来提出政策建议,其主体主要是人大系统以外的人,有社会精英,也有普通公众,通过给政治决策者摆事实、讲道理来影响主任会议的议程设置。外压模式与上书模式的相同点均为主体的外在性,但其还具有独特的"压"的性质,即诉诸舆论或民意迫使政治决策者接受其议程建议,使更多公众参与进来。

随着民主化水平的不断提高,主任会议在行使立法权启动权的过程中,民主因素参与特区立法的比例越来越大。具体来说:"关门模式"日渐式微,"上书模式"时有发生,"内参模式"成为常态,"外压模式"影响无处不在。存在的主要问题是没有具体的规范予以指导,缺乏科学的标准进行判断。

(二)起草阶段存在的问题

1. 起草渠道单一,部门立法的倾向明显

笔者梳理了海南经济特区立法的起草工作,统计发现,海南经济特区立法中的法案起草主要是由政府行政职能部门进行起草。不可否认,行政职能部门作为重要的提案主体，客观上具有很多优势。相比立法机关，行政职能部门的机构设置、专业队伍建设、相关资料的获取和保存、经费保障等诸多方面都具有优势，能够承担特区立法的起草工作。但是，笔者通过研究发现，情况要复杂得多。立法的基本原理是为了控制行政主体的权力，服务公民的基本权利。控权是立法的先天基因，服务是立法的后天品格。但在特区法规起草实践中，一些行政职能部门从本部门的利益出发，特别是在设定行政许可、行政处罚等特区立法中，为本部门的职权行使寻求方便，努力扩大本部门的利益，严重背离了立法的初衷。① 立法的各自为政为之后的行政执法埋下了伏笔，特别是公众关注的社会治理问题，出现了“九龙治水”的困境。

2. 起草过程中公众参与不足导致立法的民主性不足

现阶段海南经济特区针对海南特区立法起草过程中的公众参与问题，只是进行了比较原则的规定，笼统地宣告在特区立法过程中应该广泛地征集社会公众的意见并充分考虑这些意见。但是，综观相关立法，并没有一些具体的、强制性的制度设计，如何征求意见，什么阶段征求意见，是否需要反馈，多长期限内进行反馈，反馈不满意有没有救济途径等，所有以上问题在立法中都没有进行明确规定。笔者认为，在海南经济特区法规起草过程中，并没有充分公开征求意见。公众参与的严重不足影响了特区立法的质量，也为未来的法规实施设置了诸多障碍。现阶段普遍存在的社会治理难题很难说与立法阶段的公众参与不足没有关系。笔者通过调研发现，现阶段海南经济特区立法在公众参与方面主要存在如下问题。

(1)公众参与的态度不积极

公众参与是一种意识，它不仅是外在于公民的制度安排，而且是内在于公民本身的意识。只有从内在意识着手，才能避免公众参与沦为政治冷漠。当然，公民的意识是与社会水平发展程度紧密联系的。在经济发展水平较低、公民社会还未成熟的国家，公众往往缺少对公共活动参与的主观能动性，对公共事务的参与意识普遍缺乏，注重自身权利却缺少对共同体的忠诚和参与公共利益的热情，久而久之，权力机关在开展立法等事项时也就习惯了公众参与的缺席，而公众也

---

① 参见盛宝漳：《略论特区立法中部门化倾向的成因及对策》，载李步云主编：《立法法研究》，湖南人民出版社1998年版，第174页。

习惯了参与的虚置。此外,法律作为一种公共产品,公众在享有这种资源的同时也必须遵守这种行为规范。立法参与需要一定的专业知识和成本,对于某些公众来讲,只要不触犯法律,严格遵守法律办事,在立法参与中出席与否并不影响其生活状态。在此种内在的心理因素和外在的客观环境下,公众会以自己的个体权利为中心而摒弃参与的美德,致使"搭便车"现象的产生,公众的参与虚置也就成为常态。

(2)公众参与的范围过于狭窄

什么类型的特区法规公众可以参与,特区立法的什么阶段公众可以参与,参与的公众需要符合什么条件,社会组织可否作为公众参与等诸如此类的问题,现阶段并没有得到明确规定。从法理学上讲,立法不仅仅是法学专家的事情,更是一种利益不断妥协的过程,是政治决断的结果。公众参与的范围应足够广泛,才能真切反映存在的问题,也才能使所立之法更加科学合理。

(3)公众参与的途径较少

现阶段海南经济特区关于特区立法的有关信息立法机关没有做到完全的公开透明,如立法的计划和相关活动等信息并没有及时地向社会公开,且即使公布了立法的草案,也只是向社会展示了草案的文本,并没有对草案进行详细的说明等,通知立法草案的公布方式主要是公布在相关的网络或者报纸上,但并不是所有的公众都能够看见,不知情就不能很好地参与到其中,这些现象的出现都在一定程度上减少了公众参与特区立法的途径。长此以往就会导致公众对立法信息了解得不够全面,参与面就会很小,使公众意愿得不到充分有效的表达。

(4)信息不对称造成参与无效

信息获取的数量和质量直接影响着公众参与活动的有效性,而立法需要进行包括信息采集、加工、输出及反馈等多方面的循环。然而,在立法参与过程中,立法机关输出信息的"质"和"量"与公众所能够提供的"质"和"量"是不成正比的。[①] 公众有效参与的前提应当是以法律信息的充分、透明等为基础,如果公众掌握的信息越多,自然在参与过程中所提供的意见越有参考价值。反之,如果立

---

① 参见骆梅英、赵高旭:《公众参与在行政决策生成中的角色重考》,载《行政法学研究》2016年第1期。

法机关在特区立法活动时,并没有释放足够的信息,这将会极大地伤害公众的参与热情,使参与变得盲目而无意义。

3. 起草过程中的专家咨询力度不够导致立法的科学性不足

前已述及,法规条文的起草是一项极其专业的事情,不仅要对即将调整的生活进行提炼并用专业词汇进行表达,还要符合法治的基本价值取向,保证法治体系的内在和谐统一。这些事情对于没有受过专业训练的普通人来说是无法完成的。当然笔者不是否定公众参与的意义,公众参与和专家咨询具有不用的价值取向,公众参与更多是一种诉求的表达,希望未来的立法反映他们的利益主张,而专家咨询通常是理论的理性建构。经济特区是我国经济社会发展的试验田,其立法应发挥先行先试的功能。在起草特区法规的草案时,很多情况下并不具备现成的数据资料或者经验,这就需要在起草过程中进行充分调研并听取专家意见。但海南经济特区立法实践中,并没有经过充分调研论证,导致所起草法案的科学性严重不足。

不得不指出的是,专家咨询机制在实践中也出现了一些问题,亟须在制度层面进行完善。专家咨询通常是一种委托式的第三方立法参与,在参与过程中仍然受到立法机关的限制,参与活动的独立开展仍然受到局限。此外,专家参与更多的是对立法文本的质量提升发挥重要作用,对实施效益中的成本效益分析则难以发挥重要作用。公众只有在现实的生活中才能感受到法律法规的运行状况,这种专家参与模式在实施效益层面缺乏了相应的科学性与民主性。

(三)审议和表决阶段存在的问题

经济特区立法权运行的审议和表决阶段主要包括审议次数、审议会议安排、审议意见的处理反馈、审议过程中的辩论、表决等内容。审议和表决阶段存在的问题主要如下:

1. 审议程序中立法论辩缺失

经济特区立法目前采取的是人大代表立法制度,人大制度有一个饱受学术界诟病的问题就是人大代表兼职制,从立法审议辩论①的角度看,这一制度的实际运行存在诸多弊端。

---

① [德]哈贝马斯:《交往行动理论:行动的合理性和社会合理化》第1卷(德文版),第47页。转引自[德]得特勒夫·霍尔斯特:《哈贝马斯传》,章国锋译,东方出版中心2000年版,第80~81页。

(1)审议过程中论辩主体缺少论辩能力

根据哈贝马斯的研究,立法审议的结果与立法参与者的交往理性能力密切相关。立法审议的交往理性主要分为两个层次:首先,参与主体要有理性批判和反思能力,这要求参与者对一切现存的社会规范有自己独立的思考。反之,如果参与者缺少这种能力,则很难形成有效的互动对话。其次,交往理性还表现在审议过程中能够用语言来表达“正当性”“真实性”“真诚性”。因为审议辩论如果要成功说服他人,达成共识,言说者就必须保证其使用的言语、行为等符合辩论的一般话语规则。但是,根据笔者的观察,无论是全国人大还是地方人大,在兼职代表制下,因为这些代表们来自各行各业,“隔行如隔山”,他们各自具有一套语言标识系统,在立法审议过程中无法有效地对话,对于立法的目的和基本原则,也并不都能很好地理解。甚至有些代表将“人大代表”看成一种“荣誉称号”,而不是神圣的职责。

(2)审议过程中论辩意识的欠缺

审议过程中论辩意识的欠缺主要是两个方面的原因造成的:首先,人大代表兼职制易使各位代表陷入角色冲突之中,很难使代表形成身份认同感,导致在实践中他们不能履行好自己的职责。代表们通常拥有多种利益身份,很难维护好被其代表的利益群体的利益。一个最典型的例子就是“官员代表”的数量。在我国各级人大组织人员中,“官员代表”都占有相当大的比重。这些代表在审议具体立法时都要发挥巨大作用,按照行政法的基本原理,行政主体与行政相对人本身就是对立的双方。在这种情况下,对于与“官员代表”身份相冲突的立法如何表达意见是个难题。其次,由于我国现阶段《选举法》仍然采取的是县级以上人大代表间接选举的制度,在这种制度运行下,代表与选民的关系是脱节的,选民无法直接决定代表的人选,代表们也不需要直接对选民负责,代表们在审议过程中提出什么意见,是否代表了选民的利益更是无从知晓、无从决定。最典型的例证是许多选民不认识代表,人们有困难也很少找代表,事实上也很难找到代表。

(3)审议过程中论辩时间的限制

在兼职制代表制度下,代表们审议和讨论的时间很有限。以海南省第六届人民代表大会第一次会议为例,会议有 13 项议程,会期只有 6 天,根本满足不了审议、讨论的需要。[①] 除去听取报告及其他活动,审议、讨论时间很短暂,甚至在许多代表对法律草案的内容、基本原则还没理解的情形下就投票表决了,所以他们很少能充分发表自己的意见和审慎地审议议案。

(4)审议过程中论辩(言谈)情景的欠缺

按照哈贝马斯的商谈程序观的要求,[②]立法商谈应该是自由平等的商谈,立法论辩的前提是参与论辩的主体应该是平等的。但是,在兼职代表制背景下,人大代表除代表身份之外,还有其他身份,甚至很多代表都是行政机关职能部门的领导,很难奢求参与立法的代表能够代表应该代表的群体在据理论辩。

2. 缺乏审议意见的反馈处理

审议阶段除缺乏有效的论辩机制之外,还有一个重要的问题是缺乏对审议意见的反馈处理。笔者曾近距离观察了人大及人大常委会的开会情况,审议的主要方式是印发草案给各位代表,由法工委代表作法案起草的说明,之后分组讨论。讨论的过程是比较民主开放的,各位代表从各个角度提出草案存在的问题。会议一般会安排专门的记录人员对提出的问题进行记录。但是,这些问题最终却不是所有的问题都可以得到回复和反馈。因为人大及其常委会会期一般都比较短,肯定需要对各位代表提出的问题进行筛选。但是,回复反馈哪些问题,不回复反馈哪些问题,似乎也没有明确的标准。

3. 个别条款单独表决制度尚未普及

表决是所起草法案通过的最终环节,是立法的出口环节,是人民代表大会行使权力的民主表达。根据笔者的观察,现阶段表决制度存在的最大问题是缺乏个别条款单独表决制度。现阶段无论是全国人大还是地方人大,比较通行的做法是对所要表决的法案进行整体表决,"一揽子"通过。这样一种制度设计实际上是存在很多争议的,一部法案的起草倾注了很多立法者的心血,但是在表决一部法案时,通常的情况是各位代表对少数条款存在争议,对于绝大多数条款没有争议。整体表决的方式湮没了对少数条款的继续斟酌研究,给未来的法律法规

---

① 参见《海南省六届人大一次会议将于 2018 年 1 月 26 日至 31 日召开》,载新浪海南:http://hainan.sina.com.cn/news/hnyw/2018-01-22/detail-ifyqquptv8620863.shtml,最后访问日期:2018 年 6 月 1 日。

② 参见[德]哈贝马斯:《在事实与规范之间:关于法律和民主法治国的商谈理论》,童世骏译,生活·读书·新知三联书店 2003 年版,第 282 页。

实施留下了很多安全隐患。可喜的是,现在一些地方已经开始试行个别条款单独表决制度,这是对于表决比较审慎的制度改革。值得海南在未来的特区立法中予以学习借鉴。

(四)后续评估和反馈阶段存在的问题

立法后评估是对法律实施一段时间后产生的成绩与效果的评估,一定程度上也可称为法律绩效评估。① 立法评估制度的建立与开展,为立法机关及时了解法律规范的运行状况,并为法规的修改、废止及完善提供了重要的参考依据。评估本身不是目的,充分利用相关的信息及评估的结论提高立法质量、促进我国法律法规体系的完善才是立法参与的目的。作为法治评估的组成部分,立法参与这一领域实质是由处于不同位置的评估机关、评估的受托者(专家)、评估的参与者(公众)相互合作而形成的场域。

但梳理相关的资料发现,实践中的立法参与,公众只是通过"符号"式的参与来增添评估活动的民主化;公众作为参与主体,并没有实现主体性、能动性的参与,现实中产生被"虚置"化的状况,主要表现为三个方面:一是评估的标准缺乏;二是公众参与的深度不足,参与的内容不明确;三是公众参与的有效性在评估中无法体现。

四、特区立法权运行机制不畅的危害

根据笔者的研究,经济特区立法权运行机制是一个非常复杂的技术装置,该技术装置的运行状况直接关系特区立法的质量。要从根本上提升特区立法的质量,首先必须完整清晰展示技术装置运行背后的机理,并对其运行失灵产生的危害进行深入分析。

第一,造成立法资源的浪费。一项特区法规的出台要经历立项、起草、审议、批准、公布等环节,每一个环节的工作时间投入及经费投入都是较为巨大的。特区立法权运行机制不畅,这样制定的法规不仅不符合本地立法需求,而且会使特区在立法过程中投入大量的人力、物力、财力,这样无疑会造成立法资源的浪费。

第二,损坏特区立法的尊严和权威。特区立法权运行机制不畅导致一些特区立法不顾具体实际,为了立法而立法。如此所制定的法规将会流于形式。这

---

① 参见汪全胜:《法律绩效评估的"公众参与"模式探讨》,载《法制与社会发展》2008 年第 6 期。

样不被认真对待的地方立法也将不被民众所信仰和遵守，所以势必会影响到特区法规的尊严。众多相似度较高的法规所呈现的只会是虚假繁荣的景象，经不起认真的推敲，因此势必会在降低特区法规神圣性与严肃性的同时，让民众不再对特区法规抱有敬畏的态度。

第三，不利于立法体系化与法制统一。我国是单一制的国家，立法体系的协调统一至关重要。然而，由于缺乏全局立法观念未进行立法整合而造成特区立法趋同化现象，这样会使特区立法碎片化，因此必然不利于立法体系化与精细化。

第四，可能会增设守法主体的义务。前文已述，经济特区有时存在为了尽可能地追求特色而特意设立特色条款，这样会造成不必要的特区法规出现，或者导致特区法规中不必要的条款出现，而针对这些不必要的特区法规或者特区法规中不必要的条款，一般守法者缺乏鉴别能力，因而会导致守法者在遵守法律时承担了不合理的义务。

五、完善海南经济特区立法权运行机制的建议

党的十八届四中全会通过的《中共中央关于全面推进依法治国若干重大问题的决定》提出："实现立法和改革决策相衔接，做到重大改革于法有据、立法主动适应改革和经济社会发展需要。实践证明行之有效的，要及时上升为法律。实践条件还不成熟、需要先行先试的，要按照法定程序作出授权。"由此，一方面，改革必须依法而行，"凡属重大改革要于法有据……先立后破，有序进行"；另一方面，改革的经验与成果应当及时地以法律制度的形式固定下来。[①] 做到以立法引领改革，以改革促进立法。经济特区"先行先试"立法模式适应于全面深化改革的要求，为依法改革提供路径选择。尤其表现在，国家自由贸易试验区（以下简称自贸区）通过"先行先试"立法，在诸多领域有序推进改革举措，让有益的改革经验获得法治保障和积极推广。

建设自贸区（港）需要良好的营商环境和法治环境，一系列政策和制度需要建立，而这一切都需要法治予以保证，需要在法治的轨道上运行。海南建设自贸区（港）对特区立法提出了很多新的更高要求。而立法权运行机制是提高特区立

---

① 参见付子堂、胡夏枫：《立法与改革：以法律修改为核心的考察》，载《法学研究》2014年第6期。

法质量的制度保证,根据笔者划分的4个阶段,针对海南特区立法现阶段存在的不足,分别提出如下完善建议。

(一)启动阶段

在特区立法启动阶段要健全议题提出机制和筛选机制,具体而言,主要在两个层面进行制度革新:第一个层面是在立法规划上,将立法规划的编制、修改、最终决定及组织实施等权力全部让立法机关(省人大常委会)来承担,政府的各个部门提出立法规划的建议、说明理由,但是不能直接干预到立法规划的编制。对于没有列入立法规划的提案,人大常委会应书面说明理由。第二个层面是逐步建立省人大常委会主任会议的会议方式、程序、审议标准,使省人大常委会主任会议审议提交省人大常委会编制立法规划的过程更加科学合理。

(二)起草阶段

对于海南目前的特区立法状况而言,最为困难的工作应是立法起草。这不仅需要专业的立法队伍和科学的立法技术作为依托,也需要规范的起草制度作为保障。虽然我国有试行的《立法技术规范(试行)(一)》和《立法技术规范(试行)(二)》作为指导,但由于地方立法机关立法能力和经验的有限性,要真正操作起来并非易事,因此立法起草工作的制度化、规范化和程序化是当务之急。

1. 完善起草阶段的专家咨询制度,提高特区立法的科学性程度

科学知识具有预设条件及可以根据研究方法还原推理过程的特征,因此竞争性的专家咨询论证方法才更容易保证特区立法的科学性。具体而言,海南要大胆探索委托第三方起草模式,探索"先行先试"立法。在起草程序上重点把握5个方面的内容:第一,广泛收集资料。包括上位法、国内同类法、相关规范性文件、立法技术资料、国外文本资料、学术研究成果、社会调研材料等,这些资料最终都要纳入参考资料汇编,作为立法背景资料存档,以便以后法规的评估、修改、被别人借鉴时使用或者司法裁判时使用。第二,做好法条比对。这是确保立法合法性的关键一步,坚持逐条比对才能发现各个参照样本存在什么优劣之处,我们如何扬长避短,如何斟酌我们的语言,以及如何实现立法的创新。第三,进行理论强化,确保立法的创新性。很多理论成果有的是没被写入同类法条,有的是没来得及写入,那些权威的成果会提供非常有思想和见地的制度供我们借鉴,融入了合适的理论见解无疑能够实现立法的创新,满足地方立法创新的基本原则。第四,进行实证强化,确保立法的针对性。在立法起草前、中和后都要深入调研,

以了解各方的利益需求，平衡各方的利益，验证制度设计的针对性和可操作性。第五，进行专家强化，确保立法的科学性。这些专家既要包括司法实务人员，也要包括部门法学者和立法学学者，因为他们能从不同的侧面完善草案。

2. 完善公众参与制度，提高特区立法的民主正当性

可以说，在一定意义上，法治的过程是人类本身与法律制度互动的过程。在海南特区立法，特别是自贸区（港）先行先试立法过程中，应当加强公众参与的制度。通过立法听证、立法公开、立法调研等形式，倾听公众对于改革与立法的现实需求，将公众对于自贸区改革的合理期待上升到法律层面，用法治的方式推动改革成果为公众所共享。

在这个纷繁复杂的社会之中，人与人之间的互相交往依靠的主要就是语言，只有通过语言人们才能表达自己，才能互相明白彼此之间的意图，只有通过语言的交往，单独的个人才能够最终组成一个社会。但是，人与人之间交往所依靠的语言并不是胡编乱造没有根据的，其需要符合一定的条件。首先，在社会中的人们进行交往的过程之中，必须保证自己在陈述自己观点的过程之中所用的语言是正确的，即其真正充分地表述了自己的观点；其次，关于自己观点的内容必须保证正确，是经过自己验证并找到理由来支持自己观点；最后，要求表达观点的人是发自内心地想要表达这些观点，而不是为了达成某些不当的目的。当然这并不代表人们不能拒绝提出证明自己观点正确的证据，只要其能够找到自己拒绝说明理由的正当理由，也是可以的。在公众参与地方立法的过程之中，公众当然有权利提出自己的任何观点，但是这些观点并不是只要提出就会被采纳的，只有那些能够有充分理由支持的观点才会被采纳。公众是自己发自内心地想表达自己的观点，同时也需要公众所说的观点符合实际社会情况，不能够作出虚假的陈述。当然仅仅这些还是远远不够的，还需要公众提出的观点不能违背社会道德价值观。

对于海南经济立法公众参与的优化，笔者重点提出 3 项意见：一是加快发展经济，提高公众生活水平，提升公众参与的保障水平；贯穿立法全过程的公众参与需要花费大量的人力、物力、财力，这些都必须以雄厚的经济基础作为支撑。二是加强建设参与型文化，提高公众参与的意识水平；前已述及，现阶段我国公民立法参与的意识不是很强，意识的变化通常以观念的变化、文化的普及作为先导，政府在发展经济的同时，要大力营造参与型社会的文化氛围。三是增加公众

参与的渠道，保障公众参与顺利实施。比如，涉及“三农”问题的立法，是不是一定要在网络上公布，在网上征求大家的意见。这个渠道肯定是有问题的。了解农村生活的就知道，在移动互联网时代，虽然农村的网民也很多，但是娱乐居多，通过互联网浏览立法信息的着实不多，他们也不太理解法条所表达的意思。这就需要另一种层面的“送法下乡”，由专门的法律工作者到田间地头跟他们解释所立之法与他们的关系，一旦法律通过，对他们以后的生活会有什么影响。然后听取他们的意见。这就是适合农民的参与渠道。不仅仅是农民，对于其他群体也是如此，要通过多种途径倾听他们的声音。

（三）审议和表决阶段

审议和表决在经济特区立法权运行机制中处于承前启后的阶段，是立法起草之后各位代表对所立之法进行审议完善做表决是否通过的制度。审议阶段主要要从以下几方面予以完善。

1. 逐步探索构建审议程序中的论辩制度

审议阶段是以提交审议的特区法规草案文本为基础，各位参与审议的代表充分发表意见不断完善文本的过程。此阶段需要在 3 个方面进行制度重构：一是要逐步建立专职代表制，剥离参与审议的代表与法规草案所要规制对象的潜在利益冲突；二是要完善审议的基本规则，以罗伯特议事规则为基础，逐步建立具有中国特色的审议规则；三是要适当增加审议的频次，以保证审议的制度运行常态化。

2. 完善审议意见反馈制度和个别条款单独表决制度

审议法案是保证经济特区立法质量的重要环节，在经济特区立法运行机制中具有特殊重要的地位。海南经济特区立法的审议应从以下两个方面进行完善：一是要完善对审议意见的分类处理标准。审议阶段各位代表针对立法草案提出很多意见，有些意见是关于具体表述、格式错误、表述顺序、逻辑错误等形式问题的，可以直接修改，这些问题在最终版本上应修改过来，并在表决之前进行说明。有些意见是关于立法内容的，涉及立法实质内容的，如是否符合《宪法》和《立法法》的相关规定，是否反映了所要调整法律关系的真实情况等，这些问题需要另行组织研究。审议阶段各位代表所提意见究竟属于哪些问题，需要作出什么处理，这些问题要制定相应的标准。二是要建立审议意见的反馈机制，形式性问题无须反馈，直接修改，但是涉及实质内容的，需要对所提意见的各位代表进行书面反馈。

表决是立法权运行机制的“出口”,在经济特区立法权运行机制中具有特殊重要的意义。经济特区立法的表决阶段应全面引入个别条款单独表决制度。笔者在撰写研究报告过程中也看到一些文献资料和报道。一些地方已经进行个别条款单独表决的改革。对于海南来说,海南经济特区可以作出更为彻底的改革,尝试在所有的经济特区立法程序中引入个别条款单独表决制度,促进表决制度的进一步合理优化。

(四)评估和反馈阶段

特区立法评估的目的在于,通过评估成果的转化,促进立法质量的提升。由于特区立法的核心特征是立法的创新性,其对新型社会事务、新型社会关系作出的制度设计,天然地具有预判性和待检验性。海南经济特区立法肩负积累改革经验的使命,在对其进行复制推广前,必须进行相应的立法评估,及时剔除地域性、有害性的规定,促进“先行先试”立法功效的最大化。

1. 特区立法评估的论证标准

在立法评估的过程中,我们首先要确定的就是要考量立法是否合法。无论是从实质法治意义上而言,还是从形式法治意义上而言,都要保证立法的合法性。其实质要符合公平正义的标准,内容合法,在程序上应当遵循地方立法的制定程序。“在立法评估中,具体表现为立法选择合理、立法内容合理、立法过程合理以及立法机构及人员配备合理等。”①

2. 特区立法评估的工作流程

首先,特区立法评估应以立法机关为主导。从我国目前的机构设立及其分工上来看,立法机关是形成决策的主体,政府是执行决策的机构,因此立法机关在地方立法前评估过程中应处于主导地位。其次,充分发挥第三方机构等其他主体的评估作用。由于地方立法机关的工作特性,无法将所有的立法评估工作都由其实施,而如果由其他政府机关进行立法评估,又难免出现部门利益维护,影响评估结果客观性、公正性的现象。因此,在确立地方立法机关为立法评估的主导的同时,应充分发挥第三方评估主体的作用。最后,在坚持立法机关主导立法评估的前提下,根据立法评估的不同阶段,充分发挥不同主体的作用。在立法

① 冯玉军、王柏荣:《科学立法的科学性标准探析》,载《中国人民大学学报》2014年第1期。

评估的准备阶段,主要工作是确定立法评估的对象、评估标准、评估方法、评估参与者及相关数据的收集范围等。在这一阶段,基于立法机关的权威性,由立法机关发起立法评估活动具有影响力。在立法评估的实施阶段,主要工作是收集信息、整理资料,需要涉及不同利益相关者的参与。在这一过程中,可以通过立法机关来引导利益相关者理性地表达其意愿,或者立法机关交由政府部门及其他机构收集信息。在评估报告的撰写阶段,其主要涉及对相关信息、资料的整理、总结,因此应该充分发挥第三方评估机构的作用,第三方机构凭借其专业知识,运用科学的分析方法容易形成准确、合理的评估结论,以此来影响立法项目。在立法机关对评估报告的回应阶段,由立法机关决定是否继续进行后续活动,并对发现的问题进行再次评估或采取预防措施。

六、结语

海南经济特区立法权运行机制是海南经济特区立法权实施的技术装置。本文以完善海南自贸区(港)建设背景下的海南经济特区立法为根本目标,以海南经济特区立法实践为研究对象,全面梳理海南经济立法的发展历程,明晰海南经济特区的成就与不足,进而全面检视海南经济特区立法存在的问题,微观扫描影响海南经济特区立法的症结所在——经济特区立法权运行机制的制度疏漏。在此基础上,立足海南建设自贸区(港)的时代背景,借鉴域外及深圳经济特区立法的实践经验,按照海南经济特区立法运行机制的各个环节,提出完善海南经济特区立法权运行机制的具有针对性、可操作性的对策建议。

必须指出的是,立法是执法和司法的源头,是各种利益平衡妥协的过程,是政治决断的结果,法律法规实施的最终效果不仅要靠理论上的沙盘推演、逻辑上的融贯自洽,更要看法律法规落地之后的各种情况。从理论上解决海南经济特区立法权运行机制的问题仅仅是万里长征走完了第一步。

图书在版编目(CIP)数据

区域协同立法理论与实践 / 冯玉军主编. -- 北京 : 法律出版社, 2019

ISBN 978 -7 -5197 -3953 -9

Ⅰ. ①区… Ⅱ. ①冯… Ⅲ. ①地方法规－立法－研究－中国 Ⅳ. ①D927

中国版本图书馆 CIP 数据核字(2019)第 216644 号

区域协同立法理论与实践
QUYU XIETONG LIFA LILUN YU SHIJIAN

冯玉军 主编

策划编辑 沈小英
责任编辑 刘晓萌
装帧设计 李 瞻

出版 法律出版社
总发行 中国法律图书有限公司
经销 新华书店
印刷 北京虎彩文化传播有限公司
责任校对 马 丽
责任印制 吕亚莉

编辑统筹 法治与经济出版分社
开本 710 毫米×1000 毫米 1/16
印张 18.25
字数 308 千
版本 2019 年 10 月第 1 版
印次 2019 年 10 月第 1 次印刷

法律出版社/北京市丰台区莲花池西里 7 号(100073)
网址/www. lawpress. com. cn
投稿邮箱/info@ lawpress. com. cn
举报维权邮箱/jbwq@ lawpress. com. cn
销售热线/400 -660 -8393
咨询电话/010 -63939796

中国法律图书有限公司/北京市丰台区莲花池西里 7 号(100073)
全国各地中法图分、子公司销售电话:
统一销售客服/400 -660 -8393/6393
第一法律书店/010 -83938432/8433
西安分公司/029 -85330678
重庆分公司/023 -67453036
上海分公司/021 -62071639/1636
深圳分公司/0755 -83072995

书号:ISBN 978 -7 -5197 -3953 -9
定价:88.00 元
(如有缺页或倒装,中国法律图书有限公司负责退换)